MATT FRAZIER *und* STEPFANIE ROMINE

NO MEAT ATHLETE
DAS KOCHBUCH

Für alle Mitglieder und Anhänger der No Meat Athlete-Laufgruppen weltweit: Wir danken euch, dass ihr die Message einer nachhaltigen Gesundheit und Fitness auf diese inspirierende und leidenschaftliche Art und Weise verbreitet.

Die Autoren spenden zehn Prozent der Tantiemen an den Tierschutz, darunter Brother Wolf Animal Rescue in Asheville, North Carolina. Vielen Dank für die Unterstützung, das Leid von Tieren zu beenden.

MATT FRAZIER *und* STEPFANIE ROMINE

NO MEAT ATHLETE
DAS KOCHBUCH

VEGANE KRAFTSTOFF-REZEPTE
FÜR MEHR POWER IM SPORT
UND PURE LEBENSFREUDE

Impressum

Matt Frazier und Stepfanie Romine
NO MEAT ATHLETE – Das Kochbuch
Vegane Kraftstoff-Rezepte für mehr Power im Sport und pure Lebensfreude
1. deutsche Auflage 2018
2. deutsche Auflage 2018
3. deutsche Auflage 2019
4. deutsche Auflage 2020
5. deutsche Auflage 2024
ISBN: 978-3-96257-000-2

Titel der Originalausgabe:
The NO MEAT ATHLETE COOKBOOK: Whole Food, Plant-Based Recipes to Fuel Your Workouts and the Rest of Your Life

Originally published in the US by The Experiment, LLC in 2017. This edition published by arrangement with The Experiment, LLC.

Übersetzung aus dem Englischen: Katja Althoff
Layout: Sarah Smith
Satz: Claudia Prange
Coverlayout: Becky Terhune
Coverabbildungen Vorderseite: Athlet © sirtravelalot - shutterstock.com, Gemüse © Ken Carlson - Waterbury Publications, Inc., Hauptgericht © Sarah Smith.
Coverabbildungen Rückseite: Autorenbild © Matt Frazier, Rezeptfotos © Ken Carlson - Waterbury Publications, Inc.
Alle Rezeptfotos © Ken Carlson – Waterbury Publications, Inc., Abbildung S. 296 © Matt Frazier, S. 297 © Stepfanie Romine

Herausgeber:
Unimedica im Narayana Verlag GmbH, Blumenplatz 2, 79400 Kandern
Tel.: +49 7626 974 970-0
E-Mail: info@unimedica.de
www.unimedica.de

Inhalt

VORWORT VON RICH ROLL IX
EINFÜHRUNG 1

Teil 1: DIE VORBEREITUNG 11

KAPITEL 1: Pflanzliche Ernährung kurz erklärt 12

KAPITEL 2: Pflanzenbasiertes Küchen-ABC 26

Teil 2: REZEPTE UND MENÜPLÄNE 47

KAPITEL 3: Energie für den Tag: Frühstück und Morgenmahlzeiten 48

Herzhaftes Porridge 50
Reis-Porridge (aus dem Schongarer) 52
Kokos-Reis mit Matcha (aus dem Schongarer) 53
Apfel-Pfannkuchen aus der Pfanne 54
Bananen-Pfannkuchen oder Bananen-Waffeln mit Mandelmus 55
Vegane Superwaffeln 57
Fruchtige Frühstücks-Cookies mit Nussmus 58
Herzhafte Rosmarin-Scones mit schwarzem Pfeffer 59
Blaubeer-Scones 60
Frühstückstoast mit Hummus 62
Pan con Tomate 63
Knuspriges Nussmus auf Toast 63
Avocado-Toast 64
Salat „Rise & Shine“ 66
Pendler-Sandwiches 67
Shiitakepilze aus dem Ofen 68
Tempeh-Scheiben oder Tempeh-Würstchen 69
Tofu-Frühstückssreifen 71
Einfache Bohnen-Burritos 73
Tofu-Burritos 75
Kichererbsen-Quiche 76
Gebackener Harissa-Tofu 77

KAPITEL 4: Sattmacher und Energiespender: Herzhafte Hauptgerichte 78

Herzhafte Veggie-Baguette-Sandwiches 80
Avocado-Tomaten-Pitas mit frittierten Algen 83
Gefüllter Spaghettikürbis 84
One-Pot-Pasta 86
Pasta Marinara mit italienischen Bohnenfrikadellen 87
Linsen-Champignon-Pasta (vegane Spaghetti Bolognese) 90
Genial einfache Spinat-Pilz-Lasagne 93
BASISREZEPT: Blitzschnelle Quinoa-Gemüse-Bowl 94
Buddha-Bowl 95
Jamaikanische Kidneybohnen 96

Dicker Kichererbsenbrei **97**
BASISREZEPT: Cremiges Süßkartoffel-Curry **98**
BASISREZEPT: Ofen-Gemüse mit Tofu **101**
Ananas-Süßkartoffel-Bowl mit gebackenem Gemüse **102**
Grüner Enchilada-Auflauf mit Pintobohnen **103**
BASISREZEPT: Getreide-Gemüse-Bohnen-Bowl **104**
Erdnussbutter-Tempeh **110**
Samosa-Burger **111**
Thanksgiving-Burger **112**
Scharfer Bohnen-Bete-Burger **114**
Tofu mit Nusskruste **117**
Entzündungshemmende Miso-Suppe **118**
Herbstliche Kürbissuppe mit weißen Bohnen **119**
Rosmarin-Kartoffelsuppe mit Knoblauch **121**
Instantramen **122**
Überbackene Makkaroni mit gerösteter Paprika **123**
Feuriger Augenbohnen-Eintopf mit Blattkohl **125**
Erbsen-Dalsuppe **127**
Karibische Süßkartoffeln in Kokos mit Blattkohl **128**
Rote-Bete-Bourguignon (Linseneintopf mit Roter Bete) **131**
Französischer Zwiebeleintopf mit Pilzen **132**

KAPITEL 5: Knackfrische Rohkost: Salate und Dressings **135**

Erdbeer-Pistazien-Salat **137**
BASISREZEPT: Klassischer Grünkohl-Salat **138**
Konfetti-Quinoa-Salat **141**
Anti-Winterblues-Salat **142**
Gesunder griechischer Salat **145**
Vietnamesischer Reisnudelsalat **146**
Geräucherter Kartoffelsalat mit Blattgemüse **149**
BASISREZEPT: Hausgemachtes Salatdressing **150**
Grünes Dressing **151**
Zitronen-Tahin-Dressing **152**
Mango-Orangen-Dressing **153**
Aromatisches Knoblauch-Dressing **154**
Dressing „Zitrone-Thymian“ **155**
Limetten-Kreuzkümmel-Dressing **156**
Cremiges Avocado-Limetten-Dressing **157**
Nussiges Cashew-Ranch-Dressing **158**
Klassische französische Vinaigrette **159**
Senf-Dressing mit Ahornsirup **160**
Blaubeer-Walnuss-Vinaigrette **161**
Cremiges Kräuter-Hanf-Dressing **162**

KAPITEL 6: Leckere Nebenrolle: Kleine Gerichte und Beilagen **163**

Grüne Tahin-Bohnen **164**
Zitroniger Grünkohl mit Oliven **167**
Knusprig panierte Zucchini-Scheiben **168**
Cremig-zartes Grünkohlgemüse **169**
Colcannon (Kartoffelpüree mit Kohl) **170**
BASISREZEPT: Pakora **171**
Gebackene Zitrus-Karotten **172**
Gefüllte Champignons **175**
Gebackene Tempeh-Nuggets **176**
Sesam-Kurkuma-Wedges **179**
Mexikanisches Bohnenpüree (aus dem Schongarer) **180**

Wurzelgemüse-Püree **181**
Orzo-"Risotto" **182**
Reis-Risotto mit Sonnenblumenkernen **183**
Kichererbsen-Waffeln mit Oliven **184**
Quinoa „Primavera" **187**
Farro-Taboulé **188**
Provenzalisches Kartoffelgratin **190**

KAPITEL 7: Nährstoffreiche Energie: Getränke, Smoothies und Kraftspender **191**

Switchel: Das trendige Sportgetränk **194**
Spritziges Zitronen-Elektrolytgetränk **195**
Switchel-Saftschorle **196**
Limette-Gurke-Elektrolytgetränk **198**
Cranberry-Elektrolytgetränk „Cosmopolitan" **199**
Miso-Elektrolytgetränk mit Ahornsirup **200**
Umeboshi-Elektrolytgetränk **201**
BASISREZEPT: 15 aromatisierte Proteinpulver **202**
Geeister Matcha-Latte **205**
Vitalisierender Margarita **206**
Power-Protein-Smoothie **207**
Grüner Schlankmacher-Smoothie **208**
Beeren-Bananen-Smoothie für Kinder (nach Matts Rezept) **209**
Regenerierender Tropicana-Smoothie **212**
Verdauungsfördernder Löwenzahn-Ananas-Smoothie **214**
V9 **215**
Kräftigende Brühe **216**
Mandelmus „Piña Colada" **219**
To-Go-Reisbällchen mit Sesam und Tamari **220**
Grüne Energieriegel **221**
Fruchtiges Erdbeer-Shortcake-Sushi **222**
Kraftprotz-Cookies **225**
Kokos-Riegel mit Pekannüssen **226**

KAPITEL 8: Gut gewürzt: Saucen, Würzmischungen, Pestos und Toppings **227**

Garam Masala **229**
Italienische Gewürzmischung **230**
Jerk-Gewürzmischung **231**
Taco-Gewürz **232**
Harissa **233**
Frühlingsgewürz **234**
Herbst/Winter-Würzmischung **235**
Koreanische Tahin-Barbecuesauce **236**
Miso-Sauce **237**
Umami-Sauce und -Marinade „Vitamin B" **238**
Basilikum-Pesto **239**
Chimichurri **240**
Koriander-Kokos-Pesto **241**
Cashew-Sahne **242**
Paprika-Cashew-Creme **243**
Marinierte Tofu-Würfel **244**
Cashew-Tsatsiki **245**
Eingelegte Zwiebeln **246**
Scharfe Karotten **247**
Simple Guacamole **248**
Feurige Kürbiskern-Salsa **249**
Ananas-Salsa **250**
Herzhafter Malzbier-Dip **251**
Spanischer Paprika-Aufstrich (Romesco) **252**
Universal-Körner-mischung **253**

KAPITEL 9: Süße Versuchung: Gesunde Desserts und Nachspeisen **254**

Vanille-Chia-Pudding **255**
Bananen-Schichtpudding mit Chia **256**
Mango-Milchreis **258**
Süße Bohnen **259**
Ananas-Softeis **260**
Zuckerfreies Erdnussbutter-Fudge **261**
Datteln mit Schoko-Nuss-Füllung **263**
Mokka-Käsekuchen (ohne Backen) **264**
Schoko-Lava-Kuchen aus der Tasse **266**
Schoko-Kekstorte „Kalter Hund“ **267**
Süßes Ingwer-Brot mit schwarzen Sesamsamen **268**

KAPITEL 10: Kreativ kombiniert: Menüplanung für die Woche **269**

DANKSAGUNG 275
INDEX 278
BEZUGSQUELLEN 295
ÜBER DIE AUTOREN 296

Vorwort von Rich Roll

Der Schweiß lief mir in die Augen. Ich sah alles wie durch einen Schleier. Die Welt verschwamm vor mir wie durch ein Kaleidoskop. Ich rang um Atem. Mein Brustkorb zog sich mit jedem Atemzug schmerzhaft zusammen.

Acht Stufen lagen hinter mir. Acht Stufen noch vor mir. Wenige Treppenstufen nur, die sich anfühlten wie ein Marathon. Ich konnte es nicht länger ignorieren. Ich stand kurz vor einem Herzinfarkt. Sollte ich so enden wie mein Großvater, den ein Infarkt zu früh aus dem Leben gerissen hatte?

Ich war an einem Punkt in meinem Leben angekommen, an dem ich mich mit meinem Lebensstil auseinandersetzen musste.

Den Großteil meines Lebens lebte ich nach der *Autofenster-Diät*: Meine Mahlzeiten bekam ich überwiegend durch ein heruntergekurbeltes Autofenster. So bequem. So ungesund. Cheeseburger und Milchshakes. Pizza mit extra Salami. Chicken Wings mit fettigen Dips. Stets frittiert und dazu immer eine Cola zum Herunterspülen.

Mit 40 hatte ich 25 Kilo Übergewicht und eine Depression. Ich war zu einer faulen Couch-Potato mit einem krankmachenden Lebensstil mutiert. Dabei hatte ich doch noch mein halbes Leben vor mir.

Mein Beinahe-Zusammenbruch beim Treppensteigen war mein Schlüsselerlebnis.

In den nächsten sechs Monaten begann ich, mit Lebensmitteln zu experimentieren. Ich suchte nach einer nachhaltigen Diät, die mich wieder mit Energie und Nährstoffen versorgt. Ich wollte mich wieder jung und vital fühlen. Ich hatte alles probiert – Paleo, Low-Carb und andere Diäten – und nichts ausgelassen. Aber keine Diät hat funktioniert. Im Gegenteil: Ich fühlte mich noch dicker, noch deprimierter. Ich stand kurz davor, die Suche nach einem besseren Lebensstil aufzugeben. Ich fragte mich: *Was kann ich schon ausrichten? So ist es eben, wenn man älter wird.* Frustriert sah ich mir wieder nächtelang eine Folge nach der anderen von *Law & Order* an.

Dann meldete sich ein alter Bekannter – Rip Esselstyn – über Facebook bei mir. Rip war Profi-Triathlet und Schwimmer der University of Texas gewesen. In den späten achtziger Jahren war Rip an der Stanford University sogar mein Gegner im Schwimmbecken. Wir sind nie eng befreundet gewesen, daher konnte ich es mir nicht wirklich erklären, warum er gerade jetzt mit mir Kontakt aufnahm.

Er erzählte mir, dass er jetzt bei der Berufsfeuerwehr ist und an einem neuen Buch mit dem Titel *Stärker als Fleisch* arbeitete. Als ich kurze Zeit später ein Belegexemplar seines Buches aus meinem Briefkasten fischte, begann für mich ein neues Leben. Das Buch war der Startschuss für meinen neuen Speiseplan, der auf einer vollwertigen pflanzlichen Ernährung basierte. Da war sie – die Lösung meines chronisch schlechten Lebensstils. Es gab nur einen Haken: nie wieder verarbeitete Lebensmittel. Nie wieder tierische Produkte. Nie wieder Nahrungsmittel, die für Tierkinder bestimmt sind. Nie wieder Produkte, die einmal gelebt haben. Nie wieder Lebensmittel aus dem Labor.

Das Wort *extrem* ist noch eine Untertreibung für das, was ich dachte. „Masochismus" hätte besser gepasst! Mal ehrlich, was kann man dann überhaupt noch essen? Ich sah mich schon völlig entkräftet vor einem Teller mit drei labbrigen Salatblättern sitzen.

Nein, das ist wohl doch nichts für mich.

Ich dachte an meinen Großvater, den ich nie kennenlernen durfte. Richard Spindle war in den Zwanzigerjahren Kapitän des legendären Schwimmteams der University of Michigan gewesen. Und amerikanischer Rekordhalter, der ganz knapp eine Teilnahme bei den Olympischen Spielen verpasste. Er blieb bis ins hohe Alter fit und schwamm regelmäßig in seinem geliebten Lake Michigan. Er hat nie geraucht und hatte nie Übergewicht. Und trotzdem starb er im Alter von nur 54.

Mir wurde klar, dass auch mich ein ähnliches Schicksal erwartete. Ich musste wieder die Kontrolle über mein Leben erlangen. *Was dann passierte, änderte alles.*

Nach nur sieben oder zehn Tagen, an denen ich ausschließlich pflanzliche Kost zu mir nahm, fühlte ich mich so lebendig wie noch nie vor. Wie aus dem Nichts hatte ich wieder unglaubliche Energie.

Ganz beseelt von den Wundern meiner neuen Lebensweise fing ich nach einem Jahrzehnt Abstinenz wieder mit dem Sport an. Die Pfunde purzelten wie von selbst. Ich schlief besser und war geistig voll da. Ich fiel nicht mehr wie früher nach jeder Mahlzeit in ein „Suppenkoma". Meine Leistungsfähigkeit blieb den ganzen Tag über konstant. Woche für Woche wurde ich fitter, stärker und optimistischer. Ich blickte wieder positiv in die Zukunft.

Zeit meines Lebens wurden mir Glaubenssätze wie „Ein Hauptgericht hat immer eine Fleischbeilage" und

„Milch ist gesund" eingetrichtert. Wie kann es also sein, dass ich mich noch nie so gut fühlte und so leistungsfähig war, wenn Fleisch und Milch doch die Grundlage für eine optimale Gesundheit und für die Leistungsfähigkeit eines Athleten sind?

2008 kam ich bei den Ultraman World Championships – das sind 515 Kilometer reinste Quälerei beim anspruchsvollsten Triathlon der Welt – als Elfter ins Ziel. Dabei habe ich davor noch nie an einem Marathon teilgenommen, ganz zu schweigen von einer Teilnahme am Ironman. Im darauffolgenden Jahr wurde ich sogar Sechster und schnellster Amerikaner.

2010 haben mein Kumpel Jason und ich die Grenzen der menschlichen Ausdauer neu definiert: In nur einer einzigen Woche sind wir fünf Triathlons über Ironman-Distanzen auf fünf verschiedenen Hawaii-Inseln gelaufen. Unser Treibstoff und Energielieferant waren ausschließlich Pflanzen.

Während ich mich alleine auf die athletische Reise begab, arbeitete Matt Frazier auf der anderen Seite des Landes an seiner eigenen Geschichte, die meiner sehr ähnlich war. Seine faszinierende Geschichte begann 2009 als Blog mit dem Namen *No Meat Athlete*, um den sich schon bald eine begeisterte, globale Community sammelte. Der Blog ist bis heute für jeden *No Meat Athlete* die am häufigsten besuchte und vertrauenswürdigste Quelle für pflanzenbasierte Ernährung weltweit.

Ich kann mich nicht mehr daran erinnern, wann ich zum ersten Mal Matts *No Meat Athlete*-Blog aufrief. Aber ich weiß noch sehr genau, dass ich jeden neuen Beitrag verschlungen habe und das Lesen zum täglichen Ritual wurde. Matt erzählt authentisch aus seinem Leben und half mir dabei, an mir zu arbeiten. Zahlreiche Leser rund um den Globus können sich mit Matt identifizieren. Sein Wissen und seine Erfahrung sind für seine Anhänger Anker und Leuchtturm zugleich. Denn wir alle haben dasselbe Ziel. Wir wollen gesünder, besser und nachhaltiger in einer Welt leben, die anscheinend mehr und mehr ins Trudeln gerät.

Wir leben in einer absurden Welt. Die Vereinigten Staaten sind eine wohlhabende Nation. Wirtschaftlich geht es uns prima, aber unsere Gesellschaft war noch nie so krank. 70 Prozent aller Amerikaner sind übergewichtig oder adipös. Einer von drei Amerikanern stirbt an einer Erkrankung des Herzens. 50 Prozent der Amerikaner sind Diabetiker oder Prä-Diabetiker. Und die Hälfte aller Amerikaner mit Krankenversicherung nimmt regelmäßig verschreibungspflichtige Medikamente gegen chronische Krankheiten ein. Die Ironie daran ist erschütternd: 80 bis 90 Prozent der Krankheiten, die durch eine ungesunde Lebensweise hervorgerufen werden, sind nicht nur vermeidbar, sondern zum Teil auch umkehrbar. Es genügt, die Ess- und Lebensgewohnheiten umzustellen.

Eine Abkehr von einer Ernährungskultur, die an Fleisch und Milch festhält, würde sich außerdem positiv auf Umwelt und Klima auswirken. Die Massentierhaltung ist der größte Faktor, der unsere Umwelt in einem beängstigenden Tempo zerstört. Die industrielle Tierhaltung trägt zur Vernichtung des Lebensraums Regenwald und somit zum Artensterben bei. Sie ist der größte Verursacher von Treibhausgasen und erzeugt allein mehr Kohlendioxid als alle Transportmittel auf der Welt zusammen. Fleischkonsum ist alles andere als nachhaltig. Für die Fleischerzeugung werden Unmengen an Land und Vieh benötigt. Die Böden werden überdüngt und weniger fruchtbar. Meere, Flüsse, Seen und Trinkwasser werden unnötig verschmutzt.

Mit einer pflanzlichen Lebensweise leistet man als umweltbewusster Verbraucher einen wichtigen Beitrag zum Umweltschutz. Sie hilft, nicht mehr Teil von Krankheitsstatistiken zu sein. Sie hilft, den CO_2-Fußabdruck zu verkleinern. Sie macht unsere Erde auch für die nachfolgenden Generationen lebenswert und schützt unzählige Tierarten vor der Ausrottung. Sie hilft, die kühnsten Pläne von Sportlern in die Tat umzusetzen.

Und das ist kein Wunschdenken, das ist alles tatsächlich *machbar*. Ich bin der lebende Beweis dafür. Matt und Stepfanie sind der lebende Beweis dafür. Und jetzt bist du an der Reihe.

Es ist an der Zeit, dass du deine Vorbehalte und Bedenken über Bord wirfst. Nimm die Herausforderung an und probiere es aus. Lass deine alten Gewohnheiten, die dir im Weg stehen, hinter dir. Nimm dir Matt und Stepfanie zum Vorbild und spring ins kalte Wasser.

Die super nährstoffreichen, kulinarischen Köstlichkeiten und Essenspläne von Stepf sind völlig unkompliziert. Matt leitet dich Schritt für Schritt an und teilt mit dir seine sportlichen Erfahrungen. Mit diesem Buch wirst du es schaffen, dich dauerhaft gesund und vollwertig zu ernähren. Du wirst sehen, deine neue Ernährungsweise wird dein Leben verändern.

Ich bin in den letzten zehn Jahren vielen Leuten begegnet, die auf der Wellness-Welle schwimmen. Daher kann ich mit Überzeugung sagen, dass Matt einer der wenigen ist, die wissen, wovon sie sprechen. Er ist ehrlich, authentisch und offen. Daher bin ich sehr stolz darauf, dass ich für dieses Buch das Vorwort beisteuern durfte. Ich wünsche allen Lesern, dass dieses Buch dazu beiträgt, glücklicher und stärker zu werden.

Vielleicht begegnen wir uns ja irgendwo auf der *No Meat Athlete*-Reise? Ich würde mich freuen.

Peace + Plants,
Rich Roll

Einführung

VON MATT FRAZIER, GRÜNDER VON *NO MEAT ATHLETE*

Ich bin richtig stolz darauf, dass eine pflanzliche Ernährung in Kombination mit Hochleistungssport immer seltener als Widerspruch wahrgenommen wird. Die pflanzenbasierte Lebensweise ist im Leistungssport angekommen.

Das sah 2009, als ich meinen Blog *No Meat Athlete* startete, noch ganz anders aus. Ich fragte mich, ob eine vegetarische Ernährung überhaupt mit dem Marathon-Training vereinbar sei und ob ich mich damit für den Boston-Marathon qualifizieren könnte. Erste Recherchen im Internet machten mir wenig Hoffnung.

Es gab den einen oder anderen Athleten, der zu Höchstleistungen imstande war – trotz seiner vegetarischen oder sogar veganen Lebensweise. Erfolgsgeschichten zur pflanzenbasierten Kost im Hochleistungssport suchte man damals vergebens.

Mittlerweile hat sich einiges geändert. Man kann mit Fug und Recht behaupten, dass die pflanzenbasierte Fitnessbewegung und vegane Ernährung schon lange keine Nischentrends mehr sind.

Kurz nachdem ich 2009 meinen ersten Blogbeitrag veröffentlichte, stieß ich auf das Buch *Vegan in Topform* von Brendan Brazier. Brendan ist ein ehemaliger Profi-Ironman-Triathlet, der mit veganer Ernährung seine Regenerationsphase deutlich verkürzen konnte. Wenige Jahre später beschrieb der Mixed-Martial-Arts-Kämpfer Mac Danzig in *Forks Over Knives*, wie er mit veganer Ernährung seine Leistungsfähigkeit verbesserte. Sein Wettbewerbsvorteil: Seine Erholungszeit war kürzer als die seiner Gegner.

Für Furore sorgten dann diese Bücher: *Eat & Run: Mein ungewöhnlicher Weg als veganer Ultramarathon-Läufer an die Weltspitze* von Scott Jurek sowie *Finding Ultra: Wie ich meine Midlife-Krise überwand und einer der fittesten Männer der Welt wurde* von Rich Roll, die 2012 beide im Abstand von einem Monat veröffentlicht wurden. Die Autoren und Ultramarathon-Läufer erzählen darin ihre unglaubliche Geschichte, warum sie nicht *trotz,* sondern *aufgrund* ihrer pflanzenbasierten Ernährung so erfolgreich sind. Scott Jurek ist unter den Ultraläufern eine echte Legende. Lange Zeit dominierte er den Sport und gewann mehrfach hintereinander die weltweit härtesten 100-Meilen- und 135-Meilen-Wettkämpfe. Er ist fest überzeugt, dass die vegane Kost an seinem Erfolg maßgeblich beteiligt ist. Und Rich Roll wandelte sich in nur wenigen Jahren von einem unsportlichen, trägen Mann mittleren Alters zu einem der „25 fittesten Männern weltweit" im Magazin *Men's Fitness*. Auch er erreichte dieses Ziel mit einem pflanzenbasierten Speiseplan. Weitere prominente Beispiele:

Michael Arnstein ist bekannt als „der Frutarier". Er ist das lebende Beispiel dafür, dass auch eine vegane Ernährung, die ausschließlich aus Rohkost besteht und ohne Nüsse, Kerne, Getreide und Öl auskommt, für Läufer ideal ist. Er hat mithilfe pflanzlichen Treibstoffs mehrere große Rennen bestritten. Seine persönliche Bestzeit beim Desert Solstice Track Race in Phoenix ist 12 Stunden und 57 Minuten. Das heißt, in 7 Minuten und 45 Sekunden legt er eine Meile zurück. Das ist die siebtschnellste Zeit, die je ein Amerikaner über eine Distanz von 100 Meilen gelaufen ist.

Die vegetarische Triathletin Hillary Biscay gewann 2013 den Ultraman der Frauen: ein anstrengender 3-Tages-Lauf in Hawaii, der praktisch ein doppelter Ironman-Triathlon ist. Biscay war mehr als drei Stunden schneller als ihre Konkurrentinnen und kam insgesamt als dritte hinter zwei Männern ins Ziel!

Der große Durchbruch des veganen Ernährungsstils nahm im Ausdauersport ihren Anfang, genauer gesagt im Ultra-Ausdauersport. Schnell verbreiteten sich die Vorteile einer pflanzlichen Ernährung und wurden auch einem breiten Publikum außerhalb des Sports bekannt.

Bei den Olympischen Spielen 2012 und 2014 gewannen vegetarische wie vegane Athleten Medaillen. Der einzige Gewichtheber, der 2016 für die USA antrat, war Kendrick Farris – ein Veganer. Selbst NFL-Spieler wie der Defensivspieler David Carter haben eine vegane Kost erfolgreich getestet. Ob Tour de France, in der Hockey-Liga oder beim Baseball: Immer mehr Athleten in verschiedenen Sportarten nutzen die Vorteile der pflanzenbasierten Ernährungsweise für sich, um noch besser zu werden. Venus Williams stellte beispielsweise ihre Ernährung auf pflanzliche Kost um, als bei ihr eine Autoimmunerkrankung festgestellt wurde.

Athleten brauchen tierisches Protein? Dieser Mythos wurde zuletzt von Patrik Baboumian eindrucksvoll widerlegt. Der deutsche Strongman brach 2013 den Weltrekord, als er mit 1.216 Pfund auf seinem Rücken eine Strecke von stolzen zehn Metern zurücklegte! Auch er ernährt sich vegan: ohne Fleisch, ohne Milchprodukte, ohne Eier.

Pflanzenbasierte Ernährung und Hochleistungssport passen demzufolge perfekt zusammen. Die stärksten, schwersten und muskelbepacktesten Tiere dieser Welt nehmen fast ausschließlich Pflanzen zu sich. Nur einige Beispiele:

- 450 Pfund schwere Gorillas fressen überwiegend Blätter, Sprösslinge, Früchte, Wurzeln und Blumen. Nur zwei Prozent der Kalorienaufnahme stammt aus tierischer Nahrung wie Schnecken und Ameisen. (Nur so am Rande: Gorillas greifen nicht zu Protein-Shakes!).
- Nashörner, von denen einige Rassen bis zu 10.000 Pfund schwer werden können, sind strenge Vegetarier. Sie fressen ausschließlich Grünzeug.
- Elefanten, die bis zu 14.000 Pfund auf die Waage bringen, holen sich ihre Energie nur aus Pflanzen.

Wenn eine solche Kost für kräftige Tiere wie Gorillas, Nashörner und Elefanten optimal ist, dann doch auch für uns Menschen? Auch wir Menschen sind Tiere, nur mit anderen Bedürfnissen. Das Beispiel zeigt doch, dass die Muskelmasse bei Tieren nicht entsteht, weil sie das Muskelfleisch anderer Tiere fressen.

Die Spezies Mensch entwickelte sich über einen sehr langen Zeitraum in unterschiedlichen Regionen, in der verschiedene klimatische Bedingungen herrschten. In manchen Entwicklungsphasen war nur Obst und Gemüse, in anderen viel Fleisch als Nahrung verfügbar. Der Mensch ist weder reiner Fleisch- noch reiner Pflanzenfresser, sondern ein Allesfresser. Wir können mit verschiedenen Ernährungsweisen überleben und uns sogar weiterentwickeln. Es gibt kein besseres Beispiel als ein Ultramarathonläufer, der nach 100 Meilen als Erster ins Ziel läuft, unabhängig davon, ob er Veganer, Frutarier oder Paleoaner ist. Für eine gute Ausdauer und ein ideales Gewicht ist jede Essweise prima, die auf naturbelassenen Lebensmitteln basiert. (Ein Speiseplan mit stark verarbeiteten Lebensmitteln hingegen ist meistens schlecht für Ausdauer und Gewicht).

Welchen Vorteil hat dann eine pflanzenbasierte Ernährung für Athleten? Neben den ethischen Gründen, Gründen des Umweltschutzes und langfristigen Vorteilen für die Gesundheit (mehr dazu später) scheint die Regeneration eine wichtige Rolle zu spielen.

Inwiefern die Regeneration nach dem Sport von der pflanzlichen Ernährung positiv beeinflusst wird, ist noch nicht ganz klar. Es gibt noch keine Studien, in der die Leistung von Sportlern verglichen wird, die sich vegan bzw. mit tierischen Produkten ernähren. Fakt ist: Das Verhältnis der Nährstoffe zu den Kalorien ist bei einer pflanzlichen Kost besonders gut.

Meiner Meinung nach könnte dies der Grund sein, warum die Erholungsphasen bei veganen Athleten kürzer sind.

Laut Dr. Joel Fuhrman in seinem New York Times-Beststeller *Eat to Live* ist Gesundheit die Gesamtheit aller aufgenommenen Nährstoffe (Makro- und Mikronährstoffe wie Vitamine, Mineralstoffe und sekundäre Pflanzenstoffe), geteilt durch die Gesamtkalorienzahl, die aufgenommen wird, um diese Nährstoffe zu sich zu nehmen. Als Formel ausgedrückt: Gesundheit = Nährstoffe/Kalorien. Die maximale Punktzahl, die mit dieser Formel erreicht werden kann, ist 1.000. Der beliebte ANDI-Wert (Aggregierter Nährstoffdichte-Index) basiert auf diesem Verhältnis. Vollwertige Pflanzenkost erzielt auf dieser Skala eine weit höhere Punktzahl als tierische Produkte oder industriell verarbeitete Produkte (wie verarbeitetes Getreide oder Öle). Kein Wunder, dass Fuhrman ein strenger Verfechter der pflanzenbasierten Ernährungsweise ist.

Was aber heißt das genau für Sportler? Unsere Verdauung benötigt viel Energie, um Essen zu verstoffwechseln. Je mehr Kalorien wir also zu uns nehmen, desto mehr Energie muss unser Körper für die kraftraubende Verdauung zur Verfügung stellen. Das bedeutet: Wenn wir alle Nährstoffe, die zum Reparieren von Muskeln und zur Vorbeugung kardiovaskulärer Erkrankungen gebraucht werden, mit einer geringeren Anzahl an Kalorien zu uns nehmen, ist weniger Energie für die Verdauung notwendig. (Tierische Produkte und Fastfood haben mehr Kalorien und verbrauchen für die Verdauung daher mehr Energie). Die Energie, die nicht für die Verdauung benötigt wird, kann in den Muskelaufbau gesteckt werden. So ist eine schnellere und effizientere Regeneration möglich. Dieses Prinzip des Nährstoffgehalts pro Kalorie und der geringen Kaloriendichte ist auch der Grund, warum eine pflanzenbasierte Ernährung perfekt ist, um Gewicht zu reduzieren und das Idealgewicht langfristig zu halten.

Athleten profitieren zudem von den entzündungshemmenden Eigenschaften der Pflanzen. Tierische Produkte können Entzündungen fördern. Die Phytonährstoffe und Nährstoffkomplexe in pflanzlichen Lebensmitteln hingegen bekämpfen Entzündungen. Ingwer, Kurkuma und Knoblauch stehen auf der Liste der entzündungshemmenden Pflanzen ganz oben. Aber wusstest du, dass Beeren, Nüsse, grünes Blattgemüse und sogar Soja entzündungshemmende Eigenschaften haben? Intensive Workouts verursachen Risse in den Muskelfasern. Dadurch entstehen natürliche Entzündungsprozesse. Lebensmittel, die Entzündungen eindämmen, unterstützen deshalb die Regeneration. Der Körper erholt sich schneller und vollständig.

Auch wenn die exakten Mechanismen hinter der schnelleren Regeneration, die im Zusammenhang mit einer pflanzlichen Kost berichtet werden, noch im Dunkeln liegen, sind die gesundheitlichen Vorteile offensichtlich.

Die pflanzenbasierte Ernährung trägt langfristig zum Wohlbefinden bei und verschiebt oder verhindert eine Reihe von Zivilisationskrankheiten, insbesondere Herzinfarkt, bestimmte Krebsarten, Lungenerkrankungen, Schlaganfall und Diabetes. (Erkrankungen des Herzens sind häufig tödlich). Einige dieser Krankheiten können durch eine rein pflanzliche Vollwertkost sogar rückgängig gemacht werden. Dies wurde im revolutionären Buch *Essen gegen Herzinfarkt: Das revolutionäre Ernährungskonzept* von Dr. Caldwell Esselstyn dokumentiert.

In einigen ambitionierten und bekannten Studien, darunter die Adventist Health Studies, die Framingham Heart Study und die China Study (bekannt durch das gleichnamige Buch von T. Colin Campbell) konnte eine Verbindung zwischen pflanzlicher Ernährung und der Vorbeugung von Herzkrankheiten und einigen Krebsarten hergestellt werden. In den Adventist Health Studies konnte auch eine längere Lebensspanne nachgewiesen werden. Zahlreiche weitere kleine Studien konnten ebenfalls belegen, dass sich das Risiko verringert, an einer Zivilisationskrankheit zu erkranken. Dr. Michael Greger hat diese Studienergebnisse unter „nutritionfacts.org“ auf anschauliche Weise aufbereitet.

Die Argumente einer vollwertigen, pflanzenbasierten Ernährungsweise sind neben dem Tier- und Umweltschutz also sehr überzeugend. Jetzt kommt es nur noch darauf an, diese unglaublich wertvolle Ernährungsweise mit dem Lebensstil eines Sportlers dauerhaft zu verbinden. Und die Rezepte in diesem Buch sollen dazu eine Stütze sein.

Hinweis zu den Rezepten

Mein Weg vom Allesesser zum Vegetarier und dann zum Veganer war zielgerichtet. Dennoch hat sich mein Essverhalten seit dem ersten *No Meat Athlete*-Buch im Jahr 2013 noch einmal stark verändert.

Das war das Jahr, in dem ich für einen 100-Meilen-Ultramarathon trainierte. Dabei stellte ich etwas Interessantes fest: Je härter ich trainierte, desto weniger Appetit hatte ich auf Junkfood. Mein Körper verlangte zunehmend naturbelassene, unverarbeitete Lebensmittel. Den ganzen Tag über aß ich Obst. Ich begann den Tag mit einem Smoothie und zu Mittag gab es gekochte Bohnen zu einem riesigen Salatteller mit Tahin-Dressings. Zwischendurch griff ich zu rohen Nüssen und Kernen oder Gemüse mit Hummus als Dip. Abends stand überwiegend Gemüse mit Bohnen und Getreide auf dem Tisch.

Ich nahm auch kein Proteinpulver mehr. Als mein Vorrat an Hanf, Reis und Erbsen für einen Protein-Shake zu Ende war, kaufte ich aus Faulheit nichts nach. Es verging eine Woche, es vergingen zwei Wochen, ein paar Monate und dann ... passierte nichts! Ich bemerkte keinen Unterschied. Ich lief mehr Meilen als je zuvor. Ich bereitete mich mit 50-Meilen-Läufen und 50-Kilometer-Läufen auf den Ultramarathon vor. Meine Leistung blieb konstant hoch, obwohl ich komplett auf Proteinpulver verzichtete. (In Kapitel 1 „Pflanzliche Ernährung kurz erklärt“ decke ich ein paar Mythen zu Protein auf).

Ich war versessen auf Vollwertkost und bin bis heute bei dieser Ernährung geblieben. Meine Familie kocht jetzt sogar ohne Öl. Deshalb kann jedes Rezept in diesem Buch auch ölfrei zubereitet werden. Es gibt nur wenige Ausnahmen, bei denen man zu weniger vollwertigen Lebensmitteln greifen sollte, und zwar direkt vor, bei und nach einem Workout. Saft oder verarbeitetes Getreide (wie die *To-Go-Reisbällchen mit Sesam und Tamari* auf Seite 220) eignen sich perfekt für beste Leistung und schnelle Regenerierung.

In meinem ersten Buch waren alle Rezepte zu 100 Prozent vegan und zum größten Teil vollwertig. Die Umstellung von Essgewohnheiten basiert immer auf „kleinen Schritten“, damit sie effektiv und von Dauer ist. Daher spiegeln die neuen Rezepte mein strikteres Essverhalten wider, das sich im Laufe der Zeit weiterentwickelt hat. Ich persönlich bin überzeugt, dass es einfacher ist, sich zunächst vegetarisch zu ernähren und sich dann dem veganen Lebensstil anzunähern. Es ist gut, wenn am Anfang noch bekannte Lebensmittel auf dem Speiseplan stehen. Die Umstellung auf eine vollwertige, pflanzenbasierte Lebensweise fällt so leichter. Eine drastische und radikale Umstellung ist kaum durchzuhalten und man fällt schnell in alte Muster zurück. Ich bin ein großer Anhänger einer Umstellung, die von Schritt zu Schritt erfolgt. Bis ich meine Ernährung auf vegetarische Kost umgestellt hatte, ging ein Jahr ins Land. Danach brauchte ich etwa zwei Jahre, bis ich mich hundertprozentig vegan ernährt habe. Das ist jetzt sechs Jahre her und ich befinde mich immer noch auf dem Weg, die letzten industriell verarbeiteten Lebensmittel aus meinem Leben zu verbannen.

Noch etwas hat sich beim Schreiben des zweiten Buchs verändert: *No Meat Athlete* ist im Team entstanden. Meine gute Freundin Stepfanie Romine, ebenfalls pflanzenbasierte Athletin, hat mich bei den Rezepten unterstützt. Sie ist ein zertifizierter Gesundheitscoach, Yoga-Lehrerin und begeisterte Cross-Trail-Läuferin. Sie ist Autorin und Co-Autorin mehrerer Bücher zum Thema „Gesunder Lebensstil“. Sie unterstützt und berät

Menschen, die ein Ernährungsziel erreichen möchten. Chefköchin Stepf weiß, wie man köstliche pflanzenbasierte Rezepte zusammenstellt, die zudem einfach zuzubereiten sind.

Wir sind ein gutes Team: Wir beide kennen die Herausforderung, Trainingseinheiten mit dem Berufs- und Familienleben unter einen Hut bringen zu müssen. Wir beide wissen, dass Nahrung der entscheidende Faktor für eine optimale Leistung ist. Daher sind die Rezepte so konzipiert, dass du sie an deine eigenen Bedürfnisse anpassen kannst, je nachdem, auf welcher Etappe du dich auf deinem Weg zu einer vollwertigen Pflanzenkost befindest. Unser Buch soll dich dabei unterstützen, die nächste Etappe und das nächste Zwischenziel zu erreichen! Wir haben Rezepte, die sich vor, beim oder nach dem Sport als Snack oder zum Auffüllen deiner Energiespeicher eignen. Leckere Mahlzeiten für eine effizientere Erholung vom Workout. Salate, Smoothies und Gerichte, die dich und deine Familie mit Treibstoff für das volle Leben versorgen.

Vor acht Jahren habe ich mich auf den *No Meat Athlete*-Weg begeben und ich hätte mir so ein Buch wie dieses hier gewünscht: ein Kochbuch mit Rezepten, die mega-gesund sind und im Handumdrehen zubereitet werden können. Damals jonglierte ich mit der Vorbereitung auf einen Marathon, mit dem Studienabschluss und meiner neuen kleinen Familie. Es hat einige Zeit gedauert, bis ich meine Version der idealen pflanzenbasierten Ernährungsweise gefunden und meine neuen Fähigkeiten und Gewohnheiten verinnerlicht hatte. (Zugegebenermaßen stellen mich zwei kleine Kinder und ein eigenes Unternehmen vor ganz neue Herausforderungen. Der Stress von damals scheint lachhaft).

Viel Freude mit dem Buch, aber arbeite auch damit! Mach Eselsohren hinein, schreib dir Notizen an den Rand, nimm unsere Tipps und Tricks als Vorlage und passe sie an deine Bedürfnisse an. Betrachte das Kochbuch als Arbeitsbuch. Die Zeit, die du investierst, ist eine ungeheuer wertvolle Investition. Denn du investierst in deine Gesundheit und in die deiner Familie. Und jetzt leg einfach los.

CHEFKÖCHIN STEPF (UND DIE GESCHICHTE HINTER DEN REZEPTEN)

Von Stepfanie Romine, der Gründerin von *The Flexible Kitchen*

Ich war bereits jahrelang Vegetarierin, als ich 2010 den Schritt zur vollständig pflanzenbasierten Ernährung machte. Zu dieser Zeit nahm ich das Training zu meinem zweiten Halbmarathon auf und lernte Sam kennen, der heute mein Ehemann ist. Sam ist Radrennfahrer, nimmt regelmäßig an Wettkämpfen teil und fährt zusätzlich zu seinem Training jeden Tag zwei Stunden mit dem Rad zur Arbeit. In der Saison legt

Sam bis zu 200 Meilen in der Woche zurück.

Wir beide laufen, fahren Rad, machen Yoga. Die Energie dazu holen wir uns ausschließlich von Pflanzen. Mein pflanzlicher Speiseplan gab mir die Kraft für mehrere Halbmarathons. Die Pflanzenkost spendet mir Energie für meine Ashtanga-Yoga-Übungen, die ich sechs Tage pro Woche mache, und für meine Yoga-Kurse. Und mein veganer Ernährungsstil unterstützt mich, mein Gewicht zu halten, wenn ich nicht im Training bin. Seit ich Mitte Dreißig bin, muss ich doch etwas stärker auf mein Gewicht achten.

Ich bin eine aktive Person, aber ich würde mich nicht als Athletin bezeichnen. Ich laufe gern, aber vor allen Dingen liebe ich Yoga. Ich mag die Einsamkeit beim Laufen. Beim Laufen bin ich ganz bei mir. Das ist für mich wie Meditation. Und ich möchte meinem Herz-Kreislauf-System etwas Gutes tun.

Sam hingegen war während seiner College-Zeit im Ruderteam und gründete dann mit Freunden ein Radfahrteam. Er fährt seit Jahren Straßen- und Cross-Trail-Rennen und betreibt, seit wir in North Carolina leben, auch Mountainbiking. Er ist bereits zwei Marathons gelaufen und hat auch da Blut geleckt. Er ist auf jeden Fall ein Athlet und geht stets an seine Grenzen.

Irgendwann fing ich an, für Sam zu kochen. Ich habe schon für viele Leute gekocht und arbeitete zu dieser Zeit an meinem ersten Kochbuch. Aber ich hätte nie im Leben gedacht, wie viel ein Athlet im Vergleich zu einer durchschnittlich aktiven Person wirklich zu sich nimmt. Das war für mich eine echte Lernkurve! Bei 1,91 Metern Körpergröße und 75 Kilogramm Gewicht liegt sein Kalorienbedarf bei 3.000 bis 3.500 Kalorien pro Tag – nur um sein Gewicht zu halten. Das sind doppelt so viel wie ich brauche. Dieser Kalorienbedarf verdoppelt sich sogar, wenn er sechs Stunden auf dem Rad in den Bergen unterwegs ist.

Als ich das erste Mal für ihn kochte, bereitete ich vier Portionen zu. Der erste Teller war in wenigen Minuten leer gegessen. Er füllte den Teller immer wieder und verdrückte eine Portion nach der anderen. Sam hat tatsächlich alles gegessen, was ich gekocht hatte. Dann fragte er: „Was gibt es als Nachspeise?“ Ich war sprachlos. *Er war noch immer hungrig! Wie war das möglich?* Er nahm dann noch ein halbes Glas Schoko-Mandelmus mit Bananen und etwas später noch einen Snack!

Nach diesem Erlebnis überdachte ich meine Art und Weise zu kochen. Es gab keine Mahlzeiten mit komplizierten Zutaten mehr, da sie sowieso in wenigen Happen verschlungen werden. Ich erweiterte mein Repertoire an Eintöpfen, pfannengerührten Gerichten oder Bohnen-Mahlzeiten und eignete mir mehr Wissen über die Essbedürfnisse von Athleten und Freizeitsportlern an. Außerdem musste ich lernen, wie ich die Kontrolle über unsere Ausgaben für Lebensmittel – und über Sams Hunger – behalten kann.

Durch Ausprobieren (und Weiterbildungen zum Gesundheitscoach) lernte ich, wie Sams Energiespeicher nach einem Workout auf dem Rad wieder aufgefüllt werden kann. Ich lernte auch, was mir beim Laufen oder auf der Yoga-Matte guttut. Diese Tipps findest du auf den nächsten Seiten. Du erfährst, wie du beim Kochen Zeit und Geld sparen kannst.

Ich koche noch immer aus Spaß an der Sache. Ich gehe jetzt jedoch etwas pragmatischer an das Kochen heran. Mein Repertoire an Gerichten ist durch viel Experimentieren mit gesunden, pflanzenbasierten Mahlzeiten umfangreicher geworden. Aufwendige Gerichte wie Sushi oder gefüllte Pasta kommen nur noch selten auf den Tisch. Ich finde, der Aufwand bei der Zubereitung steht in keinem Verhältnis zu der Zeit, in der das Gericht verputzt wird. Mittags und abends gibt es immer Wurzelgemüse wie Süßkartoffeln oder Rote Bete und ein Vollkorngetreide dazu. Und weil Sam ohne Saucen nicht leben kann, steht auch immer eine Sauce oder ein Dip bereit. Kapitel 8 ist ihm gewidmet. Ich würze die Mahlzeiten gut, aber nicht zu scharf, damit am nächsten Tag die Verdauung nicht verrückt spielt und Sam sich im Sattel wohlfühlt. Darüber hinaus bereite ich großzügige Portionen zu. Ich vermeide Zucker, aber für den Appetit auf Süßes am späten Abend sorge ich mit gesunden Leckereien vor. Meine Rezepte wurden auch von der französischen und südkoreanischen Küche beeinflusst, da ich sowohl in Frankreich als auch in Südkorea gelebt habe. Und da Matt und ich seit einigen Jahren in Asheville wohnen, haben wir uns auch von den vielen vegan-freundlichen Restaurants in der Gegend inspirieren lassen.

Als Sam und ich ein Paar wurden, sprach es sich unter seinen Freunden schnell herum, dass ich Kochbuchautorin bin. An vielen Wochenenden hatten wir daher Sams Radfahrfreunde zu Gast, denen wir riesige Portionen kochten, die ihre Regenerationsphase unterstützten).

Alle paar Monate blieben die Jungs dann für ein verlängertes Wochenende bei uns. Damit das Team Kosten sparte, kochte ich wenigstens einen Abend für sie und nahm nur das Geld für die Einkäufe, aus denen ich ein großes Festmahl zauberte. So wurde ich zum inoffiziellen Caterer bei den Trainingcamps im Frühjahr. Ich bereitete mit den anderen Frauen und Freundinnen der Athleten Dutzende von hausgemachten Pizzen und riesige Töpfe Pasta zu. Ich erntete Bewunderung dafür, dass meine Mahlzeiten nicht nur satt machten, sondern auch gesund waren und Kraft zum Radfahren spendeten.

Ich gab meine Rezepte weiter, damit alle die gesunden Gerichte zu Hause für sich und ihre Familien nachkochen konnten. Die Erfahrung, wie man hungrige Athleten satt und glücklich machen kann, war der Auslöser dafür, dass Matt und ich uns für dieses Buch zusammengetan haben. Die Rezepte in diesem Buch wurden von echten Sportlern (Profi-Athleten wie Hobbysportlern) sowie von Matts Familie mit zwei kleinen (vegan ernährten aber recht anspruchsvollen) Kindern getestet. Was ihnen (oder mir) beim Radfahren Beschwerden bereitete, kam nicht ins Buch.

Foodstylisten und Ernährungsberater probierten unsere Mahlzeiten. Wir ließen Kochanfänger unsere Rezepte nachkochen. Jedes Rezept, das keinen Daumen nach oben bekam, wurde angepasst oder ausgetauscht.

Ich schreibe seit mehr als einem Jahrzehnt über „Essen und Ernährung". Deshalb bin ich ganz begeistert, dass ich mit Matt zusammenarbeiten durfte. Wir beide möchten aktive Menschen zu einer gesunden, pflanzenbasierten Ernährung verhelfen, die auch köstlich schmeckt. Ich hoffe, du bist von den Rezepten genauso begeistert wie wir. Wir sind schon ganz gespannt darauf zu hören, wie du mit diesem Buch deine Fitnessziele erreicht hast.

VOM „ICH" ZUM „WIR"

Jetzt kennst du unsere Geschichten und konntest uns etwas besser kennenlernen. Ab hier werden Matt und ich gemeinsam sprechen und aus dem „ich" wird ein „wir". Das erspart dir das Rätselraten, welcher Text von wem stammt. Schließlich sollst du dich auf die Rezepte konzentrieren, denn die sind das Wichtigste.

Teil 1

DIE VORBE-REITUNG

Kapitel 1

PFLANZLICHE ERNÄHRUNG KURZ ERKLÄRT

Für Sportler ist die Ernährungsweise genauso wichtig wie das Training. Nahrungsmittel sind der Kraftstoff, den du zum Trainieren brauchst. Selbst Trainingspläne, Coaching und die beste Ausstattung unterstützen dich nicht optimal, wenn dein Nährstofftank leer ist oder du den falschen Kraftstoff zu dir nimmst. Es gibt viele Gründe, warum Amateurläufer wie Profi-Radfahrer mit ihrem Workout unzufrieden sind. Wenn das Training nicht gut läuft, dann ist oft der Lebensstil daran schuld: zu wenig Schlaf, zu viel Stress, die falschen oder zu wenig Nahrungsmittel.

Wir erklären dir die pflanzliche Ernährung kurz und knapp. Es ist nicht unser Ziel, die Theorie in allen De-tails wiederzugeben, wie du mit einer pflanzlichen Ernährungsweise eine optimale Gesundheit erreichst.

Denn du musst das alles gar nicht wissen. Du kannst zum einen in *Eat to Live: Das wirkungsvolle, nährstoffreiche Programm für schnelles und nachhaltiges Abnehmen* von Joel Fuhrman oder in *How Not To Die: Entdecken Sie Nahrungsmittel, die Ihr Leben verlängern – und bewiesenermaßen Krankheiten vorbeugen und heilen* von Michael Greger nachlesen, wie du das erreichen kannst. Und zum anderen sind wir mit Bruce Lee einer Meinung, der einmal sagte: „Einfachheit ist der Schlüssel zur Brillanz." Anders ausgedrückt: 95 Prozent von dem, was du in jeder ausführlichen Studie zu pflanzlicher Ernährung lesen wirst, lässt sich in zwei Worten zusammenfassen: vollwertige Pflanzennahrung.

Aber keine Sorge, die restlichen 5 % bleiben wir dir nicht schuldig.

In diesem Kapitel zeigen wir die Vorteile unseres simplen Ernährungskonzepts auf. Du erhältst wichtige Informationen zu Proteinen, Ölen und Nahrungsergänzungsmitteln. Wir stellen auch eine Reihe von Superfoods vor, die aufgrund ihres hohen Nährstoffgehalts und ihrer Schutzwirkung unbedingt in den täglichen Speiseplan gehören sollten.

Zuerst müssen wir aber eine Sache klären:

DIES IST KEINE „DIÄT"!

Zumindest keine, bei der du dich eine Zeit lang entsprechend ernährst und dich dann dem nächsten Ernährungstrend zuwendest.

Seit acht Jahren schreibt Matt einen sehr beliebten Blog und hat einen unglaublich erfolgreichen Podcast. In diesen acht Jahren hat er mit Hunderten von Experten und Tausenden von Lesern und Zuhörern gesprochen. Die wichtigste Lektion, die Matt über Ernährung und Sport gelernt hat, lässt sich wie folgt auf den Punkt bringen: Das Entscheidende ist die Umstellung deiner Gewohnheiten. Es zählen nicht die positiven Veränderungen nach dreißig Tagen oder drei Monaten oder nach einem Jahr. Wichtig sind die Veränderungen, die zu weiteren positiven Effekten führen und die Änderungen, die von Dauer sind.

Es zählen nur die Veränderungen, die du für immer – oder zumindest für einige Jahre oder Jahrzehnte – beibehältst. Deshalb sagen auch wir: Folge keiner Diät, sondern entwickle lieber deine Lebensweise! Dies ist einfacher gesagt als getan, ganz klar. Aber stelle dir selbst die ehrliche Frage: Welche Rolle spielen Ernährung und Sport in deinem Alltag?

Vielleicht bist du bereits auf einem guten Weg und dieses Buch ist für dich nur der nächste Schritt auf deinem Weg. Aber vielleicht sieht dein gesunder Lebensstil so aus, dass du einen Esstrend nach dem anderen hinterherläufst. Du vermeidest eine Woche lang ganz bestimmte Nahrungsmittel, die du dann in der Woche darauf als Superfoods wieder in deine Ernährung integrierst. Wenn du dich hier wiedererkennst, ist es Zeit für eine neue Ernährungsform.

Lassen wir Mikronährstoffgehalt, Proteingehalt und Kalorienzahl für den Moment beiseite. Der allererste Schritt ist diese simple Regel: Integriere so viele naturbelassene, pflanzliche Nahrungsmittel wie möglich in deinen Speiseplan. So ist es einfacher, den richtigen Weg zur perfekten Ernährungsweise einzuschlagen. Dieses Prinzip lässt sich einfach umsetzen und ist komplett stressfrei. Du wirst sehen, dass du auf diese Weise deine Essgewohnheiten langfristig umstellen kannst.

Es wäre falsch, pflanzliche Lebensmittel nur auf ihre wichtigsten Nährstoffe zu reduzieren. Deshalb wirst du von uns niemals Tipps wie „Iss Tomaten, sie enthalten viel Lycopin" hören. Außerdem werden Lebensmittel nicht dadurch gesünder, dass man ihnen Nährstoffe künstlich zufügt. Schließlich steckt alles, was du brauchst, in der Pflanze, im Gemüse und im Obst. Der Körper profitiert nicht von einem einzigen Nährstoff, sondern von der komplexen Zusammenstellung unzähliger Nährstoffe.

Verabschiede dich auch vom Perfektionismus, den die meisten traditionellen Diäten verlangen. Kleine Kompromisse unterstützen dich dabei, das neue Essverhalten beizubehalten. Sie helfen, deine Willenskraft nicht zu untergraben, wenn du neue Rezepte zubereitest oder heikle Situationen rund ums Essen außerhalb deiner Küche umschiffen musst.

Leider denken viele, dass eine Ernährungsweise immer perfekt umgesetzt werden muss. Jede Mahlzeit muss perfekt sein, es dürfen keine Fehler passieren und schummeln ist nicht erlaubt. Beim kleinsten Fehler – beispielsweise gibst du dem Verlangen einer Heißhungerattacke nach oder du vergisst, Gerichte im Voraus zu planen – fällst du sofort wieder in deine alten Gewohnheiten zurück. Du fühlst dich, als hättest du versagt.

Kleine Kompromisse sind völlig in Ordnung. Wer sich aus ethischen Gründen pflanzlich ernährt, wird sicherich keine tierischen Produkte zu sich nehmen und niemals Ausnahmen machen. Eine pflanzenbasierte Lebensweise impliziert aber noch lange nicht, dass du niemals veganes Junkfood essen darfst. Hin und wieder ist das durchaus erlaubt! Diese Flexibilität hilft dir, neue Gewohnheiten zu 95 Prozent einzuhalten. Und das ist doch eine tolle Quote, oder? Dr. Fuhrman, der selbst sehr streng vegan lebt, schreibt in einer seiner Studien, dass er aus gesundheitlicher Sicht keinen Unterschied zwischen einer perfekten Ernährungsweise und einer Kost, bei der bis zu zehn Prozent ihrer Kalorien aus Junkfood besteht, feststellen kann. Laut Dr. Fuhrman zählen übrigens tierische Produkte, raffinierte Kohlenhydrate und Öl auch zu Junkfood.

Die aktuellen Diskussionen, ob Smoothies aus Obst und Gemüse wirklich so nahrhaft sind, sind ein gutes Beispiel für diese kleinen Kompromisse. Ein Teil der Community, die sich pflanzlich ernährt, ist (zu Recht) der Meinung, dass es gesünder ist, Früchte, Gemüse, Nüsse und Samen unzerkleinert und als Ganzes zu essen. Durch das Kauen dauert es länger, das Obst und Gemüse zu sich zu nehmen. Weil die Nahrungsmittel nicht püriert sind, nehmen sie im Gegensatz zu einem Smoothie im Magen ein höheres Volumen ein. Dies führt dazu, dass wir weniger Kalorien aufnehmen.

Wenn es darum geht, viel Gewicht zu verlieren, dann hat das Argument Hand und Fuß. Die meisten Sportler möchten jedoch nicht abnehmen. Ganz im Gegenteil! Ihr Ziel ist es nicht, Kalorien zu zählen, sondern genug Kalorien zu sich zu nehmen. Und noch etwas: Alle, die noch am Anfang ihrer pflanzlichen Essweise stehen und am Morgen kaum Zeit zum Frühstücken haben, wählen nicht zwischen einem Smoothie und einer Schüssel mit Obst, Gemüse, Nüssen und Kernen. Sondern sie greifen entweder zu einem schnellen Smoothie oder zu Fastfood, das man sich unterwegs besorgt. Anfänger sind es noch gewohnt, dass das Frühstück keine Zubereitungszeit kostet. Selbst ein Bagel wäre noch eine gute Option, wenn er aus Vollkorn und nicht aus industriell verarbeitetem Getreide besteht. (Er ist trotzdem kein Vergleich zu den Nährstoffbomben wie Obst, Gemüse, Nüssen und Kernen). In solchen Situationen ist die Zubereitung eines Smoothies tatsächlich gesünder. Denn ein Smoothie ist immer noch besser als ungesund zu essen, auch wenn die Zutaten in fester Form noch besser wären. Die meisten von uns können und wollen niemals perfekt sein. Wenn wir unsere kleinen Schwächen akzeptieren, nehmen wir den Druck aus unserer Ernährung.

DIE PHILOSOPHIE HINTER DER PFLANZLICHEN ERNÄHRUNG

Gesundheit wird von Dr. Fuhrman mit der Formel „Gesundheit ist der Gehalt an Nährstoffen, geteilt durch die Kalorienzahl (G = N/K)" beschrieben. In Worten ausgedrückt bedeutet das: Je mehr Nährstoffe und je weniger Kalorien ein Lebensmittel hat, desto vollwertiger und gesünder ist dieses Lebensmittel. (Es wird hier vorausgesetzt, dass der tägliche Kalorienbedarf angemessen ist. Der Kalorienbedarf ist vom Stoffwechsel und von der körperlichen Aktivität einer Person abhängig).

Die Formel gilt auch für tierische Produkte. Diese sind in der Regel kalorienreich und nährstoffarm, deshalb erzielen sie im Vergleich zu Pflanzen einen sehr schlechten Wert.

In diesem Kontext bedeutet der Begriff „Gesundheit", dass das Idealgewicht beibehalten oder erreicht wird sowie Krankheiten und Entzündungsvorgänge langfristig vermieden (oder gelindert) werden. Der Körper wird mit kalorienarmen, aber nährstoffreichen Lebensmitteln optimal versorgt und kann sich selbst reparieren und schützen. Dies könnte der Grund sein, warum sich so viele Spitzenathleten der pflanzlichen Ernährung zuwenden, um sich von Workouts schneller zu erholen. Sie machen sich dieses Prinzip für eine bessere Regenerierung zunutze. Beim Abbau der Kalorien muss der Stoffwechsel nicht so hart arbeiten, weil frische und natürliche Lebensmittel schneller verstoffwechselt werden. Dadurch ist es möglich, mehr Trainingseinheiten pro Woche als die Konkurrenz zu absolvieren oder bis zum nächsten Workout wieder vollständig regeneriert und erholt zu sein.

Nebenbei bemerkt: Ein veganes Lebensmittel ist nicht per se gesund. Es gibt mittlerweile unglaublich viel veganes Junkfood. Zwar sind keine tierischen Produkte enthalten, aber diese Mahlzeiten tragen nicht zur Gesundheit oder Regenerierung nach dem Sport bei.

Es ist deshalb wichtig, dass Ernährung nicht nur auf Pflanzen basiert, sondern auch vollwertig ist. Auf stark verarbeitete Mehle und Zuckerzusätze (Weißmehl, weißer Reis, Ahornsirup, Agavendicksaft, raffinierter Zucker usw.) solltest du bei einer 100 %igen Vollwertkost weitestgehend verzichten. Dasselbe gilt auch für Öle und Fette, selbst bei gesundheitsfördernden Ölen wie Olivenöl, Kokosöl oder Traubenkernöl. Dies ist nicht als Verbot zu verstehen. Selbstverständlich kannst du hin und wieder Zucker und Öl verwenden. Ausnahmen sind erlaubt, damit du dich viele Jahre lang ohne Stress gesund ernähren kannst. Denk jedoch an die 10-Prozent-Regel! Die Kalorien aus industriell verarbeiteten Lebensmitteln sollten maximal zehn Prozent deines gesamten Kalorienbedarfs ausmachen. Du wirst feststellen, dass wir diese Zutaten in unseren Rezepten sparsam einsetzen, da insbesondere bei den Energiespender-Rezepten verarbeitete Kohlenhydrate dem Körper schneller Energie liefern als vollwertige Lebensmittel).

Daher sind Smoothies auch besser als Säfte. Wenn du Obst und Gemüse auspresst, gehen nicht nur die Ballaststoffe verloren. Auch die Nährstoffe, die an den Ballaststoffen gebunden sind, sind weg. Du verlierst die Mikronährstoffe (und die gesunde Zusammenstellung der Nährstoffe). Gleichzeitig nimmst du aber mehr Kalorien auf. Beim Pürieren von Obst und Gemüse hingegen bleiben alle Nährstoffe erhalten. Und da Smoothies schnell zubereitet sind, bieten sie die Chance, noch mehr Nährstoffe aufzunehmen.

UND…WAS IST MIT PROTEIN?

Wenn du – wie die meisten Menschen – noch nicht so viel über diese Ernährung weißt, wirst du dich fragen: Und woher soll ich als Athlet mein Protein bekommen? Die ganze Welt ist ja verrückt nach Protein (befeuert durch die Werbung und durch die Lobbyisten der Agrarindustrie), und so wissen wir, dass du uns das Folgende kaum glauben wirst.

Bei einer vollwertigen Ernährung nimmst du ausreichend Eiweiß zu dir – auch bei einem rein pflanzlichen Speiseplan!

Nimm dir die folgenden Spitzensportler als Beispiel, die sich pflanzlich ernähren. Kennst du Michael Arnstein, der die 100 Meilen unter 13 Stunden gelaufen ist und im Schnitt für eine Meile weniger als 8 Minuten gebraucht hat? Er ernährt sich ausschließlich von rohem Obst und Gemüse. Protein macht nur zehn Prozent seiner Kalorienaufnahme aus. Andere vegane Athleten wie Brendan Brazier und Scott Jurek erzählen, dass etwa 15 Prozent ihrer Kalorienaufnahme aus Protein besteht. Chris Carmichael, der Ernährungsberater von Lance Armstrong, schreibt in seinem Buch *Food for Fitness*, dass für eine optimale Leistung bei den meisten Ausdauersportlern – Fleischesser wie Veganer – nur 12 bis 15 Prozent der Kalorienzufuhr aus Protein bestehen muss.

Jetzt rate mal, welche Kost dich nun ausreichend mit Protein versorgt? Ganz klar: die vollwertige, pflanzenbasierte Ernährung. Der Proteinanteil von Bohnen beträgt mehr als 25 Prozent, bei Kichererbsen, Linsen und Sojabohnen sind es sogar mehr als 30 Prozent. Mandeln haben einen Proteingehalt von 15 Prozent, Vollkornweizen 14 Prozent. Obst enthält viel weniger Protein, aber einige Gemüsesorten sind sehr eiweißreich: Brokkoli enthält 34 Prozent Protein und Grünkohl 35 Prozent. Und Popeye war nicht ohne Grund ein Fan von Spinat: Mehr als die Hälfte der Kalorienzufuhr besteht aus Protein.

Der Proteinbedarf muss also nicht nur mit Tofu, Bohnen und Nüssen gedeckt werden. Im Prinzip hat jedes Lebensmittel in der pflanzenbasierten Kost wie Getreide und Gemüse – mit Ausnahme von Obst – einen Proteingehalt von durchschnittlich 12 bis 15 Prozent. Das heißt, dass selbst Sportler ausreichend mit Eiweiß versorgt sind.

Der Trick dabei ist, industrielle Fertigprodukte vom Speiseplan weitestgehend zu streichen, da sie kaum noch Proteine, Ballaststoffe und wertvolle Nährstoffe enthalten. Zucker und Öl enthalten ebenfalls kein Protein. Kurz gesagt: Je mehr verarbeitete Lebensmittel gegessen werden, desto schlechter die Proteinversorgung. Bei einer veganen Ernährung mit viel Junkfood nehmen Sportler tatsächlich nicht genug Protein auf, aber wer auf vollwertige Lebensmittel setzt, braucht sich keine Sorgen zu machen.

Die Menge an Protein ist bei einer pflanzlichen Ernährung also kein Problem. Aber wie sieht es mit der Qualität des Proteins aus? Kann tierisches Eiweiß wirklich besser verwertet werden als pflanzliches?

Früher war man überzeugt, dass einige pflanzliche Lebensmittel nur wenig essenzielle Aminosäuren enthalten, insbesondere die Aminosäuren, die unser Körper nicht selbst produzieren kann und die wir mit der Nahrung aufnehmen müssen. Es hieß, bestimmte Aminosäuren sollten am besten miteinander kombiniert werden, wie zum Beispiel Reis mit Bohnen. Die Kombination von Proteinen ist mittlerweile ein Mythos, der noch aus den neunziger Jahren stammt und sich komischerweise noch immer hält. Der Körper greift nämlich nicht nur auf die Aminosäuren aus der aktuellen Mahlzeit zurück, sondern speichert sie und nutzt gespeicherte Proteinvorräte. Laut Dr. Greger ist es demnach fast unmöglich, sich pflanzlich so zu ernähren, dass man bei einer ausreichenden Kalorienaufnahme zu wenig Protein zu sich nimmt.

Darüber hinaus kann tierisches Protein erwiesenermaßen Krankheiten und Entzündungsprozesse noch verstärken. Durch tierisches Protein, vor allem komplettes Protein, kann der Insulinspiegel durch den insulinähnlichen Wachstumsfaktor „IGF-1" steigen. IGF-1 ist ein Hormon, das mit Darm-, Prostata- und Brustkrebs in Verbindung gebracht wird. Tierisches Eiweiß mag beim Muskelaufbau im Fitnessstudio helfen, aber ist dies das Risiko von Krebs wirklich wert? Wir sagen lieber „Nein, danke".

Mit diesen Argumenten weißt du jetzt, warum Proteinpulver nicht zwingend notwendig ist. (Die meisten Pulver sind sowieso nicht naturbelassen). Aus psychologischer Sicht kann ein Proteinpulver hilfreich sein, vor allem wenn du dir während der Ernährungsumstellung Sorgen machst oder von allen Seiten gesagt bekommst, dass du nicht genug Protein erhältst. Das Pulver kann als Convenience-Food ganz praktisch sein und dich unterstützen, die pflanzenbasierte Essweise in andere Ernährungsphilosophien zu integrieren, die auf eine höhere Proteinaufnahme setzen.

KALORIENDICHTE: DER SCHLÜSSEL ZUM IDEALGEWICHT (UND DIE ANTWORT AUF „WARUM OHNE ÖL?")

Der größte Unterschied zwischen dem ersten und diesem *„No Meat Athlete"*-Buch: Jedes Rezept kann mit oder ohne Öl zubereitet werden. Warum plötzlich ohne Öl?

In vielen Büchern und Dokumentationen zur pflanzlichen Ernährungsweise informieren und beschreiben unzählige Ärzte (unter anderem Neil Barnard, T. Colin Campbell, Caldwell Esselstyn, John McDougall, Fuhrman und Greger) die Vorteile einer vollwertigen, pflanzenbasierten Ernährung. Öl gehört zu unserer Esskultur dazu. Daher wird in der Regel angenommen, dass Öl (vor allem das hochgelobte native Olivenöl) gesund und nährstoffreich ist. Allerdings gehört Öl laut veganen Ärzten nicht zu den vollwertigen Nahrungsmitteln.

Kokosnuss ist super. Kokosöl weniger.

Avocado ist gesund. Avocadoöl nicht.

Oliven sind nährstoffreich. Olivenöl? Eher nicht.

Öl enthält nur noch das Fett eines Lebensmittels, das einmal nährstoffreich war. Beim Herauspressen des Öls bleiben die Kalorien erhalten, aber die vielen wertvollen Mikronährstoffe in der Pflanze gehen verloren. Viele Kalorien, kaum Nährstoffe. Kein Wunder, dass Öl auf der Skala „G = N/K“ nur eine sehr niedrige Punktzahl erzielt.

Aber es gibt noch einen weiteren, noch wichtigeren Grund, warum du überdenken solltest, ob und wie viel Olivenöl du über deinen Salat gibst oder Zwiebeln und Knoblauch mit Öl anschwitzt: die Kaloriendichte. Dieser Faktor ist das Geheimnis eines gesunden Gewichts und der Leistungsfähigkeit eines Sportlers.

Zu lange haben wir uns auf die *„Kalorien pro Portion“* konzentriert. Sinnvoller ist es aber, mit den Kalorien pro Pfund eines Nahrungsmittels zu rechnen. Dann erkennt man, dass Öl nicht vollwertig ist.

Selbstverständlich würde niemand ein ganzes Pfund Öl mit einer einzigen Mahlzeit zu sich nehmen, aber Öl hat 40 % mehr Kalorien als Nüsse und Kerne sowie 400 % mehr Kalorien als die nährstoffreiche Avocado!

Wer sein Gewicht verringern möchte, der muss Folgendes verstehen: Je höher die Kaloriendichte eines Lebensmittels ist, desto weniger Platz nimmt es im Magen ein. Um sich satt zu fühlen, muss man mehr essen und nimmt dann automatisch mehr Kalorien zu sich. Wenn du dich mit Lebensmitteln aus der oberen Hälfte der folgenden Liste richtig satt isst, nimmst du nur 500 bis 700 Kalorien zu dir. Mit Lebensmittel aus der unteren Listenhälfte musst du locker 1000 oder mehr Kalorien zu dir nehmen, um genauso satt zu werden. Dies gilt insbesondere für Öl.

Um Gewicht zu verlieren, sind Lebensmittel aus den oberen drei oder vier Kategorien ideal. Von diesen Lebensmitteln kannst du essen, so viel du willst und immer, wenn du Hunger hast. Auf diese Weise wirst du dich deinem Idealgewicht annähern. (Dies gilt auch für Personen, die mit zunehmendem Alter ihr Gewicht halten möchten).

Bei einer Gewichtszunahme gilt quasi dasselbe Prinzip. In diesem Fall sollten (vollwertige und gesunde) Lebensmittel mit einer hohen Kaloriendichte auf dem Speiseplan stehen. Mit Obst und Gemüse versorgst du dich mit Mikronährstoffen, während du mit Süßkartoffeln, Bohnen, Avocados, Nüssen und Kernen mehr Kalorien aufnimmst, da sie eine hohe Kaloriendichte haben.

Nüsse und Kerne sind trotz ihrer hohen Kalorienzahl supergesund, da sie eben auch viele Mikronährstoffe enthalten. Sie sind besonders nahrhaft und können das Leben verlängern. Es gibt es nur wenige Gründe, auf Nüsse zu verzichten, dazu gehören Allergien, eine Gewichtsabnahme, bestehende Herzerkrankungen oder eine Vorbeugung von Herzerkrankungen. Noch ist nicht vollständig erforscht, ob die Risiken beim Verzehr von Nüssen höher sind als der Nutzen.

Beim Verzicht auf Öl solltest du es langsam angehen lassen, es sei denn, deine Gesundheit lässt nichts anderes zu. Statt Öl großzügig und nach Augenmaß in die Pfanne zu gießen, kann am Anfang exakt ein Esslöffel abgemessen werden. Später kann der Esslöffel Öl auf einen oder zwei Teelöffel reduziert werden. Du musst nicht vollständig auf Öl verzichten. Verwende nach und nach weniger Öl und teste aus, ob du es vermisst.

Noch ein Hinweis zum ölfreien Kochen: Aus ethischen Gründen wird im Gegensatz zu Fleisch- und Tierprodukten selten auf Öl verzichtet. Daher ist es in Ordnung, wenn du weiterhin mit Öl kochst. Matts Familie verwendet beim Zubereiten von Mahlzeiten – etwa 90 bis 95 Prozent der Mahlzeiten sind selbstgekocht – kein Öl mehr. Sie profitieren enorm davon, genießen aber auch mal eine Mahlzeit, die Öl enthält. Stepf hingegen kocht nicht ölfrei und hat das auch nicht vor. Allerdings achtet sie genau darauf, wie viel Öl sie verwendet.

Alle Rezepte sind entweder ölfrei oder enthalten eine ölfreie Zubereitungsvariante. Wir würden uns freuen, wenn du das eine oder andere Rezept mal ohne Öl kochst. Du wirst sehen, diese Gerichte sind auch Öl fantastisch.

GEMÜSE
100 Kalorien pro Pfund

OBST
300 Kalorien pro Pfund

NICHT RAFFINIERTE, KOMPLEXE KOHLENHYDRATE (KARTOFFELN, VOLLKORNGETREIDE, HÜLSENFRÜCHTE)
400 bis 600 Kalorien pro Pfund

AVOCADO
750 Kalorien pro Pfund

RAFFINIERTE, KOMPLEXE KOHLENHYDRATE
1.200 Kalorien pro Pfund

ZUCKER
1.800 Kalorien pro Pfund

SCHOKOLADE
2.500 Kalorien pro Pfund

NÜSSE SOWIE SAMEN UND KERNE
2.800 Kalorien pro Pfund

ÖL
4.000 Kalorien pro Pfund

HINWEIS: Das sind nur Durchschnittswerte. Jede Kategorie kann Lebensmittel enthalten, die einen anderen Kaloriengehalt haben.

Gelegentlich greifen wir auf handelsübliche Zutaten zurück, die Öl enthalten können. Es ist dir überlassen, ob du diese Zutaten weglassen oder eine ölfreie Version der Zutat verwenden möchtest. Der Mokka-Käsekuchen (Seite 264) kann beispielsweise ohne Kruste und die feurige Kürbiskern-Salsa (Seite 249) mit Chilipulver zubereitet werden.

Bei einer strengen Essweise ohne Öl solltest du die Zutatenliste auf dem Etikett genau studieren, vor allem bei fertigen Salsas, Marinara-Saucen, Chilisaucen und Schokostückchen.

Damit Pfannkuchen und Waffeln nicht festkleben, hast du zwei Möglichkeiten: Entweder du verwendest eine gut beschichtete Bratpfanne oder ein beschichtetes Waffeleisen. Oder du sprühst etwas Öl hauchdünn auf.

NAHRUNGSERGÄNZUNGSMITTEL – JA ODER NEIN?

Wir sind überzeugt, dass Protein-Nahrungsergänzungen nicht notwendig sind, aber das bedeutet nicht, dass du auch auf Nahrungsergänzungsmittel verzichten musst. Schließlich hast du andere Bedürfnisse und Voraussetzungen als wir. Wir empfehlen, das Thema Nahrungsergänzungsmittel mit deinem Arzt, Ernährungsberater oder einem anerkannten Diätassistenten zu besprechen. Welche Fragen du stellen kannst, erklären wir in diesem Abschnitt.

Ein Wort zu Vitamin B12: Bei einer pflanzenbasierten Ernährung wird eine Supplementierung mit Vitamin B12 im Allgemeinen empfohlen. Deshalb raten wir dazu, ein Vitamin-B12-Ergänzungsmittel in Betracht zu ziehen. Vitamin B12 ist ausschließlich in tierischen Produkten enthalten, dennoch kommt ein Mangel an Vitamin B12 selbst bei Omnivoren häufig vor. Pflanzliche Lebensmittel sind keine Quelle für Vitamin B12, es sei denn, sie wurden angereichert. Einige Veganer erzählen, dass Vitamin B12 von einem Bakterium in der Erde erzeugt wird und der Bedarf über den Verzehr von „verunreinigtem“ Gemüse gedeckt werden kann. Dieses Argument dient auch der Verteidigung einer pflanzlichen Ernährungsweise in Fällen, in denen der B12-Mangel als Beweis herangezogen wird, dass eine vegane Ernährung unnatürlich ist. Heute wird Obst und Gemüse jedoch gründlich gesäubert, bevor sie in den Handel kommen und unsere Böden sind nicht mehr so gesund wie früher. Insofern ist es ziemlich unwahrscheinlich, dass auf diese Weise ausreichend Vitamin B12 aufgenommen wird. Diese These überzeugt uns also nicht. Außerdem ziehen wir es vor, unser Gemüse zu waschen. Daher greifen wir zu einem Multivitamin-Präparat mit

SUPERGESUNDE LEBENSMITTEL

für jeden Tag

Diese Liste mit Nahrungsmitteln für jeden Tag wurde erstmalig im „No Meat Athlete"-Blog veröffentlicht und gehört zu den beliebtesten Beiträgen. Wir haben die Liste mit der Zeit etwas angepasst. Die hier aufgeführten Lebensmittel haben einen hohen gesundheitlichen Nutzen. Daher versuchen wir, sie täglich in unseren Speiseplan zu integrieren.

Wir geben Tipps, wie das funktionieren kann, denn das Einbauen bestimmter Lebensmittel in den täglichen Essensplan ist gar nicht so schwer und funktioniert wie die Umstellung von Essgewohnheiten: Es muss einfach zur Routine werden. Dann verwendest du diese Lebensmittel ganz automatisch, ohne groß darüber nachzudenken. (Viele Lebensmittel können einfach als Zutaten in einem Smoothie oder im Salat integriert werden. Noch ein Grund mehr für regelmäßige Smoothies und Salate!).

1

FRÜCHTE, INSBESONDERE BEEREN

INTEGRATION IN DEN SPEISEPLAN:

Eine Handvoll im Smoothie, beispielsweise jeden Morgen. Wir verwenden sehr oft tiefgefrorene Beeren, die vom Nährstoffgehalt her fast genauso gesund sind wie frische Beeren. In der Saison holen wir uns auf Bauernmärkten und vom Bauernhof frische Früchte.

....

Fruchtiges Erdbeer-Shortcake-Sushi (Seite 222)

....

Blaubeer-Walnuss-Vinaigrette (Seite 161)

2

GRÜNES BLATT- UND KOHLGEMÜSE

INTEGRATION IN DEN SPEISEPLAN

Im Salat und Smoothie oder sautiert als Beilage.

....

Colcannon – Kartoffelpüree mit Kohl (Seite 170)

....

Zitroniger Grünkohl mit Oliven (Seite 167)

....

Instantramen (Seite 122)

3

NÜSSE SOWIE SAMEN UND KERNE

INTEGRATION IN DEN SPEISEPLAN:

1 bis 2 EL im Smoothie oder Salat.

Unsere Favoriten sind Leinsamen (vorher mahlen!), Chia-Samen, Kürbiskerne, Walnüsse.

....

Feurige Kürbiskern-Salsa (Seite 249)

....

Bananen-Schichtpudding mit Chia (Seite 256)

....

Universal-Körnermischung (Seite 253)

....

Knuspriges Nussmus (Seite 63)

4

KURKUMA UND ANDERE KRÄUTER UND GEWÜRZE

INTEGRATION IN DEN SPEISEPLAN:

Kann in jedem Gericht verwendet werden! Sie geben Salatdressings, gekochtem Getreide und Smoothies (z. B. Kardamom, Basilikum oder Zimt) ein tolles Aroma. Kurkuma passt gut zu:

....

Sesam-Kurkuma-Wedges (Seite 179)

....

Tipp: Probiere die Würzideen aus Kapitel 8 aus, in denen Kräuter und Gewürze verarbeitet werden.

5

BOHNEN

INTEGRATION IN DEN SPEISEPLAN:

Zusammen mit Gemüse als Wrap zum Frühstück, gesüßt als leckerer Snack zwischendurch, in einem Dip (z. B. Hummus) oder als Grundzutat für ein Hauptgericht.

....

Mexikanisches Bohnenpüree (Seite 180)

....

Power-Protein-Smoothie (Seite 207)

6

ZWIEBELN UND KNOBLAUCH

INTEGRATION IN DEN SPEISEPLAN:

Als Grundzutaten und Geschmacksträger in jedem Gericht, das in der Pfanne zubereitet wird!

....

Eingelegte Zwiebeln (Seite 246)

....

Aromatisches Knoblauch-Dressing (Seite 154)

7

PILZE

INTEGRATION IN DEN SPEISEPLAN:

Als Grundzutat in hausgemachten Pilzbrühen, sautiert in Tofu-Wraps oder Gemüsepfannen. (Pilze sollten nie roh verzehrt werden, da sie Toxine enthalten. Beim Braten und Kochen gehen die Giftstoffe verloren).

....

Kräftigende Brühe (Seite 216)

....

Shiitakepilze aus dem Ofen (Seite 68)

....

8

GRÜNER TEE

INTEGRATION IN DEN SPEISEPLAN:

Tagsüber in der Pause, heiß aufgebrüht oder gekühlt aus dem Kühlschrank. (Die Blätter eignen sich gut für Aufgüsse).

....

Geeister Matcha-Latte (Seite 205) mit Süßen Bohnen (Seite 259)

....

Kokos-Reis mit Matcha (Seite 53)

....

LEBENSMITTEL, DIE WÖCHENTLICH AUF DEN TISCH STEHEN SOLLTEN

Es gibt noch eine Reihe weiterer Lebensmittel, die so gesund sind, dass sie deine pflanzenbasierte Ernährung bereichern und daher einmal pro Woche gegessen werden sollten. Diese Lebensmittel finden sich in vielen Rezepten wieder.

1. Avocado (auf Toast, als Alternative zu Salatdressings)
2. Kokos (in Form von Kokosmilch, Kokosfett)
3. Ingwer (als Tee, in Smoothies oder Gemüsepfannen)
4. Tomaten (roh in Salaten, gekocht in Eintöpfen/Mahlzeiten)
5. Zitronensaft (zum Abschmecken von Gerichten)
6. Datteln (als Energiespender oder als Snack)
7. Dunkle Schokolade (als süße Belohnung)

Vitamin B12. Warum ein Multivitamin-Präparat?

Warum kein Nahrungsergänzungsmittel, das nur Vitamin B12 enthält?

Bei Vollwertkost und bei einer abwechslungsreichen Ernährung bekommst du in der Regel alles, was du brauchst. Wir gehen aber auf Nummer sicher und nehmen zusätzlich ein Multivitamin-Präparat ein. Durch die moderne Landwirtschaft und die ausgelaugten Böden enthält Obst und Gemüse heute weniger Nährstoffe. Bei einer konsequenten pflanzlichen Ernährung nehmen wir von bestimmten Vitaminen und Mineralstoffen weniger auf. Laut Dr. Fuhrman in *Superimmun: So maximieren Sie Ihre Abwehrkräfte* handelt es sich dabei um:Vitamin B12

- Zink
- Jod
- Vitamin D
- Vitamin K2
- Omega-3-Fettsäuren

Die Zufuhr großer Mengen an Vitaminen, Mineralstoffen und anderen Nährstoffen ist mitunter für den Körper gefährlich. Selbst der Glaube, dass eine hohe Dosis von Vitaminen über längere Zeit unschädlich ist, ist mittlerweile widerlegt. Vitamin A in großen Mengen steht vermutlich mit Krebs in Verbindung. Damit ein Multivitamin-Präparat mehr nützt als schadet, wähle ein qualitativ hochwertiges Nahrungsergänzungsmittel in geringer Dosis aus.

Alle aufgezählten Nährstoffe – mit Ausnahme von Omega 3 – sind in Multivitamin-Supplementierungen enthalten. Bei den Omega-3-Fettsäuren ist es etwas komplizierter:

Es heißt, Walnüsse und Flachssamen sind reich an Omega-3-Fettsäuren. Das Problem ist, dass Omega-3-Fettsäuren aus den drei Fettsäuren Alpha-Linolensäure (ALA), Docosahexaensäure (DHA) und Eicosapentaensäure (EPA) bestehen. Pflanzliche Lebensmittel enthalten leider fast nur ALA.

Die meisten Menschen, also nicht nur Veganer, sind mit diesen drei essenziellen Fettsäuren unterversorgt. ALA findest du in Walnüssen, Hanf-, Lein- und Chia-Samen sowie in grünem Blattgemüse. Da ein Zusammenhang zwischen Nüssen und Langlebigkeit besteht, sind Nüsse eine gute Zutat für Smoothies.

Pflanzliche Lebensmittel sind allerdings arm an DHA und EPA. Die Umwandlung von ALA in DHA und EPA in ausreichender Menge im Körper funktioniert nicht bei jedem gleich gut. Daher solltest du jeden Tag ein Ergänzungsmittel für DHA und EPA in geringer Dosis in den Smoothie oder in ein Glas Wasser geben. Mit einem Bluttest kannst du außerdem bestimmen lassen, ob dein Körper ALA in DHA und EPA in ausreichender Menge umwandeln kann. Ohne einen solchen Test bist du mit einem Nahrungsergänzungsmittel auf der sicheren Seite.

Kapitel 2

PFLANZENBASIERTES KÜCHEN-ABC

Was nützt einem all das theoretische Wissen über Marathonlaufen oder Kochen, wenn man es nicht in die Praxis umsetzt? Ausgefallene Zutaten und eine komplizierte Zubereitungsweise sind oft eine große Hürde, vor allem für Athleten mit wenig Zeit. Wir kochen mit unseren Ehepartnern aus Freude an der Sache. Aber nach einem stressigen Arbeitstag oder strapaziösen Training sind wir hungrig und müde. Eine ganze Stunde in der Küche zu stehen oder vor dem Schlafengehen einen Berg schmutziges Geschirr abzuwaschen, ist dann ein unüberwindbares Hindernis. Ein in der Pfanne sautierter Tofu, dessen Zubereitung unsere volle Aufmerksamkeit braucht, oder ein genauso leckerer Tofu, der sich im Ofen quasi von allein zubereitet? Da fällt die Wahl leicht! Dir auch, oder?

Unsere Rezepte beinhalten nur alltägliche Zutaten voller Aroma. Die benötigten Gewürze sind für jedes Re-zept sorgfältig ausgewählt. Bei der Zubereitung vermeiden wir überflüssiges Kochgeschirr und komplizierte Arbeitsschritte, sodass die Rezepte einfach und schnell gekocht werden. Kurz gesagt: Schmackhafte Mahlzeiten, die wirklich jeder nachkochen kann! Die Rezepte wurden aus einer Notwendigkeit heraus entwickelt, da wir trotz Zeitmangel auf nährstoffreiches und leckeres Essen nicht verzichten wollten. Die Rezepte, die es ins Buch geschafft haben, wurden monate- und jahrelang regelmäßig zubereitet. Sie wurden auf ihre Alltagstauglichkeit hin von Menschen wie dir getestet, die mit wenig Aufwand eine gesunde Mahlzeit auf den Tisch bringen möchten. Jedes Rezept, das sich als zu aufwendig oder zu kompliziert herausgestellt hat, wurde wieder verworfen.

Die Planung und Vorbereitung von Mahlzeiten fällt auch mit den richtigen Arbeitsmitteln leichter. Hier findest du unverzichtbare Utensilien in der „No Meat Athlete"-Küche, unsere Must-haves sowie zeitsparende Kochtechniken und Tipps.

WAS GEHÖRT IN DIE KÜCHE?

Außer für Kaffee und Tee besitzen wir kein einziges Küchenutensil, das nur einem einzigen Zweck dient. Du bist natürlich so frei, dir einen Avocadoschneider zu besorgen, aber so ein Küchengerät suchst du auf unserer Must-have-Liste vergebens. Viele der Utensilien, die wir für die „No Meat Athlete"-Küche empfehlen, besitzt du wahrscheinlich schon:

GUTE MESSER: Ein komplettes Messerset ist nicht notwendig. Ein gutes Allzweck-Küchenmesser (20 cm lang) und ein Gemüse-/Schälmesser dürfen in der Küche aber nicht fehlen. Sie müssen nicht besonders schick oder teuer sein. Du solltest darauf achten, dass sie immer scharf sind. Das Küchenmesser kommt zum Zerkleinern und Hacken des Kochguts täglich zum Einsatz und sollte deshalb gut in der Hand liegen und einen stabilen Griff haben. Der Messerkropf (das heißt, der Übergang vom Griff zur Klinge) sollte dick genug sein, um die Finger vor Verletzungen zu schützen. Das Gemüsemesser ist idealerweise 7,5 bis 10 cm lang und ideal zum Schälen, Häuten oder Putzen von Obst und Gemüse. (Von Keramikmessern raten wir ab, da sie schnell brechen).

Y-SPARSCHÄLER: Ein Y-Sparschäler erledigt denselben Job wie ein Gemüseschäler, aber durch die Y-Form ist er einfacher zu handhaben. Die Klinge ist beweglich und der Griff liegt sicher in der Hand. Die Investition in einen guten Sparschäler lohnt sich. Beim Schälen von Gemüse kommst du schneller voran und sparst eine Menge Zeit, da keine Stelle mehrfach bearbeitet werden muss. Karotten, Rote Bete und Pastinaken sowie Butternusskürbis und Mangos lassen sich so hauchdünn schälen. (Pass auf deine Finger auf! Die Klinge ist meistens sehr scharf).

TIPP: *Um Gemüse-Spaghetti herzustellen, ist kein Spiralschneider notwendig. Mit dem Y-Sparschäler breite Streifen abschälen, die wie Pappardelle aussehen.*

GROSSES SCHNEIDBRETT: Wir finden ein Schneidbrett viel praktischer als ein Haufen kleiner Schüsseln für jede zerkleinerte Zutat. Das Schneidbrett sollte so groß sein, dass ausreichend Platz zum Schneiden ist und das zerkleinerte Gemüse jeweils mit dem Messer an das Ende des Bretts geschoben werden kann. Dann werden die gehackten Zutaten der Reihe nach vom Schneidbrett in den Topf gegeben.

TIPP: *Das Gemüse nicht mit der Klinge nach unten, sondern mit der oberen Messerseite vom Schneidbrett in den Topf schieben. Die Klinge wird sonst zu schnell stumpf, wenn sie über das Brett schabt. Noch besser ist ein*

Teigschaber mit einer flachen Kante. Damit lassen sich auch Schüsseln oder Zerkleinerer prima reinigen.

MIXER: Hier solltest du auf Qualität setzen und in einen Hochleistungsmixer (wie Blendtec oder Vitamix) investieren. Billige Mixer müssen schnell ersetzt werden und das Herstellen glatter Smoothies und feiner Cashew-Sahne ist schwieriger. An einem aktuellen Modell mit Garantie wirst du lang Freude haben. Bei uns hat sich die Investition schon nach einem Jahr ausgezahlt, da der Mixer täglich zum Einsatz kommt.

TIPP: *Wenn es Zubehörteile gibt, lohnt sich ein Aufsatz, der auch trockene Zutaten zerkleinert. Damit gelingt das Hacken von Vollkorngetreide, Hülsenfrüchten oder Nüssen mühelos. Ein Mixbehälter für nur eine Portion ist ebenfalls praktisch.*

KÜCHENMASCHINE: Der beste Freund des Küchenchefs! Modelle mit einem schweren, festen Sockel und starken Motor wie von Cuisinart raspeln, hacken und zerkleinern Rote Bete oder Süßkartoffeln spielend, und können Zutaten für Veggieburger gut vermischen. Statt einer teuren, robusten Maschine tut es auch ein Einsteigermodell. Für Hummus, Nussmus und Pesto eignet sich eher ein Hochleistungsmixer, aber bei der Vorbereitung von Gemüse ist die Küchenmaschine der Star. Die Schneid- und Raspelscheiben zerkleinern unter anderem Zwiebeln und Kohl für Suppen, Eintöpfe und Krautsalate. Das Gemüse kann natürlich auch per Hand zerkleinert werden – das kostet jedoch viel Kraft und Zeit.

TIPP: *Bei der Vorbereitung einer Gemüsesuppe, deren Zutatenliste sehr lang ist, sparen wir viel Zeit, wenn jede Gemüsesorte der Reihe nach in der Küchenmaschine zerkleinert und dann in den Topf gegeben wird.*

GLASBEHÄLTER: Wir achten darauf, was wir unserem Körper zuführen. Daher ist uns wichtig, wie wir Essen aufbewahren und erhitzen. Kunststoff – sogar BPA-freier Kunststoff – kann schädliche, hormonähnliche Chemikalien freisetzen, die in Lebensmittel übergehen können. Behälter aus Glas sind zwar teurer, aber die bessere Wahl, denn sie halten viele Jahre. Sie sind einfach zu reinigen und für die Mikrowelle geeignet. Manche Gläser sind auch ofen- und spülmaschinenfest. Pyrex bietet beispielsweise 10er Sets an. Für die meisten Haushalte reichen zwei solcher Sets aus.

TIPP: *In der Spülmaschine können die Deckel beschädigt werden oder Risse bekommen. Deshalb sollten sie lieber von Hand gewaschen werden, um die Lebensdauer zu verlängern.*

EINMACHGLÄSER: Es ist zurzeit sehr hip und trendy, Getränke und Speisen in Einmachgläsern zu servieren. Wir finden diese Gläser noch aus anderen Gründen sehr praktisch. Sie sind günstig im Preis und in mehreren Größen erhältlich. Gläser mit 250 ml Fassungsvermögen sind perfekt für Gewürze und Saucen. Die größeren Gläser (1 Liter) ideal für Salate, Säfte und Smoothies für unterwegs. Sie sind im Set in fast jedem Supermarkt zu finden.

TIPP: *Es gibt Läden, in denen du Lebensmittel in mitgebrachte Einmachgläser abfüllen kannst. Kein Plastikmüll mehr! Das Gewicht der Behälter wird vor dem Befüllen abgezogen.*

BACKBLECHE: Wir nutzen den Backofen so häufig, wie es geht. Insbesondere das Garen von Gemüse geht ruckzuck, da du beim Backen und Rösten im Gegensatz zum Sautieren oder Kochen nicht die ganze Zeit danebenstehen musst. Daher sind Backbleche also unverzichtbar. Es passen meistens nur zwei Backbleche in den Ofen, daher sind zwei völlig ausreichend. Backbleche mit Rand verhindern, dass das Gargut über den Rand läuft.

BACKMATTEN AUS SILIKON: Alternativ zu einem Backblech kannst du Silikonmatten verwenden. Diese eignen sich besonders für das ölfreie Backen und Rösten, da nichts anklebt. Über die Jahre haben wir mehrere Silikonmatten ausprobiert und festgestellt, dass uns die Backmatten von Silpat am besten gefallen. Diese Silikonmatten sind etwas teurer, aber dafür sehr langlebig und einfach zu reinigen. Mit nur zwei Matten hast du viele Jahre lang Freude beim Backen.

TIPP: *Damit das Backen noch leichter von der Hand geht, am besten Backpapier statt wiederverwendbare Einlagen verwenden. Wir greifen auf ungebleichtes Backpapier zurück. Um nicht unnötig Abfall zu erzeugen, verwenden wir das Backpapier – beispielsweise für Veggieburger – auch zum Einwickeln und Lagern. (In der Mitte durchschneiden und zwischen die Burger legen).*

MESSBECHER UND -LÖFFEL: Damit die Rezepte perfekt gelingen, sind Messbecher und Messlöffel unerlässlich. Am besten eignen sich Becher und Löffel aus langlebigem Edelstahl, deren Messskala sich nicht abreiben oder abwaschen lässt. Wichtig ist auch ein Messbecher für Flüssigkeiten!

AUFLAUFFORMEN IN MEHREREN GRÖSSEN: Eine komplette Mahlzeit, die direkt aus dem Ofen kommt, ist eine super Sache. Eine kleine Auflaufform (1,5 Liter) mit Deckel ist ideal für Gemüse und Vollkorngetreide. Kasserollen und Mahlzeiten mit mehreren Portionen lassen sich in einer größeren Auflaufform (3 Liter) zubereiten. Lasagne und Aufläufe gelingen in einer Backform mit 23 × 33 cm Durchmesser problemlos. Es gibt Auflaufformen aus Keramik, emailliertem Gusseisen oder Glas.

TIPP: *Der Deckel fehlt? Statt Alufolie kannst du auch ein Backblech mit der offenen Seite nach unten auf die Auflaufform (23 × 33 cm) legen. Funktioniert genauso gut und ist leichter abzunehmen, um den Garprozess zu prüfen.*

BRATPFANNEN: Wir empfehlen eine große gusseiserne Bratpfanne und eine Keramikpfanne mit Antihaftbeschichtung. Eine beschichtete Pfanne ist Gold wert, wenn du ölfrei kochst und brätst. Mit ihr kannst du Gemüse braten oder Pfannkuchen backen. (Wenn die gusseiserne Bratpfanne gut gepflegt und geölt wird, könnte sogar auf eine beschichtete Pfanne verzichtet werden).

SCHMORTOPF ODER TOPF MIT SCHWEREM BODEN UND OFENFESTEM DECKEL: Der Topf kann im Ofen oder auf dem Herd für Suppen, Eintöpfe und Saucen verwendet werden. Wir lieben emaillierte gusseiserne Töpfe, aber jeder beliebige Topf (mindestens 5 Liter) mit schwerem Boden und Deckel erfüllt denselben Zweck.

ABTROPFSIEB: Ein Abtropfsieb aus Metall ist robuster als eins aus Kunststoff. Da bei Kunststoff außerdem Chemikalien in das Kochgut übergehen, gießen wir ungern heiße Flüssigkeit in ein Plastiksieb. Mit dem Sieb werden Bohnen und Pasta abgetropft, Lebensmittel gewaschen, Brühen abgeseiht und Tiefgefrorenes aufgetaut.

SALATSCHLEUDER: Ohne vorheriges Trockenschleudern verdünnen die noch feuchten Salatblätter das Dressing und der Salat wird matschig bzw. frisch gewaschene Kräuter kleben am Messer und halten sich nicht, da sie durch die Feuchtigkeit schneller verderben. Wenn du häufig Salate zubereitest, dann ist eine Salatschleuder also ein unverzichtbarer Küchenhelfer.

WICHTIGE KOCHTECHNIKEN

Was hält viele davon ab, gesunde Mahlzeiten in der eigenen Küche zuzubereiten? Meistens das fehlende Wissen, wie man kocht. Zum Michelin-Sternekoch können wir dich nicht machen, aber wir werden dich unterstützen, mit einigen grundlegenden Techniken Freude am Kochen zu entwickeln. Es ist ein tolles Gefühl, sich selbst versorgen und leckere Gerichte zubereiten zu können.

Daher stellen wir die wichtigsten Kochtechniken vor, die in den Rezepten vorkommen, beispielsweise den Unterschied zwischen *Dünsten/Braisieren und Braten/Rösten*.

DÜNSTEN: Beim Dünsten (bzw. Braisieren) wird das Dünstgut, wie zum Beispiel Gemüse, Bohnen, Tofu oder Tempeh, in einem Topf auf dem Herd oder im Ofen mit ein klein wenig Flüssigkeit (in der Regel Wasser oder Brühe) ohne Zugabe von Öl gegart. Karotten, Zwiebeln oder Knoblauch oder etwas Säurehaltiges (wie Wein, Essig oder Zitrussaft) verleihen dem Dünstgut so noch mehr Aroma und es bleibt schön knackig. Beachte beim Dünsten die Reihenfolge: Bohnen und harte Gemüsesorten kommen zuerst in den Topf. Zum Ende der Garzeit werden dann die zarten Sorten und frischen Kräuter zugegeben.

BRATEN: Beim Braten wird das Gargut in einer Pfanne bzw. beim Grillen im Ofen mit Oberhitze zubereitet. Das Gargut nimmt in der Regel eine goldbraune Farbe an. Diese Kochtechnik ist für alle Lebensmittel perfekt, die schnell gar werden, zum Beispiel für Tofu, Paprikaschoten und Auberginen.

RÖSTEN/BACKEN: Rösten und Backen sind quasi dasselbe. Der einzige Unterschied findet sich in der Ofentemperatur. Beim Backen im Ofen mit sowie ohne Deckel sind die Temperaturen geringer (180 bis 200 °C) und das Gargut weist nur eine leichte Bräunung auf. Bei einer Ofentemperatur von mindestens 200 °C wird das Gargut geröstet. Dabei verstärkt sich das Aroma und das Gargut wird goldbraun gegrillt. Beim Rösten von Gargut wird außerdem kein Deckel verwendet.

SAUTIEREN: Der Begriff „Sautieren" stammt aus dem Französischen (sauter, dt. springen). Das Gargut wird bei starker Hitze kurz angebraten und durch den enthaltenen Zucker karamellisiert. Der Bräunungsprozess gibt ein herrliches Aroma und einen tollen Geschmack. Das Gargut sollte zum Sautieren in einer großen Bratpfanne in einer Schicht nebeneinander und nicht übereinanderliegen. (Sonst wird es gedünstet und nicht sautiert). Da die Hitze sehr hoch ist, solltest du häufig umrühren, damit das Gargut nicht verbrennt.

Julia Child würde uns wahrscheinlich nicht zustimmen, aber Sautieren ist auch *ohne* Öl möglich. Mit Wasser, Brühe oder einer anderen aromatischen Flüssigkeit wird verhindert, dass das Gargut festklebt. Ohne Öl wird das Gargut zwar mehr gedämpft,

KÖCHELN ODER KOCHEN?

„Köcheln" und „Kochen" werden häufig synonym verwendet. Bei beiden kommt heißes Wasser zu Einsatz, dennoch besteht ein kleiner Unterschied zwischen diesen Kochtechniken.

Beim Kochen ist die Temperatur sehr hoch und im Wasser sind die aufsteigenden Luftblasen in Bewegung. Pasta, Gemüse und viele andere Zutaten werden in der Regel sprudelnd gekocht.

Beim Köcheln liegt die Temperatur kurz unter dem Siedepunkt. Wurzelgemüse und Saucen werden im Allgemeinen eher gesiedet als gekocht.

Es steigen dabei fast keine Luftblasen auf.

dennoch ist diese Variante gesünder und du machst keine Kompromisse bei Farbe oder Textur.

GEMÜSE VORBEREITEN

Die Art und Weise, wie du Gemüse zerkleinerst, beeinflusst die Garzeit sowie den Geschmack und die Konsistenz deines Gerichts. Den Umgang mit dem Messer kann man lernen. Es gibt sicher Kochkurse in deiner Nähe oder du siehst dir ein paar Videos auf YouTube an. Gemüse lässt sich auch bequem mit einer Küchenmaschine zerkleinern. Achte aber darauf, dass das Gemüse immer gleichmäßig geschnitten oder geraspelt wird. Nichtsdestotrotz schaden ein paar Schneidetechniken nicht.

Damit alle Zutaten gar werden, findest du genaue Anweisungen in den Rezepten. Wir geben an, wie Gemüse und andere Zutaten zerkleinert werden sollen. Folgende Definitionen sind keine komplizierten Anweisungen für Profiköche (dazu einfach in einem Kochlexikon nachschlagen), aber für Küchenhelden völlig ausreichend!

GROB HACKEN: In größere Stücke in Würfelform zerkleinern.

WÜRFELN: In ganz kleine Stücke in Würfelform zerkleinern.

ZERDRÜCKEN/FEIN HACKEN: Damit sich das Aroma gleichmäßig intensiv entfalten kann, werden Knoblauchzehen zerdrückt, Schalotten ganz fein gehackt oder Ingwer fein gerieben. Mit einem scharfen Kochmesser werden die Zutaten so klein gehackt, dass keine sichtbaren Stücke mehr vorhanden sind.

SCHNEIDEN: Gemüse wird zerkleinert, indem es beispielsweise in Ringe oder Viertel geschnitten wird. Wir geben in der Regel weitere Anweisungen, wie das Kochgut zerkleinert werden soll.

TIPP: *Damit beim Schneiden das Gemüse nicht vom Schneidbrett rollt, solltest du ein richtig scharfes Messer verwenden. So musst du beim Hacken und Würfeln weniger Druck auf das Gemüse ausüben. Dann sollte das Gemüse einmal durchgeschnitten werden, um eine glatte Fläche zu erhalten. Eine Süßkartoffel wird auf diese Weise der Länge nach durchgeschnitten, mit der flachen Seite nach unten auf das Schneidbrett gelegt und die zwei Hälften werden nach Anleitung zerkleinert. Diese Technik funktioniert bei Karotten, Kartoffeln und Roter Bete wunderbar.*

TIPPS ZUR LAGERUNG VON LEBENSMITTELN

Wenn du doppelte Mengen zubereitest oder Mahlzeiten vorkochst, müssen die Lebensmittel gut aufbewahrt und gelagert werden, damit sie nicht zu schnell verderben. Wir haben einige Tipps und Tricks, die Zeit sparen und Lebensmittelabfälle vermeiden.

- **Prüfe wöchentlich den Inhalt deines Kühlschranks, bevor du einkaufen gehst.** So vermeidest du, dass du Zutaten kaufst, die noch vorrätig sind. Das spart Geld und unnötige Abfälle, denn meistens finden sich noch Lebensmittel, die weiterverwendet werden können, wie eine Rote Bete für den Salat in der Mittagspause, eine halb volle Flasche Sriracha-Sauce für das Curry am Abend oder eine Portion Lasagne vom Vortag.

- **Beschrifte alle Behälter mit Namen und Datum.** Unbekannte Essensreste fristen im Kühlschrank oft ein trauriges Dasein. Die Gefriertruhe ist für nicht mehr identifizierbare Lebensmittel ein schwarzes Loch. Ein Auflauf mit schwarzen Bohnen kann durchaus mit einem Blaubeer-Haferbrei verwechselt werden. (Ist schon passiert!). Mit Klebeband und Stift wird jedes Gefäß beschriftet und mit einem Datum versehen. Nützlich ist auch ein Hinweis zum Aufwärmen und zur Portionsgröße, beispielsweise „1 Tasse Quinoa, gekocht".

- **Organisation ist alles.** Alle Deckel kommen in eine Kiste. So gehen keine Verschlüsse verloren und du ersparst dir die Sucherei. Alle paar Monate kannst du prüfen, ob es zu jedem Behälter noch einen passenden Deckel gibt. Deckel kann man separat kaufen oder recyceln. Behälter ohne Deckel lassen sich aber auch gut für andere Zwecke verwenden.

DIE „NO MEAT ATHLETE"-EINKAUFSLISTE FÜR DIE VORRATSKAMMER

Unsere Einkaufsliste für die Vorratskammer ist überschaubar. Auf ihr stehen keine Zutaten aus dem Labor, sondern echte, naturbelassene Lebensmittel. Daher überspringen wir die meisten Gänge im Supermarkt und konzentrieren uns auf die Obst- und Gemüseabteilung. Bei unserem Wocheneinkauf landen also – je nach Saison – folgende Zutaten im Einkaufswagen.

OBST: Äpfel, Orangen, Bananen, Ananas, Mangos, tiefgefrorene Beerenfrüchte (für Smoothies), Zitronen, Limetten

GEMÜSE: Römersalat oder grüner Blattsalat, Spinat, bitteres Blattgemüse wie

PRAKTISCHE TIPPS

für das ölfreie Kochen

Eine fett- und ölfreie Ernährung ergänzt die vollwertige Küche optimal. Es lohnt sich, ölfreie Mahlzeiten – zumindest hin und wieder – zuzubereiten. Es gibt Zutaten, die in einem Rezept weggelassen werden können, ohne dass dabei Konsistenz und Aroma leiden. Bei Öl ist das leider nicht so, denn sautiertes Gemüse wird ohne Öl nicht goldbraun und klebt an der Pfanne fest. Mit den folgenden Tipps erfährst du, wie du solche Dinge vermeiden kannst und das Aroma nicht verloren geht. Weitere Tipps zum ölfreien Kochen verraten wir auch in den Rezepten.

Hinweis: Als allgemeine Regel gilt, dass ¼ bis ½ Tasse (60 bis 120 ml) Brühe beim Sautieren des Kochguts das Öl ersetzen. Wenn die Flüssigkeit verdampft ist, etwas mehr Brühe oder Wasser dazugeben. Bei den Backrezepten wird die zu verwendende Menge genau angegeben.

Erst anbräunen, dann ablöschen. Wenn du beim Braten die Flüssigkeit zuerst in die Pfanne gießt, wird das Kochgut gedünstet. Dann erhältst du nicht die typische Farbe und das charakteristische Aroma von Gebratenem. Beim Braten ohne Öl werden die Zutaten in die heiße Pfanne gegeben und etwa eine Minute (ohne Rühren!) angebräunt. Dann erst wird die Flüssigkeit zugegeben, um ein Anbrennen zu verhindern. Gib nicht zu viel vom Kochgut in die Pfanne, da es sonst wieder gedünstet wird. Am besten legst du die Zutaten in einer Schicht mit genügend Abstand nebeneinander.

Mit Salz und Zucker sparsam umgehen. Verwende nicht zu viel Salz und Zucker. Süße oder salzige Lebensmittel, die ein intensives Aroma haben, können den Geschmacksträger Öl ersetzen. Salz und Zucker sind deshalb meistens gar nicht notwendig. Für Saucen bekommst du mit Datteln, Ahornsirup oder dunklen braunen Zucker ein herrliches Karamellaroma. Eine salzige Note verleihen Oliven, Miso oder Kapern. Mit solchen Zutaten gibst du deinen Gerichten auch mehr Tiefe und Aroma.

Mehr Aroma mit Alkohol. Statt Öl verwenden wir beim Sautieren meistens Brühe. Ein Teil der Brühe, um das Gargut und den Bratensatz vom Pfannenboden zu lösen, kann durch Weiß- oder Rotwein ersetzt werden. Der Alkohol verdunstet fast vollständig und zurück bleibt ein wunderbares Röstaroma. Sherry und Rum eignen sich insbesondere in Gerichten mit schwarzen Bohnen oder mit karibischem bzw. lateinamerikanischem Aroma. Bourbon passt gut zu Tempeh und Pilzen. Du solltest nur Alkoholika zum Kochen verwenden, die du auch trinken würdest. Bier eignet sich übrigens nicht so gut zum Ablöschen, da der Hopfen einen bitteren Geschmack hinterlässt. Wir hatten zumindest keine großen Erfolge mit Bier, aber du kannst es gern versuchen.

Richtig ablöschen und deglacieren: „Ablöschen" ist eine Technik, bei der mit einer Flüssigkeit der Bratensaft vom Boden der Pfanne gelöst wird. Statt Wein oder Sherry können auch Säfte (Granatapfel, Orange, Limette oder Zitrone) sowie Balsamico, Apfelessig oder Reisessig zum Ablöschen verwendet werden. Mit dem Kochwasser der Pasta lässt sich eine Sauce in der Pfanne prima eindicken, da das Wasser Stärke enthält.

Umami schätzen lernen. Fett verstärkt das Aroma der einzelnen Zutaten in der Mahlzeit. Aber es gibt Alternativen zu Fett! „Umami" ist das japanische Wort für „schmackhaft" und beschreibt den herzhaft-deftigen, vollmundigen Geschmack, der glutamatreiche Speisen wie Fleisch auszeichnet. Im pflanzenbasierten Speiseplan gibt eine Reihe von Lebensmitteln mit Umami-Geschmack: fermentierte Lebensmittel, Pilze, Meerespflanzen, sonnengetrocknete Tomaten, Tomatenmark, Miso, Sojasauce usw. Deshalb finden sich diese Zutaten in vielen unserer Gerichte.

Nicht zu knausrig mit Kräutern und Gewürzen sein. Kräuter und Gewürze sind richtige Nährstoffpakete und Geschmacksverstärker. Leider werden sie oft zu sparsam eingesetzt. Die Haltbarkeit ist relativ kurz. Getrocknete Kräuter haben nach 6 Monaten kein Aroma mehr. Daher kannst du ruhig großzügig sein! Kräuter und Gewürze sind ideale Zutaten, um sich in der Küche auszuprobieren.

Grenzen austesten. Ölfrei ist nicht dasselbe wie fettfrei! Beim ölfreien Kochen verwenden wir anstelle von Kokosöl lieber Kokosmilch (oder Kokosfett). Sesamöl kommt uns nicht in den Topf, aber dafür Tahin (Sesampaste). Olivenöl wird gestrichen, Oliven selbst sind in Ordnung. Nüsse, Avocados und Kerne sind lecker und enthalten viele gesunde Fette. Außerdem sind sie viel aromatischer als Öle.

Silikonmatten und Backbleche. Beim Backen oder Rösten ohne Öl werden Gemüse, Tofu oder Tempeh häufig sehr trocken. Das im Öl enthaltene Fett ist wie eine Art Barriere, die die Feuchtigkeit einschließt. So kannst du die Feuchtigkeit auch ohne Öl bewahren: Lege ein Backblech mit einer Silikonmatte aus. Gib Tempeh, Tofu oder Gemüse flach auf das Backblech. Lege dann eine Silikonmatte (oder zwei Matten) über das Gargut. Abschließend wird ein weiteres Backblech drübergelegt. Damit wird – ähnlich wie bei einem Kontaktgrill oder Sandwichtoaster – etwas Druck auf das Gargut ausgeübt und schließt die Feuchtigkeit ein. Das Gargut wird quasi wie mit einem geschlossenen Deckel von beiden Seiten geröstet. Es fehlt nur das typische Grillmuster.

Löwenzahn oder Radicchio, Brokkoli, Grünkohl, Blattkohl, Mangold, Sellerie, Gurken, Paprikaschoten, Jalapeños, Zwiebeln, Karotten, Tomaten, Avocados

FRISCHE KRÄUTER UND AROMAGEBER: Ingwer, Kurkuma, Knoblauch, Basilikum, Petersilie, Koriander, Frühlingszwiebeln, rote und gelbe Zwiebeln, Schalotten

STÄRKEHALTIGES GEMÜSE: Kartoffeln, Süßkartoffeln, Rote Bete, Steckrüben

HÜLSENFRÜCHTE: Linsen, Kichererbsen, Bohnen (getrocknet oder aus der Dose)

WEIZENFREIES GETREIDE: brauner Reis, Quinoa (auch wenn es streng genommen gar kein Getreide ist), Dinkel-Pasta oder Nudeln aus gekeimtem Getreide, Haferflocken

WEIZENVOLLKORNPRODUKTE: Weizenvollkornbrot, Brot aus gekeimtem Getreide, Weizenvollkornnudeln, Pitas, Bagels, Tortillas, Weizenvollkornmehl

ROHE NÜSSE UND SAMEN: Mandeln, Cashewnüsse, Walnüsse, Leinsamen, Chia-Samen, Paranüsse, Kürbiskerne

AUFSTRICHE, DIPS UND PASTEN: Hummus, Nussmus, Tahin (Sesampaste), Baba Ghanoush, Salsa, Kokosmus (auch hausgemacht)

ÖL (WENN GEWÜNSCHT): Olivenöl, Traubenkernöl, geröstetes Sesamöl, unraffiniertes Kokosöl

ESSIG: Apfelessig, Balsamicoessig, Reisessig

PROTEINPULVER (WENN GEWÜNSCHT): Hanf (aus dem Reformhaus oder online)

SOJAPRODUKTE: Tofu, Tempeh, Sojasauce (salzreduziertes Tamari) oder Bragg Liquid Aminos (Proteinkonzentrat auf Sojabasis)

SNACKS (WENIG): gebackene Tortilla-Chips, Popcorn

SONSTIGES: Mandelmilch, Kokosmilch, Agavendicksaft (als Energiespender, nicht als generelles Süßungsmittel), Ahornsirup, Rohrohrzucker, Kaffee, grüner Tee, Kräutertee (Ingwer, Pfefferminze, Tulsi, Kamille usw.)

ZEITMANAGEMENT-TIPP: Die Zahl der Lieferdienste für frische Lebensmittel nimmt stetig zu. Mittlerweile gibt es sogar Lieferservices, die sich auf vegane Lebensmittel spezialisiert haben! Im Internet findest du verschiedene Anbieter, die dir die Zutaten nach Hause liefern. Gemüsekisten sind eine weitere Möglichkeit, regionales Obst und Gemüse nach Hause bringen zu lassen. Solche Kisten sind gar nicht so teuer und können sogar abonniert werden. Wenn du dir einmal pro Woche eine Kiste schicken lässt, verbringst weniger Zeit beim Einkaufen und sparst Geld dabei.

INTERESSANTE FAKTEN ZU EINZELNEN ZUTATEN

Zu den häufigsten Zutaten, die in den Rezepten verarbeitet werden, haben wir ein paar wichtige und aufschlussreiche Fakten zusammengefasst

MANDELMILCH: Wenn nicht anders angegeben, wird in den Rezepten ungesüßte Mandelmilch ohne Aroma verwendet. Wir greifen gern auf Bio-Mandelmilch zurück, die kein Carrageen enthält und eine kurze Zutatenliste hat.

APFELESSIG: Naturtrüber und ungefilterter Bio-Apfelessig besitzt die meisten Nährstoffe. Ob Apfelessig zu den Superfoods gehört, ist umstritten, aber er ist reich an Kalium und Enzymen. Bekannt ist, dass er die Verdauung unterstützt und den Blutzuckerspiegel reguliert.

PFEILWURZMEHL: Pfeilwurzmehl wird beim Backen zum Binden und zum Eindicken von Flüssigkeiten verwendet. Es kann wie Maisstärke verwendet werden, ist aber vollwertiger, hat einen neutralen Geschmack und ist haltbarer. Im Gegensatz zur Maisstärke kann Pfeilwurzmehl mit säurehaltigen Flüssigkeiten verwendet werden. Das Mehl zeichnet sich durch gute küchentechnische Eigenschaften aus.

BRÜHE/FOND: Bei ölfreien Zubereitungsvarianten wird oft Brühe eingesetzt. Du kannst die Brühe selbst zubereiten oder verzehrfertig kaufen. Aber sie sollte immer vegan sein. Zwischen Gemüsebrühe und Gemüsefond gibt es keinen Unterschied.

CASHEWNÜSSE: Wenn nicht anders angegeben, sollten möglichst rohe und ungesalzene Cashewnüsse verwendet werden. Sie werden etwa 10 Minuten in warmem oder heißem Wasser eingelegt und dann in einem Hochleistungsmixer püriert. Die Cashewnüsse vorher gut abtropfen lassen, damit sie ihre Cremigkeit behalten.

KOKOSMILCH: In den meisten Fällen kannst du zu fettarmer Kokosmilch greifen. In einigen Zutatenlisten ist explizit angegeben, dass die Kokosmilch vollfett sein soll. Dies liegt daran, dass das Fett für das Gelingen des Gerichts wichtig ist. In diesen wenigen Fällen solltest du keine andere Kokosmilch nehmen.

Wir empfehlen, die Kokosmilch in Dosen zu verwenden. Achte darauf, dass die Kokosmilch keine künstlichen Zusatzstoffe enthält, ungesüßt ist und in BPA-freien Dosen abgefüllt ist. Bio-Kokosmilch ist in Biomärkten und Naturkostläden erhältlich. Kokosmilch wird auch im Kühlregal oder tiefgefroren angeboten, aber sie ist dann meist mit Wasser verdünnt (und enthält oft Stabilisatoren und Weißmacher). Diese Milch ist für Kaffee oder Müsli in Ordnung.

Mahlzeiten bekommen allerdings nur mit Kokosmilch aus der Dose ein echtes, reichhaltiges Kokosaroma, vor allem ölfreie Gerichte werden so herrlich cremig.

Bei Gerichten, bei denen nur die Feststoffe verwendet werden, kannst du die Flüssigkeit in Smoothies weiterverwenden. Das Rezept für die veganen Superwaffeln (Seite 57) verwendet beispielsweise nur die Feststoffe.

KOKOSÖL: Kokosöl ist in der pflanzenbasierten Küche unglaublich vielseitig. Wir setzen es dennoch sparsam ein und empfehlen unraffiniertes oder natives Kokosöl. (Raffiniertes Kokosöl eignet sich zum Frittieren in Fett am besten, aber Frittieren ist keine Kochtechnik, die wir in diesem Buch verwenden). Kokosöl ist bei Zimmertemperatur fest und schmilzt bei 24 °C. Im Winter musst du vielleicht ein Stück herausbrechen, während du im Sommer das Kokosöl ganz leicht entnehmen kannst. Wenn nicht anders angegeben, kann festes wie geschmolzenes Kokosöl verwendet werden.

MEHL: In den Rezepten ist immer Weizenvollkornmehl angegeben. Es steckt voller Ballaststoffe und enthält noch das Protein und die Nährstoffe des Vollkorns. Da es etwas gröber als normales Haushaltsmehl ist, greifen wir daher für Backwaren zu halbgriffigem Weizenvollkornmehl. Dieses ist feiner gemahlen, aber genauso nähr-stoffreich wie normales Weizenvollkornmehl.

KRÄUTER UND GEWÜRZE: Die Angaben zu den Kräutern beziehen sich immer auf frische Kräuter (es sei denn, es ist etwas anderes angegeben). Ganz wichtig: Frische Kräuter werden immer am Ende der Kochzeit dazugegeben! Sie eignen sich auch zum Garnieren von Gerichten. Von getrockneten Kräutern sollte hingegen nur ein Drittel der angegebenen Menge verwendet werden, und sie können schon zu Beginn der Kochzeit zugegeben werden. Getrocknete Kräuter zerdrücken und mahlen, damit sich Aroma und Duft entfalten können. Da das Aroma von getrockneten Kräutern schnell verloren geht, immer nur kleine Mengen auf einmal kaufen.

GRÜNKOHL: Es gibt verschiedene Sorten Grünkohl mit glatten oder mit krausen Blättern. Die Stiele heben wir auf und verarbeiten sie in Smoothies.

MATCHA: Matcha ist ein Pulver aus den getrockneten, fein gemahlenen Blättern des Grüntees, der speziell für Matcha angebaut wird. (Die Blätter werden eingeweicht und abgeseiht). Das grüne Pulver wird in verschiedenen Qualitäten angeboten, die sich für Teezeremonien oder für die Küche eignen. Günstiger Matcha ist ideal zum Kochen. Mit Matcha in Smoothies, Haferbrei oder Backwaren nimmst du eine gute Dosis Antioxidantien (und herzgesunde Polyphenole) auf.

MISO-PASTE: Miso ist eine fermentierte Paste aus Sojabohnen. Sie enthält viele Probiotika und gibt Gerichten eine salzige und herzhafte Note. Miso findest du in zwei Farben im Supermarkt bei den Tofu- und Sojaprodukten oder beim veganisierten Fleischersatz.

Rotes Miso (Akamiso) hat einen höheren Reifegrad und somit einen kräftigen, intensiven Geschmack. Es verfeinert deftige Suppen und andere herzhafte Mahlzeiten. Weißes Miso (Shiromiso) ist mild und süßlich und wird manchmal auch aus Kichererbsen hergestellt. Wir verwenden bei Miso Bioprodukte.

Aufgepasst:

- Wir empfehlen, das Miso genau in der Farbe zu verwenden, die in der Zutatenliste angegeben ist. Andernfalls passt der Geschmack nicht zum Gericht. Beispielsweise bekommt deine Mahlzeit statt eines süßlichen Geschmacks ein tiefes, herzhaftes Aroma. Miso ist teuer, aber lange haltbar und hält sich im Kühlschrank bis zu einem Jahr.
- So hast du auch bei einem geringen Verbrauch sehr lange von einer Tube.
- Miso darf nie gekocht werden. Durch Kochen gehen die gesunden Bakterien verloren. Nach Ende der Kochzeit und wenn die Mahlzeit nicht mehr kochend heiß ist, wird das Miso mit einem Schneebesen untergerührt.
- Auf der Liste der Inhaltsstoffe darf weder „Dashi“ noch „Bonito“ stehen. Diese Begriffe stehen für Fisch.

HEFEFLOCKEN: Die gelben Flocken der Nährhefe geben pflanzlichen Gerichten einen herzhaften Umami-Geschmack und eignen sich als Käseersatz. Hefeflocken sind sehr nährstoffhaltig: Die inaktive Hefe enthält 8 Gramm Protein und 4 Gramm Ballaststoffe pro 1½ EL. Hefeflocken sind zudem reich an Vitamin B. Im Supermarkt findest du Hefeflocken in der Gewürzabteilung.

SALZ UND PFEFFER: Wenn nicht anders angegeben, werden die meisten Mahlzeiten nach der Garzeit mit Salz und Pfeffer abgeschmeckt. Wir bevorzugen hier frisch gemahlenen schwarzen Pfeffer und feines Meersalz. Grobkörniges Salz oder Mineralsalz eignen sich aber genauso gut.

KREATIVITÄT IN DER KÜCHE

Rezepte einfallsreich abwandeln

Wenn du eher der kreative Typ bist und Rezepte ungern 1:1 umsetzt, haben wir vollstes Verständnis. Wir freuen uns, wenn du in der Küche kreativ wirst und die Rezepte an deinen Geschmack anpasst. Unsere Tester haben das auch gemacht. Mit großem Erfolg!

Ein paar Dinge solltest du aber beachten, wenn du Rezepte abwandelst. Mit ein paar Tipps stellst du sicher, dass jedes Gericht gelingt und schmeckt. So wird jede Mahlzeit ein Hit! Nichts landet im Mülleimer und du verschwendest keine Zeit und kein Geld.

Achte auf die Zutatenliste. Je kürzer die Zutatenliste, desto wichtiger sind die einzelnen Lebensmittel im Gericht. Bei den Grünen Tahin-Bohnen (Seite 164) und beim Frühstückstoast mit Hummus (Seite 62) ist Tahin enthalten. Im Hummus ist Tahin nur eine von vielen Zutaten, aber bei den grünen Bohnen gibt es nur fünf Zutaten, eine davon ist Tahin. Wird Tahin weggelassen oder durch eine andere Zutat ersetzt, schmeckt das Gericht völlig anders. Daher ist Vorsicht geboten, wenn du eine Hauptzutat änderst, es sei denn, du weißt genau, was du tust. (Oder du möchtest dich geschmacklich überraschen lassen).

Die richtige Würze macht den Unterschied. Eine Prise oder ein, zwei Teelöffel eines Gewürzes oder ein Spritzer Saft. Das Salz, das einen Kontrast zur Süße in Keksen bildet, der Essig in der Sauce oder Tamari für den Umami-Geschmack im pfannengerührten Gericht. Ein anderes Gewürz bringt oft eine andere (manchmal unerwünschte) Note in die Mahlzeit. Daher ist es weniger riskant, eine Hauptzutat durch eine andere zu ersetzen als ein Gewürz (siehe nächsten Tipp). Gewürze haben großen Einfluss darauf, ob ein Gericht gelingt.

Zutaten, die sich geschmacklich ähneln (wie Äpfel und Birnen), sind beliebig austauschbar. Du bist also frei, Pintobohnen statt schwarzen Bohnen, Brokkoli statt Blumenkohl oder Hanfmilch statt Mandelmilch zu verwenden. Wenn Zutaten per se zusammenpassen, können sie substituiert werden. Die Gefahr ist gering, dass das Gericht dann misslingt.

Geh es langsam an. Wenn du noch kein geübter Koch bist, bereite die Rezepte wie hier beschrieben zu. Sobald du dich in der Küche sicherer fühlst, kannst du anfangen zu improvisieren. Kleinere Fehler sind nicht schlimm, da du aus ihnen lernst.

Starte mit den Basisrezepten. Im gesamten Kochbuch findest du Rezepte, die als „Basisrezept" bezeichnet werden. Diese Mahlzeiten sind ganz einfach zuzubereiten und die Grundlage für Basisgerichte, die du nach Belieben aufpeppen kannst. Für Kochanfänger sind die Grundrezepte die ersten, einfachen Rezepte, bei denen man kaum etwas falsch machen kann.

VERWENDETE SYMBOLE UND ABKÜRZUNGEN

FF: Fastfood (Wenn es schnell gehen muss). Rezepte, die mit „FF" gekennzeichnet sind, lassen sich in weniger als 30 Minuten zubereiten. Auch die Hinweise „Wenn es schnell gehen muss" enthalten Tipps, um die Mahlzeit schneller auf den Tisch zu bringen.

SF: Slowfood. Alle Rezepte mit der Kennung „SF" benötigen mindestens eine Stunde Vorbereitungs- oder Ruhezeit. Wie der Mokka-Käsekuchen (Seite 264) oder Reis-Porridge aus dem Schongarer (Seite 52).

SC: Slow-Cooker (Schongaren). Wir sind große Fans des Schongarers. Da aber alle Slow-Cooker-Gerichte einen Tag lang kochen, haben wir die entsprechenden Gerichte mit „SC" gekennzeichnet. Leckere Mahlzeiten aus dem Schongarer sind beispielsweise Die kräftigende Brühe (Seite 216) oder das Mexikanische Bohnenpüree (Seite 180).

KH: Kohlenhydratreich. Mit einigen kohlenhydratreichen Gerichten kannst du deine Energiedepots wieder auffüllen. Diese Rezepte sind mit „KH" gekennzeichnet.

GF/GFO: Glutenfrei („GF") bzw. glutenfreie Option („GFO"). Alle Gerichte, die von Natur aus glutenfrei sind, haben das Symbol „GF". Mahlzeiten, die auch glutenfrei zubereitet werden können, haben wir mit „GFO" gekennzeichnet. Bei einer Glutenunverträglichkeit oder Zöliakie solltest du zudem auf die Zutatenliste der Lebensmittel achten, die für diese Gerichte verwendet werden. In den Rezepten haben wir für dich Tipps für glutenfreie Varianten.

ÖF/ÖFO: Ölfrei („ÖF") bzw. ölfreie Option („ÖFO"). Lies bitte die Seiten 34 bis 35, um mehr über ölfreies Kochen zu erfahren

XS: Ohne Soja (sojafrei). Da viele auf eine sojafreie Ernährung achten, sind alle Rezepte ohne Soja mit „XS" gekennzeichnet. Wenn auf der Zutatenliste „Tamari, salzreduziert" steht, kannst du das Tamari durch „Coconut Aminos" oder durch ein anderes Würzmittel mit Salz ersetzen.

MEERESALGEN: Meeresalgen sind alles andere als Unkraut. Sie sind eine hochwertige Quelle von Nährstoffen und Mineralstoffen. Weil nicht jeder den fischigen Geschmack von Meerespflanzen mag, sind sie in den meisten Rezepten optional.

Agar-Agar: Wir verwenden Agar-Agar als Verdickungsmittel im Mokka-Käsekuchen (Seite 264). Agar-Agar ist eine aus Algen gewonnene Gelatine, die in Japan für Süßspeisen verwendet wird. Du findest Agar-Agar in den meisten Supermärkten als Flocken oder in Pulverform. Asia-Märkte verkaufen das Geliermittel oft unter dem Namen Kanten. Beim Backen ist Agar-Agar unerlässlich. Es sollte aber nicht zusammen mit Säuren verwendet werden, da es sonst nicht fest wird.

Dulse: Dulse ist eine Rotalge, die im Nordatlantik und Pazifik zu Hause ist. In der Pfanne (mit oder ohne Öl) leicht frittiert, erinnert Dulse von der Textur her an Speck und schmeckt auch ähnlich herzhaft. In Sandwiches oder zerkrümelt über Quinoa-Gemüse-Bowls (Seite 94) oder Gemüsepfannen ein Genuss. Dulse ist reich an Eisen, Kalium, Magnesium und Kalium und enthält Vitamine und Mineralstoffe.

Kombu: Bohnen, die mit einem 2,5 cm großen Stück des essbaren Seetangs gekocht werden, bekommen ein vollmundigeres Aroma und werden außerdem bekömmlicher. Kombu ist reich an Jod und enthält Eisen und Kalzium.

Nori: Nori-Blätter kennst du von Sushi. Das sind die grünen Blätter, in denen der Reis eingewickelt ist. Nori ist eine gute Quelle an Mineralstoffen. Die gerösteten Blätter geben zerkrümelt über Reis oder gedünstetem Gemüse einen wunderbaren Knuspereffekt. Nori sind auch als Snack lecker. Nori-Blätter, die bereits vorgeröstet sind, enthalten oft Sesam- oder Pflanzenöl und sind bei einer ölfreien Ernährung nicht geeignet.

Wakame: Diese Braunalge ist eine wichtige Zutat in Miso-Suppen. Sie gibt Gerichten Aroma und eine angenehme Kaukonsistenz. Ihr Geschmack ist jedoch recht fischig. In unseren Rezepten ist sie deswegen optional. Wakame ist eine gute Magnesiumquelle.

SOJA: Ja oder Nein? Soja ist in der veganen Ernährung kaum wegzudenken, trotzdem wird das Thema „Soja" in der pflanzenbasierten Lebensweise heftig diskutiert. In der Vollwertküche finden wir Soja als Edamame oder in fermentierter Form (Tempeh, Miso) in Ordnung. Wir essen sehr abwechslungsreich und integrieren Soja in unseren Speiseplan, wir essen aber auch andere Bohnen und Nussmilch.

SOJASAUCE: Unter Sojasauce fallen viele verschiedene Sorten, wie zum Beispiel „Bragg Liquid Aminos", ein Proteinkonzentrat auf Sojabasis, oder Bio-Tamari, das salzarm und glutenfrei ist. Eine sojafreie Alternative ist „Coconut Aminos". Das ist eine Würzsauce aus den Blüten der Kokospalme. Zum Kochen kannst du auch jede andere Sojasauce oder salzige Würzsauce nehmen. Generell empfehlen wir, zu einer salzreduzierten Variante zu greifen.

SÜSSUNGSMITTEL: Süßungsmittel sollten unraffiniert sein und nur sparsam eingesetzt werden. Bei der Angabe von „Zucker“ beziehen wir uns auf weniger stark verarbeiteten Kristallzucker, wie Demerara-Zucker, Sucanat-Vollrohrzucker, Turbinado-Zucker oder Zuckerrohrsaft (im Folgenden nur „Zucker“ genannt). Unter Süßungsmittel fallen selbstverständlich auch Ahornsirup, Agavensirup, brauner Reissirup usw. Wenn ein bestimmtes Süßungsmittel bei der Zubereitung verwendet werden muss oder die Zuckermenge im Rezept nicht geändert werden darf, ist dies explizit angegeben.

Unsere Gerichte enthalten generell nur wenig Zucker. Du wirst feststellen, dass du immer seltener Lust auf Süßes verspürst, je länger du dich vollwertig und pflanzlich ernährst. Du kannst die Süße in jedem Rezept nach Belieben anpassen. Aber Zucker bleibt Zucker, auch wenn er unraffiniert ist. Wenn er nicht natürlich in Obst vorkommt oder als Energiespender beim Work-out dient, ist er kein gesundes Lebensmittel.

TEMPEH: Das fermentierte Sojaprodukt wird immer beliebter und ist in jedem Biomarkt oder Naturkostladen zu finden. Tempeh kann nicht nur aus Sojabohnen, sondern auch aus Hülsenfrüchten oder Getreide hergestellt werden. Dank der guten Bakterien ist Tempeh sehr bekömmlich. Wir lieben das Tempeh von Smiling Hara aus Asheville. Das Tempeh (sowie weitere sojafreie Varianten wie Tempeh aus schwarzen Bohnen oder anderen Hülsenfrüchten) ist in den USA und online erhältlich. Statt „Smiling Hara“ kannst du natürlich jedes andere Bio-Tempeh verwenden. Achte darauf, dass die Sojabohnen nicht gentechnisch verändert wurden.

Tempeh ist recht bitter. Wenn du es in Würfel schneidest oder den Tempeh-Block mit einer Gabel spickst und dann 10 Minuten über ca. 2,5 cm Wasser dünstest, verliert Tempeh seinen bitteren Geschmack. Dann das Tempeh wie im Rezept angegeben verarbeiten.

TOFU: Wenn nichts anderes angegeben ist, empfehlen wir sehr festen (oder extrafesten) Bio-Tofu. Tofu aus gekeimten Sojabohnen ist ebenfalls eine sehr gesunde Bereicherung des Speiseplans, da er mehr Nährstoffe als normaler Tofu hat.

TOMATEN: Bei Dosentomaten sollte die Dose auf jeden Fall BPA-frei sein. Um den Salzgehalt der Mahlzeit zu steuern, sollte den Tomaten kein Salz zugefügt sein. In unseren Rezepten beziehen wir uns auf Dosentomaten mit Salz (da salzfreie Varianten nicht immer erhältlich sind). Wenn Tomaten Saison haben, verarbeiten wir immer frische Tomaten. Frische Tomaten sollten nie ganz püriert werden. Durch die Samen werden sie sonst bitter. Am besten zerdrücken oder hacken.

UMEBOSHI-PASTE: Umeboshi-Paste wird aus eingelegten, gesalzenen Ume-Aprikosen hergestellt. (Früher gehörten diese Aprikosen traditionell in die Feldration von Samurais). Rote Shiso-Blätter geben der Paste die typisch rote Farbe. Ume-Aprikosen sind gut für die Verdauung. In Japan werden sie gegessen, um Übelkeit sowie einen Kater nach Genuss von Alkohol zu lindern. Außerdem regen sie den Speichelfluss an. Der salzig-saure Geschmack hilft, dass der Mund bei langen Läufen nicht austrocknet. Umeboshi-Paste findest du im Asia-Regal im gut sortierten Supermarkt.

WEISSE BOHNEN: Wenn im Rezept keine bestimmte Bohnensorte angegeben ist, kannst du Cannellini-Bohnen (weiße Kidneybohnen) oder Navy-Bohnen verwenden.

NOCH EINIGE EMPFEHLUNGEN ZUM SCHLUSS

Bevorzuge Bio-Produkte. Wenn es möglich ist, solltest du Bio-Produkten und Lebensmitteln aus der Region den Vorzug geben. Die Wahl liegt ganz bei dir. Wir wissen, dass das manchmal aus verschiedenen Gründen (zum Beispiel finanzielle Mittel oder Wohnort) nicht immer möglich ist. Mit der App „Dirty Dozen" von der Environmental Working Group hast du einen Überblick darüber, welche konventionellen Produkte am häufigsten belastet sind. So kannst du die Produkte, die auf dieser Liste stehen, bevorzugt als Bio-Produkt kaufen.

Bei uns ist alles 100 %ig vegan. Die Rezepte in diesem Buch sind alle vegan. Wir verzichten auf den Begriff „vegan", da es sich hier um ein pflanzliches Kochbuch handelt. Wenn wir also „Schokostückchen" sagen, meinen wir vegane Schokostückchen.

Zeit ist relativ. Kochen ist wie Laufen: Jeder hat sein eigenes Tempo und seine eigene Wohlfühlgeschwindigkeit. Die Zeitangaben für die Vorbereitung sind durchschnittliche Angaben. Du bist vielleicht etwas schneller oder langsamer und das ist völlig in Ordnung.

PORTIONEN UND NÄHRWERTANGABEN

Die Portionsangaben beziehen sich immer auf die gesamte Mahlzeit, da jeder Leser das Gericht unterschiedlich portioniert und verschiedene Portionsgrößen zu sich nimmt. Für einen Ironman-Läufer kann das Frühstück am Tag nach dem Lauf aus einem ganzen Apfel-Pfannkuchen (Seite 54) bestehen. Ein Yogi hingegen ist mit einem Stück Pfannkuchen zufrieden.

Wir haben bewusst keine Kalorien- und Nährwertangaben aufgenommen. Die Rezepte sind vollwertig und nahrhaft und somit gesund. Sie eignen sich sogar für eine kalorienreduzierte Diät. Wenn du dennoch die Kalorienzahl oder Makronährstoffe brauchst, findest du diese Angaben zu jedem Rezept unter „nomeatathlete.com/nutrition-info".

Die Mahlzeiten in Kapitel 7 bilden eine Ausnahme und enthalten Nährwertangaben, da es sich um Energielieferanten handelt, bei denen Athleten auf die Kalorien und den Mikronährstoffgehalt achten müssen. Um die Angaben zu bestimmen, haben wir die Kalorien- und Nährwertdatenbank auf der MyFitnessPal-Website verwendet, bei der Zutat und Menge ausgewählt werden. Die Nährwertangaben beziehen sich auf das Grundrezept (ohne Variation und ohne optionale Zutaten) und dienen als Orientierungshilfe. In einigen Rezepten findest du für die ölfreien Versionen Informationen zu Fett und Kalorien. Es gibt keine Angaben zum Cholesteringehalt, denn jedes Rezept ist cholesterinfrei: Cholesterin ist schließlich nur in tierischen Produkten enthalten.

ÖLFREI KOCHEN

Wenn es um Fett und Öl geht, essen wir beide unterschiedlich. Wir haben uns im Vorfeld viele Gedanken gemacht, ob unsere Rezepte ölfrei sein sollen oder nicht. Dann haben wir uns dazu entschlossen, dass wir uns nicht entscheiden möchten. Wir haben einfach beide Varianten aufgenommen! Jedes Rezept, bei dem Öl auf der Zutatenliste steht, besitzt auch eine ölfreie Variante (siehe dazu auch Kapitel 1).

Die Angabe „ÖF" in der Zutatenliste gibt eine alternative ölfreie Zutat an, mit der das Gericht zubereitet werden kann. In manchen Rezepten findest du auch den Hinweis „ÖF: ohne". In diesem Fall kannst du die ölhaltige Zutat einfach weglassen. Manchmal muss das Öl durch Wasser, Brühe, Nussmus oder eine andere ölfreie Zutat ersetzt werden. Wir geben dann genau an, wie viel du davon verwenden solltest und wie dann das Rezept ölfrei zubereitet wird.

Die Umstellung auf eine ölfreie Ernährungsweise ist enorm. Wenn du diese Herausforderung dennoch annehmen möchtest, hoffen wir, dass dich unsere ölfreien Varianten zum Experimentieren einladen.

Teil 2

REZEPTE UND MENÜPLÄNE

Kapitel 3

ENERGIE FÜR DEN TAG: FRÜHSTÜCK UND MORGENMAHLZEITEN

In seinem faszinierenden Bestseller *The Blue Zones* beschreibt der Autor und Wissenschaftler Dan Buetter Orte und Regionen auf der ganzen Welt, an denen überproportional viele Menschen leben, die 100 Jahre oder älter sind. Diese „blauen Orte“ sind nicht nur faszinierend, sondern bestätigen auch, dass eine pflanzenbasierte Ernährung dazu beiträgt, sehr alt zu werden. Nicht minder spannend sind in diesem Zusammenhang die wissenschaftlichen Erkenntnisse zum Frühstück.

Der Leitsatz „Das Frühstück ist die wichtigste Mahlzeit des Tages“, der in neueren Ernährungslehren bewusst ignoriert wird, feiert sein Comeback. Das Geheimnis der ältesten Menschen der Welt: Sie frühstücken üppig, nehmen ein ausreichendes Mittagessen zu sich und ihr Abendessen fällt eher mager aus. Die Vorteile eines gesunden Frühstücks sind natürlich dahin, wenn die erste Mahlzeit des Tages aus zu viel Zucker und anderen raffinierten Kohlenhydraten besteht. Deshalb verzichten wir bei unseren Frühstücksrezepten größtenteils auf Zucker und industriell verarbeitete Mehle. Stattdessen konzentrieren wir uns lieber auf ausreichend große Portionen und einen leckeren Geschmack.

Bohnen stehen bei den Familien in den „blauen Zonen“ besonders häufig auf dem Frühstückstisch. Wir wissen, was du jetzt denkst: Bohnen zum Frühstück? Klingt zunächst ungewöhnlicher als es in Wirklichkeit ist. Du findest in diesem Abschnitt Rezepte für Hummus aus Kichererbsen, die du als Grundlage für Sandwiches oder im Salat „Rise & Shine“ als Topping nehmen kannst. Auch die Kichererbsen-Quiche, zwei Varianten von Frühstücks-Tofu und mehrere Burrito-Rezepte enthalten Bohnen oder Tofu. Unter den Rezepten findest du zudem einige Energiespender. Sie sind als Power-Frühstück gedacht, das dir für ein langes Workout am Vormittag die notwendige Kraft liefert. Du kannst sie natürlich auch einfach so genießen. Aber auch diese Frühstücksideen sollen ihre Energie langsam abgeben und keine Zuckerbomben sein.

Das gesunde Frühstücksgeheimnis der ältesten Menschen weltweit hat noch eine weitere Facette, die in unserer schnelllebigen Welt leider häufig unter den Tisch fällt: Wir frühstücken zu häufig im Stehen oder unterwegs. Wir alle würden uns am liebsten alle Zeit der Welt nehmen und am Tisch gemütlich frühstücken. Aber in unserer modernen Welt bleibt nicht viel Zeit zwischen Aufstehen und Verlassen des Hauses, um zur Arbeit oder zur Schule zu gehen. Wenn du dein Frühstück im Auto, am Schreibtisch oder zwischen Tür und Angel einnehmen musst, gibt es gesunde Alternativen zu Junkfood. Viele unserer nahrhaften Frühstücksideen sind so ausgelegt, dass sie auch prima unterwegs oder im Büro verzehrt werden können. Wenn du morgens mehr Zeit zur Verfügung hast, empfehlen wir dir, dich zum Frühstücken an den Tisch zu setzen. Aber wir wissen aus Erfahrung, dass neben dem täglichen Workout, der Dusche danach und die Pendelzeit zur Arbeit ein Frühstück zum Mitnehmen viel Zeit spart.

ÖFO GF FF

HERZHAFTES PORRIDGE

ERGIBT: 2 Schüsseln // **ZEIT:** 15 Minuten

Porridge ist bei Sportlern und bei allen, die sich gesund und nahrhaft ernähren, sehr beliebt. Selbst wenn du jeden Morgen ein anderes Topping für dein süßes Porridge verwendest, irgendwann hast du den immer gleichen Geschmack über. Aber wer sagt, dass Porridge immer süß sein muss? Dieses herzhafte Rezept kann immer wieder neu variiert werden. Verwende Zutaten, auf die du gerade Appetit hast. So kommt beim Frühstück immer gute Laune auf.

- 1 Tasse (95 g) zarte Haferflocken, glutenfrei
- 1 Karotte oder kleine Rote Bete, geschält und geraspelt
- 1 ½ Tassen (360 ml) Wasser
- 1 Tasse (15 g) Grünkohl, entstielt und gehackt oder (30 g) Spinat, gehackt
- ¼ Tasse (60 g) Salsa oder Marinara-Sauce (wie selbstgemachte Marinara-Sauce, Seite 89)
- 2 EL Hefeflocken
- ½ Avocado, zerkleinert
- 2 EL Kürbiskerne, geröstet
- Geräuchertes Paprikapulver und/oder Chili-Flocken (nach Belieben)
- Salz und schwarzer Pfeffer

1. Haferflocken und geraspelte Karotte in einem kleinen Topf mischen und bei mittlerer Hitze erwärmen. Das Wasser zugeben. (Je nach gewünschter Konsistenz etwas mehr oder weniger Wasser hinzugeben. 1 ½ Tassen/360 ml Wasser ergibt ein dickes, festes Porridge).
2. Erst leicht aufkochen, dann unter ständigem Rühren etwa 5 Minuten kochen, bis die Haferflocken zart sind.
3. Grünkohl, Salsa und Hefeflocken unterrühren.
4. In eine Frühstücksschüssel geben. Mit der Avocado und den Kürbiskernen toppen. Nach Belieben mit geräuchertem Paprikapulver und Chili-Flocken bestreuen. Mit Salz und Pfeffer abschmecken und servieren.

Variation: Probiere verschiedene Salsa oder Pastasaucen aus. Mit neuen Geschmacksnoten wird dein Porridge-Frühstück nie langweilig.

ÖFO GF SC SF

REIS-PORRIDGE (AUS DEM SCHONGARER)

ERGIBT: 2 Schüsseln // **ZEIT:** 15 Minuten Vorbereitung, 8 Stunden Kochzeit

Unser langsam gekochtes Porridge basiert auf *Juk*. Der Reisbrei gehört in Korea zu den Standardgerichten und kommt in vielen Varianten daher. Dieses Porridge wird bereits am Vorabend vorbereitet. Dann köchelt es über Nacht vor sich hin. Am nächsten Morgen kannst du es als warmes Frühstück genießen. Reis-Porridge eignet sich auch als leichtes Mittagessen oder als Snack für zwischendurch.

1 Karotte, gewürfelt

2 Knoblauchzehen, zerdrückt

1 TL geröstetes Sesamöl (ÖF: 1 TL Tahin, gemischt mit ¼ Tasse/60 ml Brühe)

1 Tasse (180 g) brauner Rundkornreis

4 Tassen (960 ml) Gemüsebrühe

1 ½ Tassen (360 ml) Wasser

Tamari, salzreduziert, glutenfrei oder rote Miso-Paste

2 Frühlingszwiebeln, weißer und hellgrüner Teil, in feinen Ringen

1 Nori-Blatt, geschnitten oder in mundgerechten Stücken

Geröstete Sesamsamen

1. Die Schongarer-Stufe „High“ einstellen. (Wenn du keinen Schongarer hast, kannst du für die ersten beiden Schritte einen Kochtopf verwenden). Karotte, Knoblauch und Sesamöl hineingeben. Etwa 5 Minuten unter häufigem Rühren kochen, bis die Karotte weich wird.
2. Den Reis einrühren. Weitere 5 Minuten kochen.
3. Brühe und Wasser dazugeben. Die Garstufe „Low“ einstellen. Bei geschlossenem Deckel über Nacht 8 Stunden ziehen lassen.
4. Am Morgen das Porridge durchrühren und mit Tamari abschmecken. Mit Frühlingszwiebeln, Nori und Sesamsamen belegen und servieren.

ÖF XS GF SC SF

KOKOS-REIS MIT MATCHA (AUS DEM SCHONGARER)

ERGIBT: 2 Schüsseln // **ZEIT:** 5 Minuten Vorbereitung, 8 Stunden Kochzeit

Das Matcha-Tee-Pulver zaubert nicht nur eine schöne grüne Farbe in das süße Porridge, sondern versorgt dich mit richtig viel Energie und Antioxidantien. Da das Porridge mit dem Matcha-Pulver gekocht wird, erhältst du außerdem alle Nährstoffe des grünen Tees. Besonders lecker schmeckt das Porridge, wenn du kalte Kokosmilch drübergießt.

- 1 Tasse (240 ml) Kokosmilch, fettarm
- 1 Tasse (180 g) brauner Rundkornreis
- 1 EL Matcha-Pulver
- ¼ TL Vanilleextrakt
- 5 Tassen (1,2 Liter) Wasser
- Ahornsirup oder anderes Süßungsmittel
- Kokosraspeln, ungesüßt
- Pistazien, ungesalzen und gehackt
- Kardamom, gemahlen

1. Die Garstufe des Schongarers auf „Low" einstellen. Kokosmilch, Reis, Matcha-Pulver und Vanilleextrakt hineingeben und gut verrühren. Wasser zugeben und 8 Stunden ziehen lassen.
2. Am nächsten Morgen das Porridge kräftig durchrühren und mit Ahornsirup abschmecken. Mit Kokos, Pistazien und Kardamom toppen.

APFEL-PFANNKUCHEN AUS DER PFANNE

ERGIBT: 1 Pfannkuchen (20 bis 23 cm Durchmesser); 6 bis 8 Portionen
ZEIT: 10 Minuten Vorbereitung plus 30 bis 35 Minuten Backzeit

Dieser Apfel-Pfannkuchen lädt dich mit Energie für den Tag auf und ist sehr gesund. Ein richtiges Power-Frühstück, das so himmlisch schmeckt wie ein Dessert. Als weiteres Plus: Reste kannst du in Butterbrotpapier einwickeln und als Snack mitnehmen. Der Pfannkuchen ist eines der süßesten Rezepte in diesem Buch. Wenn du sehr süße Äpfel verwendest, kannst du etwas weniger Zucker und Ahornsirup verwenden.

4 Äpfel (zum Beispiel Gala, Honeycrisp oder Granny Smith), geschält, entkernt und in dünnen Scheiben

¼ Tasse (30 g) gehackte Walnüsse oder Pekannüsse (nach Belieben)

1 TL Zimt, gemahlen

1 ½ Tassen (225 g) Weizenvollkornmehl

2 TL Backpulver

¼ TL plus ⅛ TL Salz

1 Tasse (240 ml) Kokosmilch, vollfett oder fettarm

2 EL Ahornsirup

1 EL plus 1 TL frischer Zitronensaft

1 TL Vanilleextrakt

¼ Tasse (35 g) brauner Zucker oder Kokosblütenzucker

1 EL Kokosöl (ÖF: ohne)

1 Den Ofen auf 190 °C vorheizen. Eine tiefe gusseiserne Bratpfanne bei mittlerer Hitze erhitzen. Dann den Pfannenboden mit den Äpfeln auslegen und ½ TL Zimt (und Walnüsse nach Belieben) drübergeben. Während die Äpfel braten, den Teig vorbereiten.

2 Mehl, Backpulver, ¼ TL Salz und den restlichen ½ TL Zimt in einer Schüssel verrühren. Kokosmilch, Ahornsirup, 1 EL Zitronensaft und Vanille in eine weitere Schüssel geben und gut vermischen. Die Masse in die Schüssel mit dem Mehl geben und zu einem glatten Teig rühren.

3 Zucker, 1 TL Zitronensaft und ⅛ TL Salz über die Äpfel streuen. Die Pfanne vom Herd nehmen. Das Kokosöl gleichmäßig über die Äpfel geben. (ÖF: eine beschichtete Pfanne verwenden!).

4 Dann den Teig drübergießen. Weitere 30 bis 35 Minuten backen, bis der Pfannkuchen gar und goldbraun ist. In Stücke schneiden, auf Teller geben und servieren.

ÖFO XS FF

BANANEN-PFANNKUCHEN ODER BANANEN-WAFFELN MIT MANDELMUS

ERGIBT: 4 Waffeln oder 8 Pfannkuchen
ZEIT: 5 Minuten Vorbereitung, 25 Minuten Kochzeit

Pfannkuchen und Waffeln sind nicht nur herzhafte Mahlzeiten zur Stärkung vor Workouts oder kleine Snacks für unterwegs. Sie begeistern auch Kinder. Wir bereiten sie gern vorab zu und frieren sie ein. Am Morgen lassen sich die Pfannkuchen oder Waffeln im Toaster blitzschnell erwärmen. Mit Obst ergeben sie ein beliebtes Frühstück, denn sie sind gehaltvoll und leicht süß. Genau richtig für kleine Leckermäuler (und Eltern!). Zucker ist hier optional. Du kannst den Zucker weglassen, wenn die Pfannkuchen mit Sirup oder Marmelade gegessen werden. Die Pfannkuchen werden dank des Mandelmuses richtig knusprig, bleiben aber im Innern schön saftig und fluffig.

- 1 Tasse (240 ml) Mandelmilch
- 1 reife Banane
- 2 EL Mandelmus
- 2 EL Chia-Samen
- 2 EL Zucker (nach Belieben)
- ½ TL Vanilleextrakt
- ¾ Tasse (90 g) Weizenvollkornmehl, halbgriffig
- ½ Tasse (55 g) Mandelmehl oder anderes halbgriffiges Mehl
- 2 TL Backpulver
- ¼ TL Zimt, gemahlen
- ⅛ TL Salz
- Öl zum Einfetten (ÖF: siehe unten)

1. Eine Pfannkuchenpfanne (oder ein Waffeleisen) bei mittlerer Hitze erhitzen.
2. Mandelmilch, Banane, Mandelmus, Chia-Samen, Zucker (wenn gewünscht) und Vanille in einen Mixer geben und glatt mixen. (Für Pfannkuchen ¼ Tasse/60 ml Wasser dazugeben).
3. Mehl, Mandelmehl, Backpulver, Zimt und Salz in eine Schüssel geben und mischen. Die gemixte Masse zur Mehlmischung geben und zu einem Teig rühren.

Für Waffeln: Das Waffeleisen einfetten. ½ Tasse (120 ml) Teig in die Mitte des Waffeleisens geben. Etwa 6 Minuten zu einer Waffel backen. Mit dem restlichen Teig weitere Waffeln backen.

Für Pfannkuchen: Die Pfannkuchenpfanne einfetten. ¼ Tasse (60 ml) Teig hineingeben. Etwa 2 Minuten aufkochen lassen, bis sich kleine Bläschen bilden. Den Pfannkuchen umdrehen und weitere 2 bis 3 Minuten backen, bis der Pfannkuchen in der Mitte gar ist. Mit dem restlichen Teig weitere Pfannkuchen backen.

HINWEIS: *Die Pfannkuchen und Waffeln werden etwas dunkler als gewöhnlich. Die dunkelbraune Farbe kommt von der Banane. Wichtig ist, dass du die Pfannkuchen nicht schwarz werden lässt.*

ÖF: *Pfannkuchen und Waffeln bleiben ohne Öl gern kleben, wenn das Waffeleisen oder die Pfanne keine gute Antihaftbeschichtung haben oder zerkratzt sind. Den Teig in eine gusseiserne Bratpfanne (23 cm Durchmesser) oder Silikon-Backform geben. Bei 190 °C etwa 35 bis 40 Minuten backen. Mit einem Zahnstocher in den Teig stechen. Wenn beim Herausziehen des Zahnstochers keine Teigreste kleben bleiben, ist der Pfannkuchen fertig.*

ÖFO XS SF

VEGANE SUPERWAFFELN

ERGIBT: 12 Waffeln // **ZEIT:** 15 Minuten Vorbereitung, 2 Stunden Ruhe- und Backzeit

Diese Waffeln sehen schlicht aus, sind aber eine echte Genusssensation. Die braunen Zuckerstücke verwandeln sich beim Backen in herrlich süße Taschen und karamellisieren außen. Horizontal in der Mitte durchgeschnitten und mit gesalzener Nussbutter bestrichen, verwandeln sie sich in Sandwiches, die dir beim Sport schnelle Energie liefern. Die Inspiration zu diesem Rezept stammt aus dem nicht veganen Blog *Smitten Kitchen*. Wir haben diese Waffeln „Superwaffeln" getauft, weil ein Darsteller im Film *Scott Pilgrim gegen den Rest der Welt* seinen Gegner dank seiner veganen Superkräfte besiegen konnte. Die pflanzlichen Superwaffeln haben die bekannten Lütticher Waffeln zum Vorbild. Diese Waffeln werden in Europa gern bei Querfeldein-Radrennen gegessen. Unsere Variante ist aber leichter: Sie kommen ohne Öl aus, enthalten weniger Zucker und werden mit Weizenvollkornmehl gebacken.

¾ Tasse (180 ml) Mandelmilch

¼ Tasse (55 g) brauner Zucker oder Rohrohrzucker

7 g Aktiv-Trockenhefe

1 Dose (400 ml) Kokosmilch, vollfett

1 ½ TL Vanilleextrakt

4 Tassen (480 g) Weizenvollkornmehl, halbgriffig

1 TL Salz

½ Tasse (110 g) Zuckerstücke (Rohrohrzucker), mit Mörser und Stößel grob zerkleinert

Öl zum Einfetten (ÖF: Backanweisungen für nicht beschichtete Waffeleisen findest du auf Seite 55).

1. Mandelmilch in einem kleinen Topf bei mittlerer Hitze erwärmen (etwas wärmer als Körpertemperatur). In eine große Schüssel gießen. Braunen Zucker und Hefe zugeben. 5 Minuten ruhen lassen.

2. Die festen Bestandteile der Kokosmilch herauskratzen und in eine kleine Schüssel geben. Die Kokosmilch dazugeben und locker-leicht schlagen. Vanilleextrakt einrühren. Die Kokoscreme in die Mandelmilch unterheben.

3. 2 Tassen (240 g) Mehl und Salz einrühren. Weitere 1 ½ Tassen (180 g) Mehl dazugeben. Mit einem Holzlöffel gut vermengen, bis die Masse eindickt. Der Teig sollte schön klebrig sein. Mit einem Tuch abdecken und an einem warmen, feuchten Ort eine Stunde gehen lassen.

4. Die Zuckerstücke und die letzte ½ Tasse (60 g) Mehl unterrühren. Der Teig ist leicht klebrig, aber lässt sich gut verarbeiten. (An dieser Stelle kannst du den Teig auch über Nacht kühl stellen).

5. Das Waffeleisen einfetten und erhitzen. Aus dem Teig 12 Kugeln formen. Jeweils einen Ball auf das Waffeleisen geben und schließen. Etwa 6 Minuten goldbraun backen. (Die Waffeln werden sehr dick. Am besten die erste Waffel auseinanderbrechen und nachsehen, ob sie durch ist. Wenn nicht, noch einmal in das Waffeleisen legen).

6. Mit dem restlichen Teig weitere Waffeln backen. (Die Waffeln können in Backpapier eingewickelt und in einem luftdicht verschlossenen Behälter bis zu drei Tage kühl aufbewahrt oder bis zu drei Monate tiefgefroren werden. Zum Erwärmen eine Waffel bei 150 °C im Ofen aufbacken, bis sie komplett aufgetaut und knusprig ist).

ÖF XS FF

FRUCHTIGE FRÜHSTÜCKS-COOKIES MIT NUSSMUS

ERGIBT: 24 Cookies // **ZEIT:** 10 Minuten Vorbereitung, 20 Minuten Backzeit

Dieser Knusperspaß zum Frühstück kommt bei Kindern sehr gut an. Das Grundrezept stammt von der veganen Kochbuchautorin Joni Marie Newman. Wir haben es leicht abgewandelt und gesünder gemacht. Statt Weißmehl, Marmelade und Erdnussbutter verwenden wir Weizenvollkornmehl, weniger Zucker und frische Früchte. Die Kekse sind auch praktisch für unterwegs beim Laufen. Wenn du knuspriges Nussmus nimmst oder das Nussmus besonders trocken oder dicker ist, solltest du etwa ¼ Tasse (30 g) wenigerMehl verwenden.

- ¾ Tasse (190 g) Nussmus (wir lieben die Kombi aus Mandel- und Cashew-Mus!)
- ½ Tasse (75 g) Beerenfrüchte oder 1 kleine Banane, mit der Gabel zerdrückt
- ¼ Tasse plus 2 EL (120 g) Fruchtzubereitung
- 1 bis 1 ¼ Tassen (150 bis 190 g) Weizenvollkornmehl
- ¾ TL Backpulver
- ⅛ TL Salz

1 Den Ofen auf 180 °C vorheizen. Zwei Backbleche mit Backpapier auslegen.

2 Nussmus, Beeren und Fruchtzubereitung in eine Küchenmaschine geben. Auf hoher Stufe kurz mixen. 1 Tasse (150 g) Mehl, Backpulver und Salz dazugeben. Alles miteinander verkneten. Restliches Mehl (nach Bedarf) zugeben und zu einem festen Teig kneten. Der Teig sollte glatt sein und (leicht fettig) glänzen. Das Mehl muss vollständig verknetet sein. Eventuell den Teig in eine Schüssel geben und Mehlreste mit der Hand verkneten.

3 Den Teig in 12 Stücke teilen. Jedes Teigstück zu einem Ball kneten und zu einem Cookie ausrollen. Mit der Gabel nach Lust und Laune die Kekse mit einem Muster verzieren.

4 17 bis 20 Minuten im Ofen goldbraun backen. Vor dem Servieren auf dem Backblech vollständig abkühlen lassen. (Die Cookies halten sich bei Zimmertemperatur in einem luftdicht verschlossenen Behälter bis zu fünf Tage).

HINWEIS: *Backpulver ist nicht lange haltbar. Die Haltbarkeit beträgt in der Regel 18 Monate. Nach dem Öffnen ist es aber nur 6 Monate lang haltbar. Altes Backpulver verhindert, dass der Teig aufgeht. Die Kekse werden dann sehr fest und flach. Wenn du nicht mehr weißt, wann du dein Backpulver gekauft hast oder nur selten backst, teste am besten die Frische: Vermische ¼ TL Backpulver mit ½ Tasse (120 ml) heißem Wasser (Leitungswasser ist o. k.). Wenn Blasen entstehen, ist das Backpulver noch gut. Wenn du keine Blasen siehst, ist es besser, neues zu kaufen. Der Gesundheit und dem Geschmack zuliebe greifen wir zu aluminiumfreiem Backpulver. Denn das Aluminium gibt Lebensmitteln einen leicht metallischen, dosenartigen Geschmack.*

ÖFO XS FF

HERZHAFTE ROSMARIN-SCONES MIT SCHWARZEM PFEFFER

ERGIBT: 8 Scones // **ZEIT:** 10 Minuten Vorbereitung, 20 Minuten Kochzeit

Diese Rosmarin-Scones sind viel nahrhafter als Plätzchen. Und superschnell zubereitet! Du kannst sie am Wochenende mit Tofu-Rührei und Miso-Sauce (Seite 237) kombinieren. Für ein schnelles Frühstück unter der Woche kannst du sie durchschneiden und mit Avocado und Hefeflocken bestreichen. Die Scones schmecken traumhaft zum französischen Zwiebeleintopf mit Pilzen (Seite 132), zu Pasta Marinara (Seite 87) oder zu gebackenem Harissa-Tofu (Seite 77). Probiere verschiedene Kräuter aus: Statt Estragon und Zitronenschale kannst du zum Beispiel Frühlingszwiebeln und Dill verwenden. Kokosöl ersetzt in diesem Rezept die Butter oder ungehärtete Pflanzenfette. Das Kokosöl sollte fest oder halbfest sein. Wenn es zu weich ist, abmessen und vor Verwendung etwa 10 Minuten in die Tiefkühltruhe geben.

- 1 Tasse (150 g) Weizenvollkornmehl
- ¾ Tasse (60 g) zarte Haferflocken
- 2 EL frischer Rosmarin, fein gehackt
- ½ TL Backpulver
- ½ TL schwarzer Pfeffer, frisch gemahlen
- ½ TL Salz
- 3 EL Kokosöl, fest (ÖF: 3 EL pürierte weiße Bohnen oder Tahin)
- ¾ Tasse (180 ml) Mandelmilch
- 1 EL frischer Zitronensaft

1. Den Ofen auf 245 °C vorheizen. Backblech leicht einfetten (oder mit Backpapier auslegen).
2. Mehl, Haferflocken, Rosmarin, Backpulver, Pfeffer und Salz in einer mittelgroßen Schüssel mischen. Kokosöl dazugeben. Mit zwei Gabeln oder den Händen gut verkneten. Mandelmilch und Zitronensaft zugeben. Mit einer Gabel zu einem lockeren Teigball vermischen. Der Teig darf nicht überknetet werden.
3. Aus dem Teig zwei Bälle formen. Einen Teigball auf einer Seite des Backblechs kreisrund ausrollen. Er sollte etwa 2,5 cm dick sein. Den zweiten Teigball auf der anderen Seite des Backblechs kreisrund ausrollen. Mit einem Messer jeden Kreis vierteln.
4. Im Ofen 20 Minuten backen. Mit einem Zahnstocher in den Teig stechen. Wenn beim Herausziehen des Zahnstochers keine Teigreste kleben bleiben, sind die Scones gar. Warm servieren. (Reste können vor dem Servieren aufgewärmt werden).

ÖFO XS FF

BLAUBEER-SCONES

ERGIBT: 8 Scones // **ZEIT:** 10 Minuten Vorbereitung, 20 Minuten Kochzeit

Diese süßen Scones sind zum Frühstück pur oder mit etwas Marmelade ein Genuss. Du kannst das Rezept nach Lust und Laune abwandeln: Statt der Blaubeeren kannst du zu getrockneten Johannisbeeren oder Cranberrys, zu frischen Erdbeeren oder Himbeeren sowie Zitronenzesten greifen. Kokosöl bzw. Kokosfett ersetzt in diesem Rezept die Butter oder ungehärtete Pflanzenfette. Das Kokosöl sollte fest oder halbfest sein. Wenn es zu weich ist, abmessen und vor Verwendung etwa 10 Minuten in die Tiefkühltruhe geben.

- 1 Tasse (150 g) Weizenvollkornmehl
- ¾ Tasse (60 g) zarte Haferflocken
- ½ TL Backpulver
- ½ TL Salz
- 1 Tasse (150 g) Blaubeeren, ggf. aufgetaut und abgetropft
- 3 EL Kokosöl, fest (ÖF: 3 EL kaltes Kokosfett)
- ¾ Tasse (180 ml) Mandelmilch
- 1 EL frischer Zitronensaft
- 2 TL Rohrohrzucker oder Kristallzucker

1. Den Ofen auf 245 °C vorheizen. Backblech leicht einfetten (oder mit Backpapier auslegen).
2. Mehl, Haferflocken, Backpulver und Salz in einer mittelgroßen Schüssel mischen. Kokosöl dazugeben. Mit zwei Gabeln oder den Händen gut verkneten. Die Blaubeeren unterheben. Dann Mandelmilch und Zitronensaft dazugießen. Mit einer Gabel zu einem lockeren Teigball vermischen. Der Teig darf nicht zu lange geknetet werden.
3. Aus dem Teig zwei Bälle formen. Einen Teigball auf einer Seite des Backblechs kreisrund ausrollen. Er sollte etwa 2,5 cm dick sein. Den zweiten Teigball auf der anderen Seite des Backblechs kreisrund ausrollen. Mit einem Messer jeden Kreis vierteln.
4. Im Ofen 20 Minuten backen. Mit einem Zahnstocher in den Teig stechen. Wenn beim Herausziehen des Zahnstochers keine Teigreste kleben bleiben, sind die Scones gar. Warm servieren. (Reste können vor dem Servieren aufgewärmt werden).

TOAST – MAL ANDERS

Toastbrot ist ein praktisches Frühstück für Eilige. Vollkornbrot enthält viel Protein, um dich bis zum Mittagessen mit ausreichend Energie zu versorgen. Für unseren Toast nehmen wir Sauerteig, da dieser leichter zu verdauen ist. Hier stellen wir dir unsere Toast-Lieblinge vor. Das beliebte Avocado-Tofu-Rührei haben wir etwas raffinierter gemacht und der Frühstückstoast mit Hummus schmeckt ähnlich lecker wie Tofu-Rührei.

FRÜHSTÜCKSTOAST MIT HUMMUS

PORTIONEN: 8 bis 12 // **ERGIBT:** ca. 3 Tassen (675 g) Hummus **ZEIT:** 1 Stunde

- 1 EL Olivenöl (ÖF: ¼ Tasse oder 60 ml Brühe)
- 1 gelbe Zwiebel, gewürfelt
- 1 Knoblauchzehe, fein gehackt
- 1 TL Kreuzkümmel, gemahlen
- 1 TL Paprikapulver, geräuchert
- ½ TL Currypulver
- ½ TL Kurkuma, gemahlen
- ¼ TL schwarzer Pfeffer, plus mehr zum Abschmecken
- 1 Zweig Thymian
- 2 Tassen (480 ml) Wasser
- 1 Tasse (200 g) getrocknete Kichererbsen, über Nacht eingeweicht, gewaschen und abgetropft
- ½ Tasse (30 g) Hefeflocken
- 2 EL Tahin, ggf. glutenfrei
- 1 EL Tamari, salzreduziert, oder rote Miso-Paste, ggf. glutenfrei
- Salz
- Toast, ggf. glutenfrei

1. Einen mittelgroßen Kochtopf bei mittlerer Hitze erhitzen und dann das Öl hineingeben. Die Zwiebeln dazugeben. Dabei regelmäßig umrühren und 5 Minuten anschwitzen, bis sie weich sind. Knoblauch, Kreuzkümmel, Paprikapulver, Currypulver, Kurkuma, ¼ TL Pfeffer und Thymian dazugeben und weitere 2 Minuten kochen.

2. Dann Wasser und Kichererbsen hineingeben. Die Hitze erhöhen und zum Kochen bringen. Die Hitze wieder reduzieren und bei geschlossenem Deckel 45 Minuten weich kochen.

3. Die Kichererbsen abgießen. Das Kochwasser zur Seite stellen. Die Kichererbsen mit Hefeflocken, Tahin und Tamari in eine Küchenmaschine geben. Zunächst gut vermischen, dann glatt mixen. Jeweils 1 EL Kochwasser hinzugeben, bis die gewünschte Konsistenz erreicht ist. (Der Hummus dickt etwas ein, wenn er abkühlt).

4. Mit Salz und Pfeffer abschmecken und auf Toast genießen. (Der Hummus ist im Kühlschrank bis zu fünf Tage haltbar).

WENN ES SCHNELL GEHEN MUSS: *1 Dose (425 g) Kichererbsen (abgetropft) verwenden, statt trockene Kichererbsen kochen (und das Wasser weglassen). Die Zwiebeln mit den Gewürzen wie oben anschwitzen. Die Mischung und die Kichererbsen in den Mixer geben. Dann wie im Rezept vorgehen. Du kannst noch etwas Wasser (bis ½ Tasse/120 ml) dazugeben, bis der Hummus die gewünschte Konsistenz hat.*

PAN CON TOMATE

ERGIBT: 2 Scheiben // **ZEIT:** 10 Minuten

Je eine geröstete Brotscheibe mit einer Knoblauchzehe abreiben und dann mit der Hälfte einer Roma-Tomate einreiben. Mit Salz und nach Belieben mit Hefeflocken bestreuen.

HINWEIS: *Die raue Oberfläche des Brots nimmt die Aromen von Knoblauch und Tomate besonders gut auf.*

2 große geröstete Brotscheiben, ggf. glutenfrei

1 Knoblauchzehe, halbiert

1 Roma-Tomate, halbiert

Salz

Hefeflocken (nach Belieben)

KNUSPRIGES NUSSMUS AUF TOAST

ERGIBT: ca. 4 Tassen (755 g) Nussmus
ZEIT: 10 Minuten

1. Die Nüsse mit einer Küchenmaschine gleichmäßig hacken. In eine große Schüssel geben.
2. Die Samen untermischen, dann das Nussmus einrühren und alles gut miteinander vermengen.
3. Das Nussmus auf eine Scheibe Toast streichen. Den Rest des Muses in Einmachgläser füllen. Das Nussmus im Kühlschrank aufbewahren und innerhalb eines Monats verbrauchen.

HINWEIS: *Die Nüsse nicht mit einem Hochleistungsmixer zerkleinern. Anderenfalls wird dein Nussmus supercremig. Denn das Beste an diesem Mus ist der Knuspereffekt!*

1 ⅔ Tassen (225 g) gemischte Nüsse, am besten gesalzen

½ Tasse (75 g) Samen und Kerne: Sonnenblumenkerne, Kürbiskerne, Sesamsamen (geröstet), Chiasamen, Leinsamen (gemahlen) und Hanfsamen

1 Glas (455 g) cremige Mandel- oder Erdnussbutter, am besten ungesalzen

Toast, ggf. glutenfrei

AVOCADO-TOAST

ERGIBT: 2 Scheiben // **ZEIT:** 10 Minuten

- 1 reife Avocado, halbiert, entsteint und in Scheiben
- 2 große geröstete Brotscheiben, ggf. glutenfrei
- Salz (nach Belieben)

Die Avocado in einer kleinen Schüssel zerdrücken und auf eine Toastscheibe streichen. Wenn gewünscht, salzen.

Variationen: Wenn du Avocado-Toast für dich entdeckt hast, kannst du anfangs wahrscheinlich nicht genug davon bekommen. Aber nach einer Weile wünschst du dir mehr Abwechslung. Deshalb geben wir dir ein paar Varianten mit auf den Weg. So startest du mit diesem schnellen Frühstück mit vielen Nährstoffen und neuen Geschmackserlebnissen in den Tag.

1. Mildes weißes Miso oder Kichererbsen-Miso-Paste (dünn auf den Toast streichen und die Avocado drübergeben), getoppt mit ein paar Sesamsamen
2. Hefeflocken und geräuchertes Paprikapulver
3. Tomatenscheiben, schwarzer Pfeffer und rote Zwiebel
4. Gebackener Tofu (fertig oder selbstgemacht) in dünnen Scheiben
5. Salsa (in die Avocado untergemischt)
6. Sauerkraut oder Kimchi
7. Chiffonade (Salat oder Kräuter in feinen Streifen) und mit etwas Balsamico beträufelt
8. Gurkenscheiben und frischer Dill
9. Gehackte Frühlingszwiebeln und geraspelte Karotten
10. Zerdrückte Kichererbsen oder weiße Bohnen
11. Frische Kräuter wie Basilikum, Minze, Koriander oder Petersilie mit etwas Zitronen- oder Limettensaft
12. Zerdrückter gerösteter oder schwarzer (fermentierter) Knoblauch

SALAT „RISE & SHINE"

ERGIBT: 1 bis 2 Salate // **ZEIT:** 15 Minuten, ohne Zubereitungszeit für das Senf-Dressing mit Ahornsirup, die eingelegten Zwiebeln und den Hummus

Salat zum Frühstück? Aber klar! Und warum auch nicht: Dieser herzhafte Salat ist für alle gedacht, die so früh am Morgen noch nichts Süßes zu sich nehmen können. Mit dem Grundrezept kannst du dir ein richtig leckeres Frühstück zubereiten und nach Lust und Laune anpassen. Für den Salat kannst du verschiedene Gemüse oder gebratene Gemüsereste verwerten. Oder probiere ein anderes Dressing aus. Die Vorbereitung der Zutaten dauert nur wenige Minuten.

- 1 Bund Grünkohl, entstielt und in mundgerechten Stücken
- ½ Tasse (120 ml) Senf-Dressing mit Ahornsirup (Seite 160)
- ¼ Tasse (40 g) eingelegte Zwiebeln (Seite 246)
- ¼ Tasse (35 g) Sonnenblumen- oder Kürbiskerne, geröstet
- 1 große Süßkartoffel, gewürfelt und geröstet
- ½ Tasse (115 g) Hummus (Seite 62)

Den Grünkohl in eine mittelgroße Schüssel geben. Das Dressing zugeben und alles 5 Minuten gut verrühren, bis das Dressing gleichmäßig verteilt ist. Die eingelegten Zwiebeln, die Sonnenblumenkerne und die Süßkartoffel hineingeben. Schwenken, um alle Zutaten zu vermischen. In eine Schüssel geben oder auf Schüsseln verteilen. Mit Hummus toppen und servieren.

HINWEIS: *Mit einem Tempeh-Würstchen (Seite 69) nimmst du zusätzlich eine ordentliche Portion Protein auf.*

PENDLER-SANDWICHES

ERGIBT: 1 Baguette für 4 Sandwiches // **ZEIT:** 15 Minuten, ohne Zubereitungszeit für Hummus und eingelegte Zwiebeln

Sandwiches sind echte Lebensretter am Morgen. Sie sind superschnell zubereitet und lassen sich mitnehmen. Sie werden nicht matschig und der Hummus hält alle Zutaten zusammen, damit die Sandwiches unterwegs nicht auseinanderfallen. Du kannst sie prima am Vorabend vorbereiten. Am nächsten Tag einfach im Toaster warm machen oder wie sie sind belegen. Nach einem intensiven Workout am Vormittag schenken diese köstlichen Sandwiches wieder Kraft.

1 Sauerteig- oder Vollkorn-Baguette

1 Tasse (225 g) Hummus (Seite 62)

1 Tasse (110 g) gemischtes Gemüse, wie geraspelte Karotten, Gurkenscheiben und/oder Paprikastreifen

½ Tasse (80 g) eingelegte Zwiebeln (Seite 246)

½ Tasse (15 g) Alfalfasprossen

4 Tassen (115 g) grünes Blattgemüse

1 Avocado, in Scheiben (nach Belieben)

Chilisauce (nach Belieben)

1. Das Baguette der Länge nach durchschneiden. Dann jede Hälfte in der Mitte halbieren. Das weiche Innere herausnehmen. (Damit kannst du beispielsweise Semmelbrösel herstellen). Dann ist mehr Platz für die Füllung. Das Brot leicht anrösten.

2. Die Baguette-Hälften mit Hummus bestreichen. Gemischtes Gemüse, eingelegte Zwiebeln, Sprossen und Blattgemüse auf die untere Baguette-Hälfte legen. Mit der Avocado belegen. Nach Belieben Chilisauce darauf verteilen. Die andere Baguette-Hälfte aufsetzen.

3. Zu Sandwiches schneiden. Sofort servieren oder zum Mitnehmen gut einpacken.

SHIITAKEPILZE AUS DEM OFEN

ERGIBT: ca. 1 Tasse (85 g) // **ZEIT:** 35 Minuten

Die Shiitakepilze lassen sich gut als gesunder Speckersatz für Veggieburger, als Topping für überbackene Makkaroni oder als knuspriges Extra in Avocado-Tomaten-Pitas (Seite 83) verwenden. Sie sind auch zusammen mit Popcorn oder als Beilage zu Ofenkartoffeln und Tofu-Rührei ein Hochgenuss. Je dünner die Scheiben, desto krosser werden sie. Mit diesem Rezept kannst du also deine Schneidkünste unter Beweis stellen! Wenn du kein Öl verwendest, bleiben die Pilze übrigens eher zäh als knusprig.

- 1 Packung (100 g) Shiitakepilze (Stiele entfernen), in hauchdünnen Scheiben (siehe Hinweis)
- 1 EL Olivenöl (ÖF: ohne)
- 1 TL Ahornsirup
- 1 TL Tamari, salzreduziert, glutenfrei
- ¼ TL schwarzer Pfeffer
- ¼ TL Knoblauchpulver
- ¼ TL Paprikapulver, geräuchert

1. Den Ofen auf 190 °C vorheizen. Ein Backblech mit Backpapier auslegen.
2. Die Shiitakepilze mit Öl, Ahornsirup, Tamari, Pfeffer, Knoblauch- und Paprikapulver in einer Schüssel miteinander gut vermengen.
3. Die Pilze gleichmäßig auf dem Backblech verteilen und 30 Minuten backen. Alle 10 Minuten umdrehen, damit sie schön kross werden. Aus dem Ofen nehmen und vor dem Servieren auf dem Backblech abkühlen lassen. (Die Pilze sind in einem luftdichten Behälter bis zu drei Tage haltbar).

HINWEIS: *Die geputzten Stiele aller Pilze sind zum Essen zwar zu holzig, aber du kannst aus ihnen eine aromatische Pilzbrühe kochen.*

Tipp: Es gibt zwei Möglichkeiten, Pilze zu putzen: unter fließendem Wasser spülen oder leicht abbürsten. Beim Abspülen verfärben sich die Pilze und werden schleimig. Auf der anderen Seite ist das Abbürsten für viele zu unhygienisch. Wenn sie sehr schmutzig sind, können die Pilze in einem Sieb vorsichtig gesäubert werden. Sehen die Pilze aber recht sauber aus, kannst du den Schmutz mit einem fusselfreien Tuch oder einer sauberen Zahnbürste vorsichtig entfernen.

TEMPEH-SCHEIBEN ODER TEMPEH-WÜRSTCHEN

ERGIBT: 8 bis 12 Scheiben oder Würstchen
ZEIT: 15 Minuten Vorbereitung, 30 Minuten Kochzeit

Würstchen gehören wie Tofu-Rührei und Bratkartoffeln zu einem Wochenend-Brunch einfach dazu. Wenn Scheiben oder Würstchen übrig bleiben, können diese für weitere Frühstücksideen verwertet werden, zum Beispiel in Burritos. (Wir greifen gern auf sojafreies Tempeh zurück). Tipp: Wenn Tempeh leicht gedünstet wird, verliert es sein bitteres Aroma.

- 1 Packung (225 g) Tempeh, ggf. leicht gedünstet, gewürfelt
- 2 EL Ahornsirup
- 2 EL Weizenvollkornmehl
- 1 EL Olivenöl (ÖF: 2 EL Brühe)
- 1 EL rote Miso-Paste
- 1 TL Salbei, getrocknet
- ½ TL Rosmarin, getrocknet
- ¼ TL schwarzer Pfeffer
- ⅛ TL Chili-Flocken

1. Den Ofen auf 200 °C vorheizen. Ein Backblech mit Backpapier auslegen.
2. Tempeh in eine Küchenmaschine geben. Ahornsirup, Mehl, Öl, Miso-Paste, Salbei, Rosmarin, schwarzer Pfeffer und Chili-Flocken dazugeben und alles gut mixen.
3. Die Masse in eine mittelgroße Schüssel umfüllen. Aus der Masse mit feuchten Händen 8 Scheiben oder 12 Würstchen formen.
4. Die Scheiben oder Würstchen auf das vorbereitete Backblech geben und im Ofen backen (Scheiben 30 Minuten und Würstchen 20 Minuten). Die Scheiben oder Würstchen nach der Hälfte der Backzeit umdrehen. Servieren. (Die Scheiben oder Würstchen sind im Kühlschrank bis zu fünf Tage haltbar).

Variation: Aus den Resten lässt sich eine köstliche Tempeh-Sauce herstellen. Dazu die Scheiben oder Würstchen in einer Bratpfanne sautieren und dabei in kleine Stücke reißen. Dann ½ Tasse (120 ml) Miso-Sauce (Seite 237) und ½ Tasse (120 ml) Mandelmilch hineingeben. 5 Minuten köcheln lassen, bis die Sauce dickflüssig ist. Die Tempeh-Sauce ist der ideale Begleiter zu Bratkartoffeln oder Tofu-Frühstücksstreifen (Seite 71).

ÖF GF

TOFU-FRÜHSTÜCKSSTREIFEN

ERGIBT: 12 Streifen // **ZEIT:** 10 Minuten Vorbereitung, 30 Minuten Kochzeit

Die Tofu-Frühstücksstreifen sind so lecker wie Tofu-Rührei und dabei äußerst praktisch: Du kannst sie überall mitnehmen und unterwegs genießen. Sie schmecken eingerollt in Vollkorn-Tortillas oder zwischen zwei Sandwich-Scheiben aus Brot mit gekeimtem Getreide und viel Rucola, Avocado oder kalten, gebratenen Wurzelgemüseresten einfach super. Wenn du am Wochenende eine große Portion Frühstücksstreifen vorbereitest, kannst du unter der Woche in nur drei Minuten ein schnelles Frühstück zubereiten. Die Tofu-Streifen sind bei Zimmertemperatur am besten. Frisch aus dem Kühlschrank sind sie etwas fester. Du kannst sie aber auch direkt nach der Zubereitung genießen.

- 1 Packungen (455 g) extrafester Tofu oder Tofu aus gekeimten Sojabohnen, abgetropft
- 1 EL Tamari, salzreduziert, glutenfrei
- ¼ Tasse (15 g) Hefeflocken
- 1 TL Kreuzkümmel, gemahlen
- ½ TL Knoblauchpulver
- ½ TL Kurkuma, gemahlen
- ½ TL gelbes Currypulver
- ¼ TL schwarzer Pfeffer

1. Den Ofen auf 200 °C vorheizen. Ein Backblech mit Backpapier auslegen.
2. Jede Tofu-Scheibe in 6 Streifen teilen. Trockentupfen. Gleichmäßig mit Tamari beträufeln.
3. Hefeflocken mit Kreuzkümmel, Knoblauchpulver, Kurkuma, Currypulver und schwarzem Pfeffer in ein großes lebensmitteltaugliches Gefäß geben. Den Deckel aufsetzen und gut mischen. Dann die Tofu-Streifen hineingeben, Deckel aufsetzen und vorsichtig schütteln. (Eventuell die Tofu-Streifen mit den Fingern umdrehen). Die Streifen sollten gut mit der Würzmischung bedeckt sein. Ruhen lassen, während der Ofen vorgeheizt wird. (Die marinierten Streifen sind gekühlt einen Tag haltbar).
4. Die Tofu-Frühstücksstreifen auf ein Backblech geben. Die restliche Gewürzmischung drüberstreuen. 30 Minuten backen. Nach der Hälfte der Backzeit die Streifen umdrehen.
5. Bei Zimmertemperatur servieren oder frisch aus dem Kühlschrank essen.

FRÜHSTÜCKS-BURRITOS

Wenn du jeden Tag viel zu tun hast, musst du dich auf das Wesentliche konzentrieren. Du kannst keinen Einfluss darauf nehmen, wann du aufstehen musst. Aber du kannst bestimmen, wie viel Zeit du für die Vorbereitung des Frühstücks aufbringen kannst. Wenn es bei dir am frühen Morgen hektisch zugeht, um dich für den Sport und die Arbeit fertig zu machen, sind diese bereits zubereiteten Burritos perfekt.

Die Vorbereitung dauert nur eine Stunde. Du kannst die gefüllten Tortillas schon am Wochenende fertigmachen. Dann sparst du viel Zeit unter der Woche. Diese Burritos retten auch den Tag, wenn du mal so gar keine Zeit hast und etwas Kleines zum Essen brauchst.

TIPPS:

1. Bereite alle Zutaten vorab zu und lass sie abkühlen. Dadurch lassen sich die Burritos besser füllen.

2. Wenn du die Tortillascheiben erwärmst, lassen sie sich besser falten.

3. Am besten nur trockene Füllungen verwenden. Sonst werden die Burritos schnell matschig.

4. Wenn deine Falttechnik noch nicht perfekt ist, ist das nicht schlimm. Wenn sie abkühlen, fallen sie nicht mehr so schnell auseinander.

5. Burritos lassen sich prima einfrieren und sind dann 3 Monate haltbar. Lass jeden Burrito abkühlen und wickle ihn gut ein. Leg ihn dann in einem Gefrierbeutel oder luftdicht verschlossenem Behälter in die Tiefkühltruhe.

6. Zum Auftauen am besten über Nacht in den Kühlschrank legen. Dann etwa 1 Minute in der Mikrowelle aufwärmen. Du kannst den Burrito auch bei 180 °C etwa 10 bis 15 Minuten toasten.

EINFACHE BOHNEN-BURRITOS

ERGIBT: 12 Burritos // **ZEIT:** 1 Stunde Vorbereitung, ohne Zubereitung des mexikanischen Bohnenpürees

Sautiertes Gemüse (ein oder mehrere Gemüse für 1 bis 2 Tassen [150 bis 300 g]):

- » 2 Paprikaschoten, jede Farbe
- » 1 kleine Zwiebel
- » 1 Bund Grünkohl, nur die Blätter
- » 1 Packung (285 g) Cremini-Pilze

1 ½ Tassen (390 g) mexikanisches Bohnenpüree (Seite 180)

1 große Süßkartoffel, gewürfelt und geröstet/gedünstet

½ Tasse (30 g) Hefeflocken

½ Tasse (120 g) Salsa

12 Vollkorn-Tortillas (20 cm Durchmesser)

1 Tasse (245 g) Hummus oder 1 Tasse (240 ml) Paprika-Cashew-Creme (Seite 243)

1. Flüssigkeit aus dem sautierten Gemüse ausdrücken. Bohnen, sautiertes Gemüse, Süßkartoffel, Hefeflocken zusammen mit der Salsa in eine Schüssel geben und miteinander vermischen. Zur Seite stellen.

2. Auf der Arbeitsfläche Tortillas, Hummus, Bohnenmischung und 12 Blatt Brotpapier oder Alufolie auslegen.

3. Die 12 Burritos nacheinander wie folgt zubereiten: Tortillas 15 Sekunden erwärmen oder bei 180 °C etwa 5 bis 7 Minuten in einem feuchten, fusselfreien Tuch im Ofen backen.

4. Die warme Tortilla mit Hummus bestreichen und eine ½ Tasse (90 g) Bohnen-Gemüse-Mischung daraufgeben. Zusammenrollen. Dabei das untere Ende nach oben klappen und die Seiten einklappen. Fest in Brotpapier oder Alufolie einwickeln. Die restlichen Tortillas füllen und falten. Abkühlen lassen. Im Kühlschrank maximal fünf Tage oder in der Tiefkühltruhe zwei Monate aufbewahren.

WENN ES SCHNELL GEHEN MUSS: *Verwende handelsüblichen Hummus sowie Bohnen aus der Dose, die du nur spülen und abtropfen musst.*

Einfache Bohnen-Burritos
Seite 73

Tofu-Burritos
Seite 75

TOFU-BURRITOS

ERGIBT: 12 Burritos // **ZEIT:** 1 Stunde Vorbereitung, ohne Zubereitung der Tofu-Scheiben

Sautiertes Gemüse (ein oder mehrere Gemüse für 1 bis 2 Tassen (150 bis 300 g)):

- Paprikaschoten, jede Farbe
- 1 kleine Zwiebel
- 1 Bund Grünkohl, nur die Blätter
- 1 Packung (285 g) Cremini-Pilze

1 große Süßkartoffel, gewürfelt und geröstet/gedünstet

½ Tasse (30 g) Hefeflocken

12 Vollkorn-Tortillas (20 cm Durchmesser)

1 Tasse (240 g) Hummus oder Paprika-Cashew-Creme (Seite 243)

12 Scheiben Frühstücks-Tofu (Seite 71)

1. Flüssigkeit aus dem sautierten Gemüse ausdrücken. Sautiertes Gemüse mit den Süßkartoffeln und den Hefeflocken in einer Schüssel vermengen.
2. Auf der Arbeitsfläche Tortillas, Hummus, Tofu, Gemüse und 12 Blatt Brotpapier oder Alufolie auslegen.
3. Die 12 Burritos nacheinander wie folgt zubereiten: Tortillas 15 Sekunden erwärmen oder bei 180 °C etwa 5 bis 7 Minuten in einem feuchten, fusselfreien Tuch im Ofen backen.
4. Die warme Tortilla mit Hummus bestreichen und 1 Tofu-Scheibe sowie ½ Tasse (90 g) Gemüse daraufgeben. Das untere Ende nach oben klappen, die Seiten einklappen und zusammenrollen. Fest in Brotpapier oder Alufolie einwickeln. Die restlichen Tortillas füllen und falten. Abkühlen lassen. Gekühlt maximal fünf Tage oder in der Tiefkühltruhe zwei Monate haltbar.

ÖFO XS GF SF

KICHERERBSEN-QUICHE

ERGIBT: 2 Quiche mit je 4 bis 6 Portionen // **ZEIT:** 10 Minuten Vorbereitung, 45 Minuten Backzeit

Kichererbsenmehl ist eine beliebte Zutat in Frühstücksrezepten, da das Mehl ein guter Ersatz für Ei ist. Mit Kichererbsenmehl kannst du zum Beispiel Teig für Pfannkuchen oder Fladenbrot herstellen. Die Quiche ist total praktisch: Du kannst sie vorher zubereiten und als Snack mitnehmen. Außerdem ist sie so vielseitig wie Frittata! Wenn du Gemüse verwendest, das viel Wasser enthält, wie Zwiebeln, Paprikaschoten oder Pilze, solltest du das Gemüse vorher sautieren. Dann wird die Quiche nicht so matschig.

- 2 Tassen (240 g) Kichererbsenmehl
- ¼ Tasse (15 g) Hefeflocken
- 1 TL Backpulver, glutenfrei
- ½ TL Salz
- ¼ TL Kurkuma, gemahlen
- ⅛ TL schwarzer Pfeffer
- 2 Tassen Blattgemüse, fein gehackt, wie (30 g) Grünkohl, (70 g) Blattkohl oder (60 g) Spinat
- 3 Knoblauchzehen, zerdrückt
- 2 Tassen (480 ml) Wasser
- 1 EL Olivenöl sowie zum Einfetten der Kuchenformen (ÖF: ohne)

1. Den Ofen auf 200 °C vorheizen. Zwei Kuchenformen mit Olivenöl einfetten (ÖF: Backformen aus Silikon nutzen).
2. Mehl, Hefe, Backpulver, Salz, Kurkuma und Pfeffer in einer Schüssel vermischen. Das Blattgemüse mit dem Knoblauch unterheben. Dann Wasser und Olivenöl einrühren. Der Teig sollte von der Konsistenz her ein typischer Pfannkuchenteig sein. Der Teig kann über Nacht im Kühlschrank aufbewahrt werden. Dann ggf. ¼ Tasse (60 ml) Wasser dazugeben, um den Teig zu verdünnen.
3. Den Teig in die Kuchenformen geben und 45 Minuten backen. Die Quiche ist fertig, wenn beim Herausziehen eines Zahnstochers keine Teigreste kleben bleiben. Aus dem Ofen nehmen und 15 Minuten abkühlen lassen. In Stücke schneiden und servieren. (Reste lassen sich in Brotpapier eingewickelt bis zu drei Tage aufbewahren).

Tipp: Die Quiche sollte in der Mitte nicht zu teigig sein. Wenn das Kichererbsenmehl zu teigartig ist, ist das Gemüse noch nicht gar. Dies kann Bauchschmerzen verursachen.

GEBACKENER HARISSA-TOFU

PORTIONEN: 2 bis 4 // **ZEIT:** 20 Minuten Vorbereitung, 30 Minuten Backzeit

Schakschuka ist ein nordafrikanisches Gericht mit pochierten Eiern. Unsere Tofu-Version ist mit ihrem herzhaften Aroma ein sättigendes Frühstück. Sie eignet sich jedoch nicht so gut zum Mitnehmen. Es lohnt sich aber, sich für den Harissa-Tofu Zeit am Frühstückstisch zu nehmen. Der Tofu saugt die orientalischen Gewürze der Tomatensauce regelrecht auf. Sie ist herrlich würzig! Zum Eintunken in Saucenreste eignen sich Toast, Polenta oder Rosmarin-Pfeffer-Scones (Seite 59).

1 EL Olivenöl (ÖF: ¼ Tasse oder 60 ml Brühe)

1 gelbe Zwiebel, fein gehackt

1 rote oder gelbe Paprikaschote, fein gehackt

3 Knoblauchzehen, zerdrückt

1 EL Harissa (Seite 233)

¼ TL Kurkuma, gemahlen

2 EL Tomatenmark

2 Dosen (795 g) gestückelte Tomaten mit Saft

1 Tasse (240 ml) Wasser

¼ TL Salz

2 Pakete (455 g) extrafester Tofu oder Tofu aus gekeimten Sojabohnen, abgetropft und in 12 Stücke geschnitten

1. Den Ofen auf 200 °C vorheizen.

2. Eine tiefe, ofenfeste Bratpfanne bei mittlerer Hitze erhitzen. Öl hineingeben. Die Pfanne schwenken, um das Öl gleichmäßig zu verteilen. Zwiebeln hinzugeben und etwa 5 Minuten unter häufigem Rühren anschwitzen, bis sie weich sind. Paprikaschoten und Knoblauch hineingeben und weitere 3 Minuten kochen. Dann Harissa und Kurkuma dazugeben und 2 Minuten kochen, bis die Gewürze ihren Duft verströmen.

3. Tomatenmark einrühren. 1 Minute unter Rühren kochen, bis die Sauce dunkler wird. Tomaten mit Tomatensaft unterrühren. Wasser und Salz dazugeben. Den Tofu in die Sauce legen und die Hitze erhöhen. Sobald sich Bläschen bilden, die Pfanne von der Herdplatte nehmen. Deckel aufsetzen und in den Ofen stellen.

4. 15 Minuten backen. Den Deckel abnehmen und weitere 15 Minuten backen, bis Bläschen aufsteigen. Servieren.

Kapitel 4

SATTMACHER UND ENERGIESPENDER: HERZHAFTE HAUPTGERICHTE

Lange Arbeitstage und anstrengende Workouts leeren die Energiespeicher. Die üppigen Gerichte in diesem Kapitel machen stark und sind im Nu zubereitet. Herzhafte Mahlzeiten wie das Rote-Bete-Bourguignon (Seite 131), die Buddha-Bowl (Seite 95) oder überbackene Makkaroni mit gerösteter Paprika (Seite 123) unterstützen die Regenerierung nach dem Sport. So kannst du wieder Energie für den nächsten Tag tanken. Alle Rezepte sind familientauglich und machen auch deine Lieben satt und glücklich.

Noch immer gibt es viele Vorurteile gegenüber einer pflanzenbasierten Ernährung. Es heißt, diese Ernährungsweise würde die Zahl der Lebensmittel einschränken oder viele Lebensmittel vom Speiseplan streichen. Aber das Gegenteil ist der Fall. Jeder, der sich pflanzlich ernährt, weiß, dass das gar nicht stimmt. Denn durch den Verzicht auf Fleisch und andere tierische Produkte bist du gezwungen, deinen Speiseplan neu aufzustellen. Plötzlich integrierst du Dutzende (oder Hunderte) neuer Nahrungsmittel und entdeckst eine neue Welt aufregender Speisen.

Du kaufst häufiger auf Wochenmärkten ein und suchst nach saisonalem Obst und Gemüse. Im Supermarkt hältst du dich überwiegend in der Obst- und Gemüseabteilung auf – immer auf der Suche nach exotischen Früchten oder unbekanntem Gemüse. Vielleicht betrittst du sogar zum ersten Mal den lokalen Asia-Markt um die Ecke.

Kurzum: Es macht riesigen Spaß, neue Esskulturen zu entdecken.

Fastfood- und andere Standardrestaurants werden nun uninteressant. Möglicherweise gehst du jetzt Koreanisch oder Äthiopisch essen und genießt die kulinarische Vielfalt, die solche Restaurants bieten.

So haben auch wir uns von verschiedenen Esskulturen inspirieren lassen. Diese Erfahrungen sind in unsere Rezepte eingeflossen. Die Hauptgerichte sind deshalb nicht typisch amerikanisch, sondern sehr international. Die Mahlzeiten haben teilweise neue Bezeichnungen erhalten, damit du dir darunter etwas vorstellen kannst. Aus der Bulgogi-Sauce, die klassischerweise zu Fleisch gereicht wird, haben wir auf diese Weise unsere koreanische Tahin-Barbecuesauce (Seite 236) entwickelt. Und das äthiopische Nationalgericht Shiro Wot war die Vorlage für den dicken Kichererbsenbrei (Seite 97). Du findest Gerichte also aus allen Teilen der Welt. Wir haben die Rezepte so angepasst, dass sie auch bei Zeitmangel schnell nachgekocht werden können, dass die Zutatenliste überschaubar und nicht zu ausgefallen ist und dass sie unserem persönlichen Geschmack entsprechen.

Pflanzliche Ernährung ist für uns ein Lebensstil. Auf Reisen halten wir immer Ausschau nach Gerichten, die laut Originalrezept fleischfrei sind oder veganisiert wurden. Wir entdecken gern neue Geschmackswelten und probieren unbekannte Nahrungsmittel. Diese Erfahrungen und Ideen bringen wir mit nach Hause und entwickeln daraus neue Rezepte.

Die internationale Küche eignet sich für die pflanzenbasierte Lebensweise oft besser als die amerikanische Alltagskost. In Japan ist zwar Fisch ein Grundnahrungsmittel und in Korea Schweinefleisch sehr beliebt, dennoch machen in beiden Ländern Gemüse und Getreide (in Form von weißem Reis) mehr als die Hälfte aller Mahlzeiten aus. In spanischen Tapas, türkischen Frühstücksgerichten oder Reis-Bohnen-Mahlzeiten aus Guatemala findet sich nur wenig Fleisch. Daher lassen sich diese Gerichte ohne Weiteres fleischlos zubereiten, ohne dass sie ihre Magie verlieren.

Mahlzeiten sind mehr als nur Treibstoff für den Körper. Sie sind Teil einer Esskultur, die einen geschichtlichen Hintergrund hat, in ein kulturelles Umfeld eingebettet ist und regionale Spezialitäten enthält. Mit den Lieblingsgerichten aus der Kindheit und Familienrezepten halten wir weiter an dieser Tradition fest, auch wenn sie jetzt pflanzenbasiert gekocht werden. Daher enthält dieses Kochbuch auch viele klassische und lieb gewonnene Gerichte.

ÖFO XS FF KH

HERZHAFTE VEGGIE-BAGUETTE-SANDWICHES

ERGIBT: 1 Baguette für 4 Sandwiches // **ZEIT:** 15 Minuten

Diese Baguette-Sandwiches sind eine pflanzenbasierte Variante des französischen Sandwiches Pan Bagnat. Wir haben nur den für das Sandwich typischen Thunfisch weggelassen. Alle anderen Zutaten entsprechen dem Originalrezept. Wenn du magst, kannst du die Baguette-Hälften dünn mit Hummus bestreichen. Je länger die Baguette-Hälften mariniert werden, desto intensiver das Aroma. Daher ist es eine gute Idee, die Sandwiches morgens vorzubereiten und mittags zu essen.

340 g Sauerteig- oder Vollkorn-Baguette

2 Tomaten, in Scheiben

1 Salatgurke, halbiert, gesalzen und abgetropft

1 Tasse (260 g) Artischockenherzen aus der Dose oder tiefgefroren und aufgetaut, grob gehackt

1 rote Paprikaschote, in Ringen oder Streifen

¼ kleine rote Zwiebel

⅓ Tasse (60 g) Kalamata-Oliven, entkernt und gehackt

Salz und schwarzer Pfeffer

2 EL Pesto (beispielsweise Pesto von Seite 239)

Balsamicoessig

1. Das Baguette in zwei gleich große Hälften schneiden. Dann das obere Drittel jeder Hälfte quer abschneiden. Den weichen Teig der größeren, unteren Hälfte herausnehmen. (Dieser Teig kann zum Beispiel zu Semmelbröseln weiterverarbeitet werden).

2. Leicht toasten.

3. Währenddessen Tomaten, Salatgurke, Artischocken, Paprikaschote, Zwiebel und Oliven in einer Schüssel miteinander vermischen. Mit Salz und Pfeffer abschmecken.

4. Die untere Baguette-Hälfte mit der Gemüsemischung füllen. (Darauf achten, dass das Gemüse nicht zu viel Flüssigkeit enthält).

5. Die obere Baguette-Hälfte mit Pesto bestreichen. Etwas Balsamico über das Gemüse träufeln und die obere Baguette-Hälfte daraufsetzen.

6. Fest in Brotpapier und in Alufolie wickeln. Damit sich das Aroma entfalten kann, die Sandwiches 1 bis 12 Stunden ziehen lassen. Dann ggf. noch einmal halbieren und servieren.

ÖFO FF

AVOCADO-TOMATEN-PITAS MIT FRITTIERTEN ALGEN

ERGIBT: 4 Sandwiches // **ZEIT:** 20 Minuten

Veganer sind echte Küchenzauberer: Sie können aus Pilzen, Kokosnuss und sogar Algen einen Speckersatz herstellen. Rotalgen wie Dulse haben eine rote Farbe und sind im Nordatlantik und Pazifik zu Hause. Wie alle Meeresgewächse stecken Algen voller Vitamine und Mineralstoffe. Sie haben außerdem einen sehr hohen Proteingehalt. Geröstet ähneln sie von der Konsistenz her knusprig-krossem Speck. Deshalb geben die frittierten Rotalgen den Avocado-Tomaten-Pitas einen kernigen Biss. Wenn du kein Fan von Algen bist, kannst du auch Shiitakepilze aus dem Ofen (Seite 68) nehmen.

- 2 TL Kokosöl (ÖF: ohne)
- ½ Tasse (10 g) Rotalgen (Dulse), Blätter trennen, oder 1 Portion Shiitakepilze aus dem Ofen (Seite 68)
- Wenige Tropfen „Liquid Smoke" (Raucharoma)
- Salz und schwarzer Pfeffer
- 2 Avocados, in Scheiben
- ¼ Tasse (5 g) Koriander, gehackt
- 2 Frühlingszwiebeln, weißer und hellgrüner Teil, in feinen Ringen
- 2 EL frischer Limettensaft
- 4 Vollkorn-Pitabrote (Durchmesser 20 cm)
- 4 Tassen (115 g) Blattgemüse (grünes Blattgemüse oder Romana-Salat, gehackt)
- 4 Eiertomaten, in Scheiben

1. Eine große, gusseiserne Bratpfanne bei mittlerer Hitze erhitzen. Sobald die Pfanne warm ist, das Kokosöl und dann Rotalgen und „Liquid Smoke" hineingeben. Die Pfanne schwenken, um die Zutaten zu vermengen. Etwa 5 Minuten unter häufigem Rühren braten, bis die Rotalgen schön kross sind. Vom Herd nehmen. Mit Pfeffer abschmecken.

2. Avocados zerdrücken und mit Koriander, Frühlingszwiebel und Limettensaft mischen. Mit Salz und Pfeffer würzen.

3. Die Pitabrote einschneiden und leicht toasten. Vorsichtig öffnen. Die Avocado-Mischung in die 4 Pitabrote geben und alle 8 Hälften gleichmäßig bestreichen. Blattgemüse, Tomaten und Rotalgen auf die Pitabrote verteilen.

HINWEIS: *Eine Prise geräuchertes Paprikapulver verleiht den Rotalgen ein rauchiges Speckaroma. Die krossen Algen passen mit Hefeflocken, Salz und Pfeffer auch super zu Popcorn.*

GEFÜLLTER SPAGHETTIKÜRBIS

ERGIBT: 2 gefüllte Kürbishälften // **ZEIT:** 55 Minuten

Der Kürbis eignet sich von der Form her perfekt für raffinierte Füllungen. Wir geben alles in den Kürbis hinein, was eine gute Portion Pasta ausmacht. Mit wenigen Handgriffen steht eine köstliche Hauptmahlzeit auf dem Tisch. Um Zeit bei der Zubereitung zu sparen, kann der Kürbis an deinem Vorbereitungstag vorab gebacken werden. Dann muss er nur noch gefüllt werden. Der Spaghettikürbis ist ein typisches Herbst- und Winterrezept.

- 1 großer Spaghettikürbis
- Salz und schwarzer Pfeffer
- Getrocknete Kräuter, zum Beispiel Oregano, Basilikum oder Fenchel
- 2 geröstete rote Paprikaschoten, gehackt
- 2 Tassen (55 g) junger Spinat, gehackt
- 1 Tasse (165 g) Kichererbsen, gekocht
- ½ Tasse (130 g) Artischockenherzen aus der Dose tiefgefroren und aufgetaut, grob gehackt
- ¼ Tasse (45 g) Kalamata-Oliven, entkernt und gehackt
- ¼ Tasse (15 g) getrocknete Tomaten (nicht in Öl eingelegt), gehackt
- 1 Tasse (250 g) Pastasauce aus dem Glas oder selbstgemachte Marinara-Sauce (Seite 89)
- Basilikum, gehackt
- Cashew-Sahne (Seite 242), nach Belieben

1. Den Ofen auf 200 °C vorheizen. Ein Backblech mit Backpapier auslegen.
2. Den Kürbis halbieren und die Kerne entfernen. Die Hälften großzügig mit Salz, Pfeffer und Kräutern bestreuen. Mit der offenen Seite nach unten auf ein Backblech geben. 30 Minuten im Ofen backen, bis das Kürbisfleisch gar ist. Der Kürbis kann nach Bedarf abgekühlt und bis zur weiteren Verwendung kaltgestellt werden.
3. Wenn der Kürbis im Ofen ist oder zubereitet werden soll: Paprikaschoten, Blattgemüse, Kichererbsen, Artischocken, Oliven und getrocknete Tomaten in einer Schüssel vermischen.
4. Die Kürbishälften mit Marinara-Sauce bestreichen und gleichmäßig mit der Gemüsemischung füllen.
5. Marinara-Sauce drübergeben und 15 Minuten backen, bis in der Sauce Bläschen aufsteigen. Der Kürbis sollte gleichmäßig warm sein. Mit Basilikum bestreuen. Dazu nach Belieben Cashew-Sahne reichen.

HINWEIS: *In manchen Rezepten wird empfohlen, den Kürbis in heißem Wasser zu pochieren. Allerdings kann das Kürbisfleisch dadurch matschig und wässrig werden. Wir backen den Kürbis mit der Schnittseite nach unten. So erhält die Schale eine schöne Farbe und das Fruchtfleisch trocknet nicht aus.*

ÖFO XS GFO FF

ONE-POT-PASTA

PORTIONEN: 2 bis 4 // **ZEIT:** 25 Minuten

One-Pot-Pasta wird zurzeit stark gehypt. Zu Recht: Wir haben es ausprobiert und sind einfach begeistert! Der erste Bissen überzeugt jeden Skeptiker. Die Sauce ist so herrlich cremig, dass das schnelle Hauptgericht locker als Wohlfühlpasta durchgeht. Du brauchst nur einen Topf. Das ist praktisch und spart viel Abwasch. Wichtig ist, bei der One-Pot-Pasta am Herd zu stehen und kontinuierlich zu rühren. Wenn du Spaghetti verwendest, achte darauf, dass die langen, dünnen Nudeln nicht zusammenkleben. Wir empfehlen daher, besonders lange Nudeln einmal in der Mitte durchzubrechen.

- 454 g Vollkorn-Pasta, zum Beispiel Farfalle, Makkaroni oder Spaghetti (ggf. glutenfrei)
- 5 Tassen (1,2 Liter) Wasser
- 1 Dose (425 g) Cannellini-Bohnen, gespült und abgetropft
- 1 Dose (411 g) gestückelte oder passierte Tomaten (mit Saft)
- 1 gelbe Zwiebel, gehackt
- 1 rote oder gelbe Paprikaschote, gehackt
- 2 EL Tomatenmark
- 1 EL Italienische Gewürzmischung (Seite 230)
- 1 EL Olivenöl (ÖF: ¼ Tasse oder 60 ml Brühe)
- 3 Knoblauchzehen, zerdrückt
- ¼ TL Chili-Flocken (nach Belieben)
- 1 Bund Grünkohl, entstielt und gehackt
- 1 Tasse (40 g) Basilikum, gehackt (siehe Hinweis)
- ½ Tasse (90 g) Kalamata-Oliven, entkernt, gehackt

1 Pasta zusammen mit Wasser, Bohnen, Tomaten, Zwiebeln, Paprika, Tomatenmark und den italienischen Kräutern, Öl, Knoblauch und Chili-Flocken in einen großen Kochtopf oder in eine tiefe Pfanne mit Deckel geben. Bei hoher Hitze zum Kochen bringen. Regelmäßig umrühren.

2 Die Hitze reduzieren. Grünkohl hineingeben. Bei mittlerer Hitze und ständigem Rühren die Pasta etwa 10 Minuten bissfest kochen. (Ganz wichtig: Unbedingt regelmäßig umrühren, damit die Pasta nicht verklumpt. Wenn die Pasta zu dick wird, ¼ Tasse/60 ml Wasser oder Brühe zugeben).

3 Von der Herdplatte nehmen und (ohne Umrühren) 5 Minuten ziehen lassen. Mit Basilikum und Oliven garnieren.

HINWEIS: *Um Basilikum zu hacken, die Kräuter aufeinanderstapeln, zu einem Bündel formen und in Streifen schneiden.*

Tipp: Du kannst bei der Zubereitung Zeit sparen, wenn du das Wasser vorher im Wasserkocher erhitzt.

PASTA MARINARA MIT ITALIENISCHEN BOHNENFRIKADELLEN

PORTIONEN: 2 bis 4 / etwa 3 Tassen (720 g) Marinara // **ZEIT:** 20 Minuten Vorbereitung, 30 Minuten Backzeit

Fast jedes bekannte Gericht gibt es auch als vegane Variante. Allerdings enthalten diese Mahlzeiten oft Zutaten, die nicht vollwertig und nährstoffreich sind. Unsere Frikadellen bestehen aus Bohnen, daher sind sie gesünder. Sie schmecken – ähnlich wie Frikadellen aus Hackfleisch – pikant-scharf nach Peperoni. Das Gericht ist komplett sojafrei. Mit glutenfreien Semmelbröseln und Pasta oder komplett ohne Pasta wird das Gericht glutenfrei.

Wenn du weder Saucen aus dem Glas verwenden noch stundenlang in der Küche stehen möchtest, empfehlen wir eine selbstgemachte Marinara-Sauce, die schon am Vortag zubereitet werden kann. Die schmeckt nämlich perfekt zu den Bohnenfrikadellen. Die Marinara-Sauce gelingt mit frischen Tomaten oder Tomaten aus der Dose. Während die Pasta kocht, ist die Sauce im Handumdrehen gekocht und eine Dose Bohnen geöffnet. Wenn die Tomaten ungesalzen sind, kannst du 1/4 TL Salz am Ende der Kochzeit zugeben.

ITALIENISCHE BOHNENFRIKADELLEN

- 1 EL Olivenöl (ÖF: ¼ Tasse oder 60 ml Brühe)
- ½ gelbe Zwiebel, fein gehackt
- 2 TL Oregano, getrocknet
- 1 TL Fenchelsamen
- 1 TL Knoblauchpulver
- ½ TL Chili-Flocken
- 1 Dose (425 g) Bohnen (wie Cannellini- oder Navy-Bohnen), gespült und abgetropft
- Salz und schwarzer Pfeffer
- ½ Tasse (30 g) Vollkorn-Semmelbrösel (ggf. glutenfrei)

1. Zubereitung der Bohnenfrikadellen: Den Ofen auf 180 °C vorheizen. Ein Backblech mit Backpapier auslegen (siehe Hinweis).
2. Eine mittlere Bratpfanne bei mittlerer Hitze erhitzen und das Öl hineingeben. Zwiebeln dazugeben. Dabei regelmäßig umrühren und 5 Minuten glasig dünsten.
3. Oregano, Fenchelsamen, Knoblauchpulver und Chili-Flocken zugeben. Eine Minute oder länger köcheln lassen, bis die Gewürze ihren Duft verströmen. Vom Herd nehmen und zusammen mit den Bohnen in einen Mixer geben.
4. Mixen und mit Salz und Pfeffer würzen. Die Semmelbrösel hineingeben. Mixen, bis alles sehr gut miteinander vermischt ist.
5. Mit einem Eiskugelportionierer, der 3 bis 4 Esslöffel umfasst, Frikadellen formen. (Eventuell vorher die Hände befeuchten, wenn der Teig zu sehr klebt). 15 Minuten im Ofen backen, umdrehen und weitere 15 Minuten goldbraun backen.

Fortsetzung auf der übernächsten Seite ...

6 Währenddessen die Marinara-Sauce zubereiten: Einen Kochtopf bei mittlerer Hitze erhitzen. Das Öl in die heiße Pfanne geben. Das Öl warm werden lassen. Basilikum und Knoblauch hineingeben. 2 Minuten bei gelegentlichem Rühren kochen. Tomaten mit Saft einrühren und zum Kochen bringen. Die Hitze reduzieren, abdecken und 15 Minuten kochen lassen. Nach Belieben salzen.

7 Die Pasta nach den Anweisungen auf der Packung kochen. Die Pasta mit der Marinara-Sauce und den Bohnenfrikadellen auf Tellern anrichten.

HINWEIS: *Wir verwenden ungebleichtes Backpapier, mit dem mehr Öl aufgesaugt wird. Du kannst aber auch dein Backblech einfetten oder eine Silikonmatte nehmen. Wachspapier ist zum Backen ungeeignet, da es im Ofen verbrennt (und den Lebensmitteln einen komischen Geschmack gibt).*

Variation: Marinara-Sauce mit 1 TL Fenchelsamen, die zum Knoblauch gegeben werden, erinnert an den letzten Urlaub in Sardinien.

SELBSTGEMACHTE MARINARA-SAUCE

1 EL Olivenöl (ÖF: 2 EL Pilzbrühe)

Eine Handvoll Basilikumblätter

3 Knoblauchzehen, zerdrückt

2 Dosen (795 g) ganze Tomaten (mit Saft), gestückelte oder passierte Tomaten

Salz (nach Belieben)

Pasta (ggf. glutenfrei) nach Wahl

ÖFO XS

LINSEN-CHAMPIGNON-PASTA (VEGANE SPAGHETTI BOLOGNESE)

PORTIONEN: 2 bis 4 / etwa 6 Tassen (1,4 kg) Sauce // **ZEIT:** 1 Stunde

Viele verbinden mit Spaghetti Bolognese, also Pasta mit Hackfleischsauce, schöne Kindheitserinnerungen. Bei einer pflanzlichen Ernährungsweise musst du auf dein liebstes Comfort-Food aber nicht verzichten. Die Kombination von Linsen und Pilzen ist besonders schmackhaft und deftig, und macht aus einer einfachen Tomatensauce eine veganisierte Version von Spaghetti Bolognese. Dazu passt Vollkornpasta oder Polenta. Das Gericht lässt sich gut einfrieren und in größeren Mengen zubereiten, um mehrere Mägen zu füllen. Reste schmecken prima zu Haferflocken und ergeben ein herzhaftes Frühstück.

- 2 EL Olivenöl (ÖF: ¼ Tasse/60 ml Pilzbrühe)
- 1 gelbe Zwiebel, fein gewürfelt
- 2 Zucht-Champignons oder 1 Packung (285 g) Cremini-Pilze, geputzt und fein gehackt
- 2 EL Tomatenmark
- 3 Knoblauchzehen, fein gehackt
- 1 TL Oregano
- 2 ½ Tassen (600 ml) Wasser
- 1 Tasse (200 g) braune Linsen
- 1 Dose (795 g) gestückelte oder passierte Tomaten, mit Basilikum (und Saft)
- 1 EL Balsamicoessig
- Pasta
- Salz und schwarzer Pfeffer
- Basilikum, gehackt

1. Einen großen Topf bei mittlerer Hitze erhitzen. Öl hinzugeben. Das Öl heiß werden lassen (oder die Brühe zum Köcheln bringen). Zwiebeln und Champignons in den Topf geben. Abdecken und etwa 5 Minuten weich kochen. Tomatenmark, Knoblauch mit dem Oregano dazugeben. Bei gleichmäßigem Rühren 2 Minuten kochen.
2. Wasser hineingießen und Linsen einrühren. Zum Kochen bringen, dann die Hitze reduzieren. Abgedeckt 5 Minuten kochen. Tomaten (mit Saft) und Essig zugeben. Den Deckel wieder aufsetzen und die Hitze reduzieren. Etwa 30 Minuten kochen, bis die Linsen zart sind.
3. Die Pasta wie auf der Packung angegeben kochen.
4. Die Sauce vom Herd nehmen. Mit Salz und Pfeffer abschmecken. Die Pasta mit der Sauce auf Teller verteilen und mit Basilikum garnieren.

WENN ES SCHNELL GEHEN MUSS: *Wenn du vorgekochte Linsen aus der Dose oder aus dem Kühlregal verwendest, sparst du bei der Vorbereitung viel Zeit. Lass aber dann das Wasser weg. Die Sauce bei mittlerer Hitze 20 Minuten kochen lassen. Die Linsen am Ende der Kochzeit hinzugeben und erwärmen.*

HINWEIS: *Bevor du Hülsenfrüchte (Linsen, Bohnen usw.) verarbeitest, solltest du sie dir genauer ansehen. Wenn sie runzlig sind oder seltsam aussehen, müssen sie möglicherweise länger gekocht werden. Es kann auch sein, dass sie beim Kochen nicht weich werden. In diesem Fall sind Bohnen aus der Dose die bessere Wahl!*

Variation: Statt Champignons oder Pilzen gehackte Walnüsse verwenden.

ÖFO XS SF

GENIAL EINFACHE SPINAT-PILZ-LASAGNE

ERGIBT: eine Lasagne (23 × 33 cm) // **ZEIT:** 30 Minuten Vorbereitung, 1 Stunde Backzeit, ohne Vorbereitung der Cashew-Sahne

Die Zubereitung von Lasagne braucht Zeit, die sich aber lohnt. Sie ist immer etwas Besonderes und hält vor allem lange satt. Für unsere Lasagne verzichten wir komplett auf vegane Ersatzprodukte. Somit steckt sie voller vollwertiger und natürlicher Zutaten. Wichtig ist, dass du eine gute Tomatensauce aus dem Glas (oder unsere selbstgemachte Marinara-Sauce) verwendest.

1 EL Olivenöl (ÖF: ¼ Tasse oder 60 ml Brühe)

1 gelbe Zwiebel, gewürfelt

2 Knoblauchzehen, zerdrückt

2 Packungen (285 g) Cremini-Pilze, geputzt und gehackt

½ TL Oregano, getrocknet

½ TL Fenchelsamen

½ TL Salz

3 Tassen (540 g) gekochte weiße Bohnen oder 2 Dosen (425 g) weiße Bohnen, gespült und abgetropft

1 Packung (455 g) tiefgefrorener Spinat, aufgetaut und gut ausgedrückt

½ Tasse (30 g) Hefeflocken

1 Packung (255 g) Lasagneplatten (ohne Vorkochen)

2 Gläser (680 g) Marinara-Sauce oder 2 Portionen selbstgemachte Marinara-Sauce (Seite 89)

1 Portion Cashew-Sahne (Seite 242)

Basilikum, gehackt

Basilikum-Pesto (Seite 239), nach Belieben

1. Den Ofen auf 200 °C vorheizen. Eine große Pfanne bei mittlerer Hitze erhitzen. Erst Öl, dann Zwiebeln und Knoblauch hineingeben. Regelmäßig umrühren und die Zwiebeln etwa 10 Minuten sautieren, bis sie Farbe annehmen. (ÖF: bei Bedarf mehr Brühe zugeben). Die Hälfte der Zwiebelmischung in eine kleine Schüssel geben und zur Seite stellen.

2. Pilze, Oregano, Fenchelsamen und ¼ TL Salz in die Pfanne mit den restlichen Zwiebeln geben. (ÖF: etwas Brühe zugeben). 10 Minuten kochen und dabei häufig umrühren. Die Pilze sollten eine dunkle Farbe annehmen und Flüssigkeit freisetzen. Vom Herd nehmen.

3. Während die Pilze kochen: Pilze, Spinat, Hefeflocken und ¼ TL Salz in die Schüssel mit der Zwiebelmischung geben. Alles sehr gut durchmischen.

4. Eine Auflaufform (23 × 33 cm) mit 1 Tasse (240 g) der Sauce ausstreichen. Eine Schicht Lasagneplatten darauflegen. Dann ein Drittel der Spinat-Bohnen-Mischung, ein Drittel der Pilzmasse und 1 Tasse (240 ml) Sauce dazugeben. (Wenn die Sauce nicht reichen sollte, ½ Tasse/120 ml Wasser in das Saucenglas geben, gut schütteln und zur Seite stellen). Zwei weitere Schichten Lasagneplatten und Spinat-Bohnen-/Pilz-Masse dazugeben. Mit einer letzten Schicht Lasagneplatten und Sauce abschließen. Das Wasser aus dem Saucenglas um den Rand in die Auflaufform geben. Die Cashew-Sahne drübergeben.

5. Mit Backpapier und einem Backblech (umgedreht) abdecken und im Ofen 40 Minuten backen. Das Backpapier entfernen und weitere 10 Minuten backen. Vor dem Anschneiden 20 Minuten abkühlen lassen. Auf Teller verteilen und mit Basilikum und Pesto garnieren.

Tipp: Mit einer Gewürzreibe (z. B. von Microplane) kannst du eine Paranuss über die fertige Lasagne reiben. So bekommst du schöne, locker-leichte Parmesan-ähnliche Fäden.

ÖF XS GF FF

BASISREZEPT: BLITZSCHNELLE QUINOA-GEMÜSE-BOWL

ERGIBT: 1 Schüssel oder auf Wunsch mehr // **ZEIT:** 10 Minuten, ohne Kochzeit der Quinoa

Diese Bowl ist eine Art Gemüsesalat und die kleine Schwester der Getreide-Gemüse-Bohnen-Bowl (Seite 95). Das Blitzgericht ist für Notfälle gedacht, wenn du abends einfach keine Zeit oder wenig Lust zum Kochen hast. Es ist kein Rezept im klassischen Sinne. Die Zutaten werden einfach miteinander vermischt und fertig ist dein schneller Sattmacher bei Heißhunger. Für noch mehr Geschmack kannst du die Getreide-Gemüse-Bowl noch mit gerösteten Rotalgen toppen.

1 Tasse (185 g) Quinoa oder anderes vollwertiges Getreide, glutenfrei

1 Tasse (110 g) rohes Gemüse wie Karotten, Zwiebeln, Paprikaschoten, Salatgurken usw., geraspelt oder gehackt

½ Avocado, in Scheiben, oder ¼ Tasse (60 g) Hummus oder Salsa, glutenfrei

¼ Tasse (60 g) fertiges Sauerkraut oder Kimchi

2 EL Hefeflocken

1 EL frischer Limettensaft oder Essig

Sesam- oder Hanfsamen

Alle Zutaten in eine Schüssel geben, kräftig durchrühren und sofort genießen!

BUDDHA-BOWL

ERGIBT: 1 Schüssel oder auf Wunsch mehr // **ZEIT:** 15 Minuten, ohne Kochzeit der Quinoa, ohne Zubereitung der koreanischen Tahin-Barbecuesauce

In Asheville in North Carolina (USA) gibt es einige gute vegane und vegetarische Restaurants. Aber Rosetta's Kitchen sticht von allen heraus! Rosetta's Kitchen ist eine Institution. Dort werden seit 2002 sensationelle Comfort-Food-Gerichte und tolle, herzhafte Speisen serviert, die aus lokalem Biogemüse zubereitet werden. Die Buddha-Bowl von Rosetta's Kitchen ist frisch und gehaltvoll. Wir haben uns von diesem genialen Gericht inspirieren lassen. Wenn du mal in Asheville bist, solltest du unbedingt das Original probieren. Fürs Erste macht dich unsere Variante satt und glücklich.

1 Tasse (185 bis 195 g) Quinoa oder brauner Reis, gekocht

115 g Tofu oder Tempeh, jede Sorte (vorzugsweise mit der Umami-Sauce und -Marinade „Vitamin B“ auf Seite 238 mariniert und gebacken)

¼ Tasse (60 ml) koreanische Tahin-Barbecuesauce (Seite 236)

2 Tassen (60 g) grünes Blattgemüse

½ Tasse (55 g) Karotten oder Rote Bete, geraspelt

½ Tasse (105 g) Mungosprossen

½ Tasse (115 g) Sauerkraut oder Kimchi

½ Avocado, in Scheiben

Sesam- oder Hanfsamen

Getreide, Tofu und Sauce erwärmen und in eine Schüssel geben. Mit den restlichen Zutaten toppen. Lass es dir schmecken!

ÖFO XS FF

JAMAIKANISCHE KIDNEYBOHNEN

PORTIONEN: 2 bis 4 // **ZEIT:** 15 Minuten, ohne Kochzeit für den Reis

Dieses Gericht ist aus der Not heraus entstanden: Ein halbes Glas übrig gebliebener Tomatensauce mit Basilikum und eine Dose roter Kidneybohnen wurden für eine schnelle Mahlzeit zu Hause zusammengeworfen. Dank der jamaikanischen Jerk-Gewürzmischung verbinden sich die Aromen von Tomaten und Bohnen so sensationell, dass diese Mahlzeit jetzt zu unseren Lieblingsgerichten gehört. Dazu passt Reis oder Pasta mit Erbsen oder gedünstetem Gemüse. Ein oder zwei zusätzliche Esslöffel Jerk-Gewürzmischung geben dem Gericht noch mehr Schärfe.

- 1 EL Kokosöl (ÖF: ¼ Tasse oder 60 ml Brühe)
- 1 große gelbe Zwiebel, gewürfelt
- 2 EL Jerk-Gewürzmischung (Seite 231)
- 1 Dose (410 g) gestückelte Tomaten mit Saft
- 1 Dose (425 g) rote Kidneybohnen, gespült und abgetropft
- ½ Glas (680 g) Marinara-Sauce oder 1 Dose (410 g) Tomatensauce
- Salz und schwarzer Pfeffer
- Brauner Reis, gekocht (½ Tasse/100 g pro Portion)

1. Einen Kochtopf bei mittlerer Hitze erhitzen. Kokosöl in den Topf geben. Sobald das Öl geschmolzen ist, Zwiebelwürfel hineingeben. 5 Minuten kochen, dann die Jerk-Gewürzmischung einrühren. 1 weitere Minute kochen. Gestückelte Tomaten mit Saft zusammen mit den Bohnen und der Marinara-Sauce zugeben. Zum Köcheln bringen, abdecken und 10 Minuten kochen.
2. Mit Salz und Pfeffer abschmecken. Die jamaikanischen Kidneybohnen mit Reis servieren.

SEHR WICHTIG: *Rote Kidneybohnen eignen sich nicht zum Schongaren! Sie enthalten Lecithin, das giftig ist. Daher müssen Kidneybohnen bei einer sehr hohen Temperatur gegart werden. Die Temperatur im Slowcooker reicht hier nicht aus. Keine Angst, Kidneybohnen aus der Dose sind völlig ungefährlich, da sie mit der richtigen Temperatur vorgekocht wurden.*

DICKER KICHERERBSENBREI

PORTIONEN: 2 bis 4 // **ZEIT:** 40 Minuten

Dieser Eintopf ist das Ergebnis unserer Liebe zu Kichererbsenmehl und dem äthiopischen Gericht Shiro Wot, eine Art Kichererbsen-Curry. Der Kichererbsenbrei ist wunderbar dickflüssig wie Polenta. Er ist als alleiniges Hauptgericht oder als Beilage zu gedünstetem Gemüse ein Genuss. Auch zum Frühstück sehr lecker. Pitabrot und Reis verwandeln den Eintopf in eine reichhaltigere Mahlzeit.

Das Grundrezept verwendet Harissa (Seite 233). Du kannst aber auch jede andere Gewürzmischung verwenden, die wir dir im Kapitel „Gewürzmischungen" (Seite 229–235) vorstellen.

- 1 EL Öl (ÖF: ¼ Tasse oder 60 ml Brühe)
- 2 EL Gewürzmischung, beispielsweise Harissa (Seite 233)
- 1 gelbe Zwiebel, gehackt
- 2 Tassen (480 ml) Wasser
- 1 Tasse (120 g) Kichererbsenmehl, über Nacht eingeweicht
- 2 Dosen (795 g) gestückelte Tomaten mit Saft

1 Einen Topf bei mittlerer Hitze erhitzen. Öl und Gewürzmischung dazugeben und 1 Minute kochen, bis die Gewürze ihren Duft verströmen. Zwiebeln zugeben und 3 Minuten weich und glasig dünsten.

2 Wasser hineingießen. Kichererbsenmehl und dann die Tomaten mit Saft dazugeben. Gut durchmischen. Abgedeckt 30 Minuten kochen und dabei alle 10 Minuten umrühren.

3 Den Topf vom Herd nehmen. Vor dem Servieren 10 Minuten ruhen lassen.

BASISREZEPT: CREMIGES SÜSSKARTOFFEL-CURRY

PORTIONEN: 4 bis 6 // **ZEIT:** 15 Minuten Vorbereitung, 25 Minuten Kochzeit

Dieses Curry ist so viel schmackhafter als jedes noch so gute Curry-Fertiggericht! Ein wenig Zucker und Salz sind das Geheimnis. Da die Gewürze in diesem Curry ziemlich dominieren, bringen Zucker und Salz die verschiedenen Gewürzkomponenten in die perfekte Balance. Das Fett der Kokosmilch macht das Curry herrlich cremig und reichhaltig. Die dicke Konsistenz ist die ideale Grundlage für die scharfen Gewürze.

Das Curry eignet sich als Standardessen für deinen Speiseplan. Du kannst jedes beliebige Gemüse verwenden. Je mehr, desto leckerer! Härtere Gemüsesorten wie Kartoffeln werden als Erstes und weiche Sorten später hinzugegeben. Statt roter Linsen sind auch gekochte Bohnen oder Bohnen aus der Dose möglich. Das Curry ist ein sättigendes Hauptgericht mit vielen Nährstoffen. Als Beilage kann Reis oder Naan gereicht werden.

- 1 EL Kokosöl (ÖF: ¼ Tasse oder 60 ml Brühe)
- 1 rote oder gelbe Paprikaschote, gehackt
- 1 gelbe Zwiebel, gehackt
- 3 Knoblauchzehen, zerdrückt
- 2 TL Garam Masala (Seite 229) oder verzehrfertig)
- 2 EL gelbes Currypulver
- 2 EL Tomatenmark
- 2 Süßkartoffeln, gehackt
- 2 festkochende Kartoffeln (z. B. Nicola), fein gewürfelt
- 2 Karotten, zerkleinert
- 1 ½ Tassen (310 g) rote Linsen, gespült und abgetropft
- 4 Tassen (960 ml) Wasser
- 1 kleiner Blumenkohl, in Röschen geteilt
- ¼ Tasse (60 ml) Kokosmilch, vollfett oder fettarm
- 1 EL brauner Zucker
- 1 EL Pfeilwurzmehl
- 1 EL Limettensaft
- 1 EL rote Miso-Paste
- Basilikum oder Koriander, gehackt

1. Kokosöl in einem großen Topf bei mittlerer Hitze schmelzen. Paprikaschote, Zwiebel und Knoblauch hineingeben. Das Gemüse 3 Minuten weich kochen. Dabei regelmäßig umrühren. Garam Masala und Currypulver einrühren. 1 weitere Minute kochen lassen, bis die Gewürze ihren Duft verströmen.
2. Tomatenmark unterrühren. Unter häufigem Rühren 1 Minute kochen, bis das Tomatenmark dunkler wird.
3. Süßkartoffeln, Kartoffeln, Karotten und Linsen dazugeben. Gut vermischen. Wasser hineingießen und die Hitze erhöhen. Zum Kochen bringen. Die Hitze reduzieren. Blumenkohl, Kokosmilch und Zucker dazugeben.
4. Abdecken und das Gemüse etwa 12 Minuten weich kochen. Vom Herd nehmen.
5. Pfeilwurzmehl, Limettensaft und Miso-Paste zusammen mit ¼ Tasse (60 ml) Flüssigkeit aus dem Topf in einer Schüssel miteinander vermischen. Die Mischung in den Topf zum Curry geben. 10 Minuten abkühlen lassen, damit das Curry eindickt. Vor dem Genuss mit Basilikum bestreuen.

BASISREZEPT: OFEN-GEMÜSE MIT TOFU

PORTIONEN: 2 bis 4 // **ZEIT:** 10 Minuten Vorbereitung, 30 Minuten Backzeit

Das Klima in Asheville in North Carolina (USA) ist gemäßigt warm mit hohen Niederschlagsmengen, denn dort herrscht ein subtropisches Regenwaldklima. Nachmittags und am frühen Abend regnet es nicht nur oft, sondern auch sehr heftig. Vor allem im Sommer. Das bedeutet, dass der Grill nicht häufig genutzt wird. Ofen-Gemüse ist dann oft eine leckere Alternative zu Gegrilltem. Es fehlt zwar das rauchige Aroma von Grillgut, aber verkohlte Stellen sind sowieso nicht gesund. Ofen-Gemüse ist superschnell zubereitet. So hast du sogar noch Zeit, eine weitere Laufeinheit einzulegen.

Zu diesem einfachen Gericht kann jede beliebige Sauce gereicht werden, die zu deiner Gewürzmischung passt. Saucen-Ideen findest du in Kapitel 5 (Seite 135) und in Kapitel 8 (Seite 227). Wir nehmen gern Miso-Sauce (Seite 237), eine klassische französische Vinaigrette (Seite 159) oder Basilikum-Pesto (Seite 239). Statt Tofu kannst du auch Tempeh verwenden.

2 bis 3 Gemüsesorten ergeben 1 ½ Pfund (680 g). Beispielsweise:

- Süßkartoffeln, Kartoffeln und anderes Wurzelgemüse
- Gelbe oder rote Zwiebeln, Paprikaschoten oder Fenchelknollen
- Rotkohl, Brokkoli oder Blumenkohl
- Sommerkürbis oder Zucchini
- Frischer Mais (geputzte Maiskolben)
- Zucht-Champignons oder weiße Champignons, geputzt

1 Pfund (455 g) extrafester Tofu oder Tempeh

1 EL Olivenöl (ÖF: ¼ Tasse oder 60 ml Brühe)

2 Esslöffel Gewürzmischung (wie Garam Masala oder Herbst/Winter-Würzmischung auf den Seiten 229–235 oder verzehrfertig)

Salz und schwarzer Pfeffer

1. Den Ofen auf 200 °C vorheizen. Zwei Backbleche mit Backpapier auslegen.
2. Gemüse in gleich große, mundgerechte Stücke zerkleinern. Tofu würfeln.
3. Gemüse und Tofu gleichmäßig auf die vorbereiteten Backbleche legen. Mit Öl beträufeln. Dann die Gewürze gleichmäßig über das Gemüse streuen. Ggf. leicht schwenken, damit das Gemüse gut gewürzt ist. Mit Salz und Pfeffer abschmecken.
4. 30 Minuten backen, bis das Gemüse gar und goldbraun ist. (Die beiden Backbleche nach der Hälfte der Backzeit im Ofen tauschen, damit das Gemüse gleichzeitig gar wird). Servieren.

Tipp: Gemüse, das ohne Öl gebacken wird, trocknet schnell aus. Du kannst ein weiteres Blatt Backpapier oder eine Silikonmatte mit einem weiteren Backblech über das Gemüse legen. So behält das Gemüse seine Feuchtigkeit.

ÖFO XS GF

ANANAS-SÜSSKARTOFFEL-BOWL MIT GEBACKENEM GEMÜSE

ERGIBT: 2 große Schüsseln // **ZEIT:** Zeit: 15 Minuten Vorbereitung, 30 Minuten Backzeit ohne Kochzeit der Bohnen, ohne Vorbereitung des Avocado-Limetten-Dressings

Die Original-Bowls mit schwarzen Bohnen und gebackenem Gemüse im Restaurant „Salsa's" in Asheville werden in großen Lavastein-Schüsseln oder riesigen Holzschüsseln serviert. Die vegane Version enthält mindestens sechs verschiedene Gemüsesorten sowie Ananas. Diese Kombination bringt viel Farbe und Geschmack in die Schüssel. Avocado macht sich auch sehr gut (und ist immer eine gute Idee).

2 Süßkartoffeln, gewürfelt

1 Packung (285 g) tiefgefrorene Ananas, aufgetaut, den Saft aufheben

2 rote oder gelbe Paprikaschoten, in Streifen

1 gelbe Zwiebel, in dünnen Ringen

1 EL Kokosöl, geschmolzen (ÖF: ¼ Tasse oder 60 ml Brühe)

2 TL Kreuzkümmel, gemahlen

Geriebene Schale und Saft von 2 Limetten

Salz und schwarzer Pfeffer

2 Tassen (345 g) schwarze Bohnen, gekocht

¼ Tasse (60 ml) Wasser

1 Portion cremiges Avocado-Limetten-Dressing (Seite 157)

¼ Tasse (60 g) Salsa

30 g Bananenchips (am besten getrocknet)

2 EL Kürbiskerne

Chilisauce, glutenfrei (nach Belieben)

1 Den Ofen auf 220 °C vorheizen. Zwei Backbleche mit Backpapier auslegen.

2 Süßkartoffeln auf eines der Backbleche legen. Ananas, Paprikaschoten und Zwiebel auf das andere Backblech geben. Beide Backbleche mit Öl sowie mit 1 TL Kreuzkümmel und der Hälfte der Schale und des Safts der Limette beträufeln. Mit Salz und Pfeffer würzen.

3 Süßkartoffeln 30 Minuten backen, nach der Hälfte der Backzeit umdrehen. Ananas, Paprika und Zwiebeln etwa 20 Minuten backen.

4 In der Zwischenzeit schwarze Bohnen mit dem Wasser und 1 TL Kreuzkümmel und dem Rest der Limettenschale und des Safts in einem Kochtopf bei mittlerer Hitze erhitzen. Mit Salz und Pfeffer würzen.

5 Süßkartoffeln auf zwei Schüsseln verteilen. Das gebackene Gemüse, die Ananas und die schwarzen Bohnen dazugeben.

6 Dressing drüberträufeln. Mit der Salsa toppen und mit Bananenchips und Kürbiskernen garnieren. Nach Belieben Chilisauce dazu reichen.

GRÜNER ENCHILADA-AUFLAUF MIT PINTOBOHNEN

ERGIBT: 8 Enchiladas // **ZEIT:** 10 Minuten Vorbereitung, 30 Minuten Kochzeit, ohne Kochzeit der Bohnen, ohne Vorbereitung der Paprika-Cashew-Creme

Die authentische mexikanische Küche ertrinkt normalerweise nicht in Käse. Daher können viele Rezepte glücklicherweise problemlos veganisiert werden. Der Auflauf ist im Handumdrehen zubereitet und und eignet sich daher gut für abends unter der Woche. Unser mexikanisches Lieblingsgericht kombiniert den Geschmack rauchiger Chilisauce mit cremigem Cashew-Käse. Es steckt außerdem voller nahrhafter Bohnen. Wir geben reichlich Gemüse dazu, so wird der Auflauf nicht nur lecker, sondern auch ausgewogen. Der Auflauf lässt sich immer wieder neu variieren: Probiere verschiedene Würzmischungen, Bohnen und grüne Gemüsesorten aus. Oder verwende Vollkorn-Tortillas oder Vollkorn-Pita.

1 Den Ofen auf 200 °C vorheizen. Eine Auflaufform (23 × 33 cm) mit Öl einfetten.

2 Zwiebeln, Grünkohl, Taco-Gewürz und Bohnen in Schichten hineingeben. Mit Salz und Pfeffer würzen. Die Hälfte der Salsa gleichmäßig über die Bohnen geben. Die Tortillascheiben drüberlegen. Restliche Salsa und die Paprika-Cashew-Creme drüberstreichen.

3 Mit einem Backblech (umgedreht) abdecken. Im Ofen etwa 30 Minuten backen, bis das Gemüse weich ist und in der Salsa Bläschen aufsteigen.

4 Aus dem Ofen nehmen und 10 Minuten abkühlen lassen. Enchilada-Auflauf portionieren und auf Teller verteilen. Nach Belieben mit Avocado, Oliven und Koriander garnieren.

1 TL Olivenöl (ÖF: ohne)

1 gelbe Zwiebel, gewürfelt

1 Bund Grünkohl, entstielt und gehackt

2 TL Taco-Gewürz (Seite 232)

3 Tassen (510 g) gekochte Pintobohnen oder 2 Dosen (425 g) Pintobohnen, gespült und abgetropft

Salz und schwarzer Pfeffer

1 Glas (455 g) Salsa, glutenfrei (jede Sorte)

12 Maistortillas

½ Tasse (80 g) Paprika-Cashew-Creme (Seite 243), plus mehr zum Abschmecken

Avocado, gewürfelt (nach Belieben)

Schwarze Oliven, in Ringen (nach Belieben)

Koriander, gehackt (nach Belieben)

ÖF XS

BASISREZEPT: GETREIDE-GEMÜSE-BOHNEN-BOWL

ERGIBT: 1 große Schüssel // **ZEIT:** 20 Minuten bis 1 Stunde je nach Getreidesorte, ohne Kochzeit der Bohnen

Das Grundrezept für jede *No Meat Athlete*-Mahlzeit besteht aus jeweils einer Sorte Getreide, Gemüse und Bohnen. Diese drei Zutaten bilden das perfekte vegane Gericht. Die Variationen sind endlos (siehe Tabelle auf der nächsten Seite). Das Basisgericht ist von den Zutaten her kostengünstig und im Nu zubereitet. Es ist zudem sehr nahrhaft und macht wohlig satt. Getreide und Bohnen sind günstig im Einkauf, vor allem, wenn du gleich größere Mengen kaufst. Das Gemüse ist etwas teurer, aber dafür strotzt es vor Nährstoffen. Es sorgt für viel Geschmack, Farbe und Konsistenz auf dem Teller. Beim Gemüse hast du die Qual der Wahl: Du kannst jede Gemüsesorte verwenden. Gekocht oder roh: Das ist dir überlassen.

Jede Gewürzkombination ist erlaubt oder du greifst nur zu Salz und Pfeffer. Wenn du Zwiebeln, Pfeffer oder Knoblauch vorher anschwitzt, erhält das Aroma des Getreides mehr Tiefe. Bei den Bohnen kannst du zu getrockneten Bohnen greifen, die du vorher einweichen musst. Vorgekochte Linsen, die du unter das Getreide rührst, lassen sich auch gut mit Gemüse und Bohnen kombinieren.

1 Getreidesorte (zum Beispiel Quinoa oder brauner Reis, siehe Tabelle)

Meersalz

1 Gemüsesorte (Blattkohl und Grünkohl sind dank ihrer Nährstoffe unsere Favoriten, siehe Tabelle)

1 Bohnensorte (gekocht oder als Alternative vorgekochte Linsen, siehe Tabelle)

1 Gewürzmischung (siehe Tabelle) oder andere Würzmittel wie Chilisauce, Salsa, Essig oder Tamari zum Abschmecken

Getreide in einem großen Topf mit der entsprechenden Menge Wasser und etwas Salz nach Packungsanleitung kochen. Kurz bevor das Getreide gar ist, das Gemüse dazugeben. Kurz bevor das Gemüse gar ist, die gekochten Bohnen oder Hülsenfrüchte dazugeben. Mit Salz und der gewünschten Gewürzmischung abschmecken.

WENN ES SCHNELL GEHEN MUSS: *Deine Mahlzeit steht in wenigen Minuten auf dem Tisch, wenn du vorgeschnittenes Gemüse aus der Kühltheke oder tiefgekühltes Gemüse nimmst. Bohnen aus Dosen müssen nur gespült und abgetropft werden. Getreide, das vorgekocht ist, spart ebenfalls Zeit bei der Zubereitung.*

SLOW-FOOD: *Bereite Bohnen und Getreide selbst vor. Getreide- und Bohnenreste kannst du portionieren und einfrieren. Dann hast du für ein schnelles Essen die Zutaten immer vorrätig.*

Das sind unsere liebsten Zutaten und Gewürze:

GETREIDE
(½ Tasse)

Gerste (100 g)

Brauner Reis (90 g)

Farro (105 g)

Hirse (100 g)

Polenta (grobes Maismehl, 70 g)

Quinoa (95 g)

Weizen- oder Dinkelkeime (95 g)

GRÜNES GEMÜSE
(2 Tassen, gehackt)

Brokkoli (180 g)

Kohl (Chinakohl, Wirsing, grün oder rot, 140 g)

Blattkohl (70 g)

Grünkohl (30 g)

Spinat (80 g)

Mangold (70 g)

Zucchini-Nudeln (220 g)

BOHNEN
(1 Tasse, gekocht)

Adzukibohnen (230 g)

Schwarze Bohnen (170 g)

Augenbohnen (165 g)

Kichererbsen (165 g)

Linsen (200 g)

Pintobohnen (170 g)

Kidneybohnen (175 g)

GEWÜRZMISCHUNG

Herbst/Winter-Würzmischung (S. 235)

Frischer Dill und Estragon

Garam Masala (S. 229)

Harissa (S. 233)

Italienische Gewürzmischung (S. 230)

Jerk-Gewürzmischung (S. 231)

Taco-Gewürz (S. 232)

8 BLATTGEMÜSE,

die du bestimmt noch nie gegessen hast

Grünes Blattgemüse ist nahrhaft und gesund. Leider greifen wir doch immer wieder zu denselben Sorten wie Spinat und Grünkohl. Etwas mehr Vielfalt im Speiseplan sorgt für einen besseren Mikronährstoffhaushalt und mehr Abwechslung. Das folgende Blattgemüse ist unsere Wahl, wenn wir in der Küche kulinarisch kreativ werden möchten.

RUCOLA

Rucola ist eine Pflanze aus der Familie der Kreuzblütengewächse. Er punktet mit einem intensiv würzigen und pfeffrigen Aroma, das sich in Mahlzeiten geschmacklich bemerkbar macht. Er ist reich an Vitamin A und Folsäure und ist daher sehr gesund. Rucola ist gedünstet oder roh genießbar. Er lässt sich vielfältig verarbeiten: als Belag auf Pizzen oder püriert im Pesto, zusammen mit Knoblauch sautiert und zu frischen Pfirsichen, Walnüssen und Zitrone (Saft und Schale).

Rucola ist ein köstlicher Begleiter auf getoastetem Baguette mit spanischem Paprika-Aufstrich (Seite 243) und Zitronensaft.

BLATTKOHL

Kohlblätter sind wahre Heilmittel. Sie senken den Cholesterinspiegel und haben krebshemmende Eigenschaften. Sie sind reich an Vitamin A, C und K und sind zudem eine gute Kalziumquelle. Die festen Kohlblätter kannst du mit Zwiebeln und Knoblauch anschwitzen und dann in Gemüsebrühe köcheln lassen, bis sie weich sind. Die großen Blätter (ohne Stiele) lassen sich auch leicht gedünstet für Tacos, Burritos und Sandwiches gut füllen.

Wickle für einen schnellen Snack einen Bohnen-Rote-Bete-Patty (Seite 114) mit roten Zwiebelringen in ein Kohlblatt.

LÖWENZAHN:

Löwenzahn gilt häufig als Unkraut, ist aber tatsächlich eine Heil- und Küchenpflanze. Sein Aroma ist pfeffrig und bitter. Er ist ein guter Lieferant für Kalzium, Eisen, Kalium und Zink, für B-Vitamine und Vitamin A, C und D. Im Gegensatz zu Spinat und Mangold enthält Löwenzahn nur wenig Oxalsäure, die die Aufnahme von Kalzium erschwert. Als Heilkraut unterstützt Löwenzahn die Funktion der Leber. Seine harntreibende Wirkung hilft, nach einem Lauf oder auf Reisen Verdauungsproblemen vorzubeugen. (Hinweis: Löwenzahn niemals auf Wiesen oder an Wegrändern pflücken! Am besten den Löwenzahn mit biologischem Saatgut im eigenen Garten ziehen oder im Supermarkt kaufen).

Da Löwenzahn recht bitter schmeckt, sollte er im Salat mit mildem Salat wie Römer- oder Gartensalat kombiniert werden. Je bitterer der Salat, desto mehr Nährstoffe enthält das Blattgemüse. Der Verzehr von rohem Blattgemüse, das sehr bitter ist, ist reine Geschmackssache.

FELDSALAT:

Feldsalat (oder Ackersalat oder Rapunzel) ist eine fantastische Quelle für Omega-3-Fettsäuren. Mit seiner dunkelgrünen Farbe und dem nussigen Aroma passt er farblich und geschmacklich perfekt zu anderem Blattgemüse in der Salatschüssel.

Unsere Blaubeer-Walnuss-Vinaigrette (Seite 161) verzaubert jeden Salat, unter den Feldsalat gemischt ist.

JAPANISCHER SENFKOHL:

Japanischer Senfkohl (oder Mizuna) ist eine echte Vitamin-C-Bombe und oft in Blattgemüse-Mischungen zu finden. Die Blätter sind stark gefiedert und können leicht rot-violett sein (roter Senfkohl). Seine leicht pfeffrige Schärfe erinnert an Grünkohl und Rucola. Senfkohl macht sich gut in Salaten oder gehackt in Suppen, Eintöpfen und Tofu-Rührei.

Zusammen mit Tempeh-Scheiben (Seite 69) und Miso-Sauce (Seite 237) als Wrap ebenfalls sehr köstlich.

BRENNNESSEL:

Brennnesseln, die bei Berührung brennenden Schmerz verursachen, sind ein Superfood. Eine Tasse Brennnesseln enthält nur 7 Kalorien, aber stolze 2 Gramm Protein und 6 Gramm Ballaststoffe sowie 8 Prozent des täglichen Eisenbedarfs (doppelt so viel wie Spinat) und 42 Prozent des täglichen Bedarfs an Kalzium. Brennnesseln sind arm an Oxalaten, die bestimmte Nährstoffe binden und so deinem Körper nicht mehr zugeführt werden können. Die Brennnessel entzieht dir also kein Kalzium! Das enthaltene Vitamin C unterstützt außerdem die Eisenaufnahme. Du kannst Brennnesseln wie Spinat oder Grünkohl zubereiten. Trage dabei aber Handschuhe. Sobald die Brennnesseln gekocht oder gedünstet wurden, brennen sie nicht mehr. Brennnesseln sind in Bioläden oder auf Bauernmärkten zu finden. Zusammen mit Pasta, Zitronensaft und -schale und Cashew-Sahne (Seite 242) hast du im Nu eine kohlenhydratreiche Mahlzeit auf dem Tisch.

Gehackte Brennnesseln machen sich auch gut in der entzündungshemmenden Miso-Suppe (Seite 118).

STIELMANGOLD:

Der bunte Mangold (oder Stielmangold) gehört zur selben Familie wie Rote Bete und Quinoa. Stielmangold enthält unglaublich viele Phytonährstoffe und Antioxidantien, die in den farbigen Stielen und Blattadern stecken. Er steuert außerdem Vitamin A, C, K sowie Magnesium bei. Für die Verarbeitung einfach die Stiele entfernen und wie Spinat zubereiten. Die Stiele lassen sich zusammen mit Zwiebeln für Suppen und Eintöpfe sautieren. Sie ergeben mit Hummus oder Nussmus einen bunten und gesunden Snack. (Hinweis: Mangoldgemüse enthält sehr viel Oxalsäure, die die Aufnahme von Nährstoffen hemmt. Das Dünsten von Mangold reduziert den Gehalt an Oxalsäure leider nicht).

Statt mit Kohl kannst du das Colcannon (Seite 170) auch mit Mangold zubereiten.

RÜBSTIEL:

Rüben sind wahre Kalzium-Bomben. Sie enthalten pro Tasse ganze 20 Prozent deines Tagesbedarfs! Ihr leicht bitterer Geschmack kommt daher, dass die Rüben so kalziumreich sind. Die Zubereitung ist so einfach wie Blattkohl. In jedem gekochten Gericht kann Grünkohl durch Blattkohl ersetzt werden. Der bittere Geschmack sticht weniger hervor, wenn Rübstiel mit Zwiebeln, Knoblauch oder Gewürzen gekocht wird, ohne dass dabei seine Nährstoffe verloren gehen.

Im Rezept für die karibischen Süßkartoffeln in Kokos (Seite 128) kannst du den Blattkohl durch Rübstiel ersetzen.

WARUM GETREIDE UND HÜLSENFRÜCHTE EINWEICHEN?

Getreide und Hülsenfrüchte enthalten Phytate, die die Nährstoffaufnahme im Körper erschweren. Beim Einweichen über Nacht in Wasser mit etwas Essig sinkt der Phytatgehalt. Vorheriges Einweichen reduziert überdies die Kochzeit. Mit der Zeit wird das Einweichen zur Gewohnheit und nicht mehr als lästig empfunden. Du kannst jeden Abend nach dem Abwasch oder beim Vorbereiten der Mahlzeiten für den nächsten Tag einen Blick auf den Essensplan werfen. So siehst du, ob noch Getreide oder Bohnen eingeweicht werden müssen. (Sushi-Reis darf übrigens nicht eingeweicht werden). Dieser Arbeitsschritt dauert nur eine Minute. Die gesundheitlichen Vorteile und die Zeitersparnis sind diesen geringen Zeitaufwand wirklich wert.

Und so geht's: Hülsenfrüchte oder Getreide in eine große Schüssel geben und mit Wasser aufgießen, bis sie mit mindestens 5 cm Wasser bedeckt sind. (Kochendes Wasser verkürzt die Einweichzeit, aber kaltes Wasser tut's auch). Dann einen Spritzer weißen Essig dazugeben. Kurz umrühren, um ein Verklumpen zu vermeiden. Die Schüssel dann über Nacht ruhen lassen. Vor dem Kochen die Hülsenfrüchte oder das Getreide gründlich spülen, bis kein Schaum mehr zu sehen ist. (Der Essig wird durch das Waschen abgespült und ist nicht mehr zu schmecken). Hülsenfrüchte und Getreide wie gewohnt zubereiten. Eingeweichtes Getreide wird meistens schneller gar.

WARUM QUINOA SPÜLEN?

Quinoa enthält den Pflanzenstoff Saponin. Dieser Stoff ist nicht gesundheitsschädlich, hat aber einen unangenehm bitteren Geschmack. Daher machen wir uns die Mühe, Quinoa einige Stunden einzuweichen und dann so lange unter fließendem Wasser zu spülen, bis das Wasser klar ist.

11 WÜRZMISCHUNGEN FÜR DAS BASISGERICHT „GETREIDE-GEMÜSE-BOHNEN-BOWL“

1 **CREMIGE SALSA:** Salsa, die beispielsweise geröstete Paprikaschote enthält, ist zusammen mit Hummus als Topping superlecker.

2 **KOKOS – LIMETTE – KORIANDER:** 1 bis 2 EL vollfette Kokosmilch zur Mahlzeit geben, den Saft einer ½ Limette drübergeben und mit Koriander bestreuen.

3 **SESAM – TAMARI – INGWER:** Etwa ¼ TL (oder mehr) geraspelten Ingwer über jede Portion geben. Ein paar Sesamsamen drüberstreuen, mit etwas Tamari und geröstetem Sesamöl beträufeln (ÖF: Tahin mit etwas Wasser verdünnt).

4 **ZITRONE – KAPERN:** Den Saft von ½ Zitrone, 1 TL Olivenöl (ÖF: ¼ zerdrückte Avocado) und 1 TL gehackte Kapern untermischen.

5 **RAUCHIGES AROMA:** Einen Klecks Hummus, 2 EL Hefeflocken und ausreichend geräuchertes Paprikapulver.

6 **ITALIENISCHES FLAIR:** Getrockneten Oregano und getrocknetes Basilikum in das Basisgericht mischen und mit Tomaten-Basilikum-Sauce toppen.

7 **FRANZÖSISCHE VINAIGRETTE:** Warme oder kalte Speisen mit deiner Lieblings-Vinaigrette (oder der klassischen französischen Vinaigrette von Seite 159) anmachen.

8 **TABOULÉ:** Ideal für warme und kalte Gerichte. Viel gehackte Petersilie (glatt) mit Zitronensaft und Olivenöl (ÖF: ohne) sowie gehackter roter Zwiebel und Tomaten unterheben.

9 **FRÜCHTE UND NÜSSE:** Mit je 1 TL getrocknetem Rosmarin und Thymian kochen. Getrocknete Cranberrys oder Rosinen einrühren und mit gehackten Walnüssen oder Pekannüssen bestreuen. (Mit 1 TL Currypulver auch sehr lecker!).

10 **PESTO:** Zum Basisgericht handelsübliches oder selbstgemachtes Pesto reichen. Rezeptideen findest du auf den Seiten 239–241.

11 **WEITERE WÜRZIDEEN:** In Kapitel 8 findest du weitere tolle Gewürzmischungen, um Gerichte aufzupeppen!

ÖF GF

ERDNUSSBUTTER-TEMPEH

PORTIONEN: 2 bis 4 // **ZEIT:** Minuten Vorbereitung, 30 Minuten Backzeit

Der Erdnussbutter-Tofu von Rosetta's Kitchen in Asheville ist eine Geschmacksoffenbarung – unglaublich köstlich! Allerdings wird der Tofu erst in Öl frittiert und dann in die Sauce gelegt. Daher ist dieses Gericht alles andere als eine leichte Mahlzeit für Sportler. Wir haben etwas herumexperimentiert. Herausgekommen ist ein kalorienarmes Erdnussbutter-Tempeh, das eine leichte Schärfe hat. Wenn das Tempeh gedünstet wird, verliert es sein bitteres Aroma. Unsere koreanische Tahin-Barbecuesauce (Seite 236) passt geschmacklich sehr gut dazu. Zusammen mit Kartoffelpüree und gedünstetem Grünkohl oder als Zutat in Pita (ggf. glutenfrei) mit gebratenem Gemüse hast du ein kraftspendendes Abendessen.

- 2 Packungen (225 g) Tempeh, ggf. leicht gedünstet
- ½ Tasse (130 g) Bio-Erdnussbutter (cremig oder knusprig)
- ⅓ Tasse (20 g) Hefeflocken
- 1 EL frischer Zitronensaft oder Apfelessig
- 1 EL Tamari, salzreduziert, glutenfrei
- ½ TL schwarzer Pfeffer
- ¼ TL Salz
- ⅛ TL Cayennepfeffer oder ¼ TL Chili-Flocken
- ⅓ bis ½ Tasse (80 bis 120 ml) warmes Wasser

1. Den Ofen auf 190 °C vorheizen. Ein Backblech mit Backpapier auslegen.
2. Jeden Tempeh-Block in 8 Stücke schneiden. Die Tempeh-Stücke mit der Hand leicht flachdrücken.
3. Erdnussbutter, Hefeflocken, Zitronensaft, Tamari, Pfeffer, Salz und Cayennepfeffer mit etwas Wasser in einer Schüssel zu einer dicken Sauce verrühren. Die Sauce sollte farblich etwas heller als die Erdnussbutter und von der Konsistenz her dünner als Ketchup sein. Wenn die Sauce zu dick ist, Wasser (jeweils 1 EL auf einmal) dazugeben. Wenn sie zu dünnflüssig ist, 1 oder 2 EL Erdnussbutter unterrühren.
4. Tempeh mit der Erdnussbutter-Sauce marinieren und auf das vorbereitete Backblech legen. Restliche Sauce auf die Tempeh-Stücke geben.
5. Im Ofen 15 Minuten backen, Tempeh umdrehen und weitere 15 Minuten backen. Das Erdnussbutter-Tempeh ist fertig, wenn die Sauce goldbraun zu einer schönen Kruste gebacken ist. Servieren.

Variation: Für Erdnussbutter-Tofu 1 Pfund (455 g) extrafesten Tofu (gewürfelt) mit 1 EL Pfeilwurzmehl vermengen. Dann wie im Rezept vorgehen.

ÖFO GF SF KH

SAMOSA-BURGER

ERGIBT: 12 Burger // **ZEIT:** 15 Minuten Vorbereitung, 1 Stunde Kochzeit

Du magst die Samosa-Füllung auch viel lieber als die vor Fett triefenden Wraps? Dann sind diese Burger wie für dich gemacht. Die Samosa-Burger können problemlos solo genossen werden. Da sie nicht aus Bohnen gemacht werden, können sie für eine reichhaltige Mahlzeit mit roten Linsen kombiniert werden. Tipp: Linsen mit Garam Masala (Seite 229) und etwas Kokosmilch köcheln lassen.

- 2 Pfund (900 g) festkochende Kartoffeln (z. B. Nicola)
- 1 EL Olivenöl (ÖF: 2 EL Brühe)
- 1 große gelbe Zwiebel, gehackt
- 1 Jalapeño, sehr fein gehackt (Samen und Rippen für weniger Schärfe entfernen)
- Ingwer (2,5 cm großes Stück), geraspelt (siehe Tipp)
- 2 Knoblauchzehen, zerdrückt
- 1 EL Garam Masala (Seite 229) oder verzehrfertig
- 1 EL Kreuzkümmel, gemahlen
- 1 TL Koriander, gemahlen
- ¾ TL Salz
- ¼ TL schwarzer Pfeffer
- ¼ TL Kurkuma, gemahlen
- 1 ½ Tassen (200 g) tiefgefrorene Erbsen, unter kaltem Wasser gespült, bis sie leicht aufgetaut sind

1. Den Ofen auf 220 °C vorheizen. Ein Backblech mit Backpapier auslegen.
2. Kartoffeln in einem großen Topf bei hoher Temperatur 15 Minuten kochen oder dünsten, bis sie gar sind. (Wir zerkleinern die Kartoffeln nicht. Bei ganzen Kartoffeln geht weniger Kalium verloren). Abgießen und zur Seite stellen.
3. Öl in den leeren Topf geben. Bei mittlerer Hitze erwärmen. Zwiebeln, Jalapeño, Ingwer und Knoblauch dazugeben. Etwa 3 Minuten unter häufigem Rühren glasig dünsten. Garam Masala, Kreuzkümmel, Koriander, ½ TL Salz, Pfeffer und Kurkuma zugeben. Weitere 2 Minuten unter häufigem Rühren kochen.
4. Kartoffeln in eine große Schüssel geben. Mit den Händen oder einem Kartoffelstampfer zerdrücken. Zwiebelmischung einrühren. Die Erbsen vorsichtig unterheben, damit sie nicht zerdrückt werden.
5. Mit feuchten Händen aus dem Brei 12 Pattys formen. Pattys auf das vorbereitete Backblech geben und mit ¼ TL Salz bestreuen. 30 Minuten backen. Nach der Hälfte der Backzeit die Burger umdrehen. Vor dem Servieren 5 Minuten abkühlen lassen.

Tipp: Wir kochen sehr häufig mit Ingwer und mit diesem Trick sparen wir viel Zeit. Bio-Ingwer gut putzen und mit einem Gemüsemesser knorrige Stellen entfernen. Mit einem Teelöffel den Rest der Schale abreiben. Den Ingwer grob hacken. In einem Hochleistungsmixer mit ¼ Tasse (60 ml) Wasser pro daumengroßem Stück Ingwer zu einer wässrigen Lösung pürieren. Durch ein Sieb streichen und in eine Eiswürfelform geben und einfrieren. Die gefrorenen Ingwerwürfel in einen luftdichten Behälter geben und in der Tiefkühltruhe aufbewahren. Fertig! Jeder Ingwerwürfel entspricht etwa 1Esslöffel. (Dieser Trick funktioniert auch prima mit Knoblauch, frischen Kräutern und frisch geschältem Kurkuma. Nur den Schritt mit dem Sieb überspringen).

ÖF

THANKSGIVING-BURGER

ERGIBT: 8 Burger // **ZEIT:** 15 Minuten Vorbereitung, 30 Minuten Kochzeit plus Einweichzeit für die Linsen

Reste von herbstlichen Gemüsesorten lassen sich wunderbar zu Thanksgiving-Burgern verarbeiten. Die Zubereitung geht schnell und einfach: Das Gemüse mischen und zerdrücken. Die Burger backen und genießen. Tipp: Das Tempeh verliert sein bitteres Aroma, wenn er vorab gedünstet wird.

1 Packung (225 g) Tempeh, grob gehackt und ggf. leicht gedünstet

1 ½ Tassen (270 g) weiße Bohnen, gekocht

1 Tasse (205 g) Butternusskürbis-Würfel, geröstet

1 Tasse (90 g) Rosenkohl, geraspelt, roh oder aufgetaut

½ kleine gelbe Zwiebel, gewürfelt

½ Tasse (60 g) geröstete Pekannüsse, gehackt

¼ Tasse (30 g) Cranberries, getrocknet

1 EL Herbst/Winter-Würzmischung (Seite 235)

Salz und schwarzer Pfeffer

8 Vollkorn-Hamburgerbrötchen

ZUM BELEGEN:

Eingelegte Zwiebeln (Seite 246)

Kopfsalat

Körniger Senf

Selbstgemachte Cranberry-Sauce

1. Den Ofen auf 200 °C vorheizen. Ein Backblech mit Backpapier auslegen.

2. Tempeh, Bohnen, Kürbis, Rosenkohl, Zwiebeln, Pekannüsse, Cranberrys zusammen mit der Gewürzmischung in eine Küchenmaschine geben. Kurz mixen. Mit Salz und Pfeffer abschmecken. Dann erneut mixen, bis alles gut miteinander vermischt ist.

3. Mit feuchten Händen handtellergroße Portionen zu Frikadellen formen und flachdrücken. Die Pattys auf das vorbereitete Backblech geben.

4. 30 Minuten backen. Nach der Hälfte der Backzeit die Pattys wenden. Je ein Patty auf ein Hamburgerbrötchen legen und nach Belieben belegen. Die Pattys können auch für später eingewickelt werden. (Im Kühlschrank halten sich die Pattys maximal drei Tage oder in der Tiefkühltruhe bis zu zwei Monate. Zum Einfrieren zwischen die einzelnen Pattys Brotpapier legen und in einen luftdicht verschlossenen Behälter geben).

ÖFO SF

SCHARFER BOHNEN-BETE-BURGER

ERGIBT: 8 Burger // **ZEIT:** 20 Minuten Vorbereitung, 40 Minuten Kochzeit

Die Grundlage vieler Veggieburger ist Sojaprotein oder Weizengluten. Wir greifen lieber zu nährstoffreichen Zutaten wie Bohnen, Rote Bete und braunen Reis. Der Reis ist quasi das Bindemittel für die Burger-Pattys. Zusammen mit der Roten Bete und den Bohnen verleiht er den Pattys ein schönes Kaugefühl. Die fertige Burger-Masse sollte im Kühlschrank mindestens eine Stunde ruhen, damit die Pattys nicht auseinanderfallen. Wenn dir das nicht so wichtig ist oder du deine Burger-Pattys zu grünem Gemüse ohne Hamburgerbrötchen isst, kannst du diesen Schritt überspringen. Die perfekte Beilage sind unsere Sesam-Kurkuma-Wedges (Seite 179).

- 1 Dose (425 g) schwarze Bohnen, gespült und abgetropft
- 1 Tasse (195 g) brauner Reis, gekocht
- 1 EL Olivenöl (ÖF: ¼ Tasse oder 60 ml Brühe)
- 2 EL Taco-Gewürz (Seite 232) oder Harissa (Seite 233)
- 1 Rote Bete, geschält und geraspelt
- 1 Karotte, geschält und geraspelt
- ½ gelbe Zwiebel, fein gewürfelt
- 2 EL Apfelessig
- 2 EL Tomatenmark
- 3 Knoblauchzehen, zerdrückt
- ¼ TL Salz
- Schwarzer Pfeffer
- 8 Hamburgerbrötchen

1. Den Ofen auf 200 °C vorheizen. Ein Backblech mit Backpapier auslegen.
2. Schwarze Bohnen und Reis in einer Küchenmaschine grob zerkleinern und mixen. In eine mittelgroße Schüssel geben und zur Seite stellen.
3. Eine mittlere Bratpfanne bei mittlerer Hitze erhitzen und das Öl hineingeben. Taco-Gewürz dazugeben. Regelmäßig umrühren und 1 Minute kochen, bis das Gewürz seinen Duft verströmt.
4. Rote Bete, Karotte und Zwiebel zugeben. Das Gemüse 5 Minuten weich kochen. Dabei regelmäßig umrühren.
5. Apfelessig und Tomatenmark mit dem Knoblauch hineingeben. Kochen, bis das Tomatenmark dunkler und dicker wird. (Es sollte keine Flüssigkeit mehr in der Pfanne sein. Wenn doch, dann das Gemüse mit einem Sieblöffel herausnehmen. Sonst werden die Burger zu matschig).
6. Vom Herd nehmen. Mit etwas Salz und reichlich Pfeffer würzen. Die Gemüsemischung zur Bohnen-Reis-Masse geben. Alles gut miteinander vermengen.
7. Mit feuchten Händen aus der Masse 8 Pattys tennisballgroß formen. (Rohe Pattys können 1 Stunde oder über Nacht im Kühlschrank kühl gestellt werden. Du kannst sie auch bis zu drei Monate einfrieren und über Nacht im Kühlschrank auftauen).

8 Die Pattys auf das vorbereitete Backblech geben. 30 Minuten backen, wenden und weitere 10 Minuten backen. Auf dem Backblech 10 Minuten abkühlen lassen. (Die Pattys werden dann etwas fester).

9 Je ein Patty auf ein Hamburgerbrötchen legen und nach Belieben belegen. Die Pattys können auch für später eingewickelt werden. (Die gebackenen Pattys sind gekühlt bis zu vier Tage haltbar).

Variation: Mit einem Eiskugelportionierer kannst du aus der Masse 24 kleine Pattys formen.

ZUM BELEGEN:

Eingelegte Zwiebeln (Seite 246)

Kopfsalat

Tomatenscheiben

Saure Gurken oder Sauerkraut

Nussiges Cashew-Ranch-Dressing (Seite 158)

Körniger Senf

Ketchup, zuckerarm

TOFU MIT NUSSKRUSTE

PORTIONEN: 2 bis 4 // **ZEIT:** 10 Minuten Vorbereitung, 20 Minuten Kochzeit

Wenn du Freunde und Familie zum Essen einladen möchtest, aber wenig Zeit hast, kannst du sie mit Tofu in Nusskruste beeindrucken. Die Zubereitung macht kaum Arbeit und der Tofu steht ruckzuck auf dem Tisch. Das Aroma von Pistazien, Estragon und Zitronensaft mit einem Hauch von Dijon-Senf verwandelt eine simple Mahlzeit in ein Festmahl. Dazu passen Quinoa und gedünstete grüne Bohnen. Nenn das Rezept Tofu in Nusskruste mit Haricots Verts und schon hast du ein schmackhaftes Gericht mit Pariser Flair. Der Tofu muss hier nur sanft trockengetupft werden. Die überschüssige Feuchtigkeit sorgt dafür, dass die Kruste besser haften bleibt.

- ½ Tasse (70 g) geröstete Pistazien mit Schale (siehe Hinweis)
- ¼ Tasse (30 g) Vollkorn-Weizen-semmelbrösel (ggf. glutenfrei)
- 1 Schalotte, fein gehackt
- 1 Knoblauchzehe, zerdrückt
- 1 TL Zitronenschale, gerieben
- ½ TL Estragon, getrocknet
- Salz und schwarzer Pfeffer
- 1 Paket (455 g) extrafester Tofu oder Tofu aus gekeimten Sojabohnen, abgetropft und der Länge nach in 8 Stücke geschnitten
- 1 EL Dijon-Senf, ggf. glutenfrei
- 1 EL Zitronensaft

1. Den Backofen auf 190 °C vorheizen. Ein Backblech mit Backpapier auslegen.
2. Pistazien mit einem Mixer oder Messer semmelbröselgroß hacken. Gehackte Pistazien mit Semmelbröseln, Schalotte, Knoblauch, Zitronenschale und Estragon in eine Schüssel geben. Mit Salz und Pfeffer würzen.
3. Den Tofu salzen und pfeffern. In einer Schüssel Senf und Zitronensaft vermengen.
4. Die Senfmischung gleichmäßig auf dem Tofu verteilen (auch an den Seiten). Dann jede Tofuscheibe in die Semmelbrösel-Mischung drücken.
5. Den Tofu mit der Seite ohne Belag nach unten auf das Backblech legen. Restliche Semmelbrösel-Mischung über die Tofu-Scheiben streuen. Etwa 20 Minuten backen, bis der Belag knusprig-kross ist. Servieren.

HINWEIS: *Wenn du gesalzene Pistazien verwendest, dann in Schritt 1 die Semmelbrösel-Mischung ohne Salz zubereiten.*

ÖFO GF

ENTZÜNDUNGSHEMMENDE MISO-SUPPE

PORTIONEN: 4 bis 6 // **ZEIT:** 15 Minuten Vorbereitung, 30 Minuten Kochzeit

Diese Suppe strotzt nur so vor Nährstoffen! Jede einzelne Zutat wurde sorgfältig nach ihren gesundheitsfördernden Vitalstoffen ausgewählt. Wenn du keine getrockneten Pilze hast: Nimm frische Pilze und gib sie zu den Zwiebeln. Kurkuma ist für seine entzündungshemmenden Eigenschaften bekannt. Die Funktion der Leber, der Verdauungsorgane und von Gelenken wird optimiert. Schwarzer Pfeffer unterstützt die Aufnahme dieser Nährstoffe. Wir haben Gemüsesorten in verschiedenen Farben ausgewählt, um ein breites Spektrum an Antioxidantien und sekundären Pflanzenstoffen zu erhalten

- 1 EL Kokosöl (ÖF: ¼ Tasse oder 60 ml Brühe)
- 4 Karotten, in Scheiben
- 1 große gelbe Zwiebel, gehackt
- 30 g Shiitakepilze, getrocknet, in mundgerechte Stücke geteilt
- 4 Knoblauchzehen, zerdrückt
- 2 TL Kurkuma, gemahlen
- 3 Tassen (720 ml) Wasser
- 2 Tassen (480 ml) Gemüsebrühe
- ½ Tasse (95 g) Quinoa, gespült und abgetropft
- ¼ TL schwarzer Pfeffer
- 1 Bund Pak Choi, gehackt
- 1 Tasse (70 g) Rotkohl, fein gehackt
- ¼ Tasse (60 g) rote Miso-Paste, glutenfrei
- 1 rote oder gelbe Paprikaschote, fein gehackt
- 3 Frühlingszwiebeln (weißer und hellgrüner Teil), in feinen Ringen

1. Einen großen Schmortopf oder eine schwere, tiefe Pfanne bei mittlerer Hitze erwärmen. Öl hineingeben. Dann Karotten und Zwiebeln zum heißen Öl geben. Sautieren und regelmäßig umrühren. Das Gemüse etwa 5 Minuten weich dünsten.
2. Pilze mit Knoblauch und Kurkuma zugeben und alles vermischen.
3. Wasser, Brühe und Quinoa zusammen mit dem Pfeffer hineingeben. Die Temperatur erhöhen, abdecken und 15 Minuten köcheln lassen.
4. Pak Choi und Rotkohl in den Topf geben. Die Hitze reduzieren und abdecken. Das Gemüse etwa 3 Minuten kochen, bis es gar ist.
5. Vom Herd nehmen. Dann mit einem Schneebesen Miso unterrühren. Paprikaschote und Frühlingszwiebel dazugeben und servieren.

Tipp: Die Miso-Paste sollte immer nach dem Kochen dazugegeben werden, damit die wertvollen Probiotika erhalten bleiben.

ÖF GF

HERBSTLICHE KÜRBISSUPPE MIT WEISSEN BOHNEN

PORTIONEN: 4 bis 6 // **ZEIT:** 15 Minuten Vorbereitung, 30 Minuten Kochzeit plus Einweichzeit für die Linsen

Deborah Madison ist ein Star in der vegetarischen Küche. In ihrem Kochbuch *Greens* – benannt nach ihrem Restaurant in den 70er Jahren – gibt es ein Rezept für Kürbissuppe. Deborah verwendet für diese Suppe auch das Fruchtfleisch, das zähe Fasern hat, sowie die Kürbiskerne, begleitet von typischen Gewürzen. Das brachte uns auf diese Idee: Ist es möglich, mit einem Mixer daraus eine schön pürierte Kürbissuppe zu kochen? Ja, war es. Der Beweis ist dieses Rezept.

- 2 Pfund (900 g) Butternusskürbis oder 2 kleine Hokkaido-Kürbisse
- Salz und schwarzer Pfeffer
- 1 große gelbe Zwiebel, geschält und geviertelt
- 2 Karotten, grob gehackt
- 1 Selleriestange, grob gehackt
- 3 Knoblauchzehen, fein gehackt
- 2 Lorbeerblätter
- 2 EL frischer Salbei, gehackt
- 3 frische Zweige Thymian, gezupft und gehackt, ohne Stiele
- 2 frische Zweige Rosmarin, gezupft und fein gehackt, ohne Stiele
- 6 Tassen (1,4 Liter) Wasser
- 2 Tassen (360 g) weiße Bohnen, gekocht
- 2 EL weiße Miso-Paste (mild), glutenfrei

1. Den Ofen auf 220 °C vorheizen. Ein Backblech mit Backpapier auslegen.
2. Den Kürbis halbieren und entkernen. Kerne und Fasern entnehmen und in einen großen Kochtopf geben. Den Kürbis mit Salz und Pfeffer würzen. Mit der offenen Seite nach unten auf das Backblech legen.
3. Den Kürbis etwa 25 Minuten backen, bis er zart ist. Aus dem Ofen nehmen und umdrehen (so kühlt er schneller ab).
4. Während der Backzeit: Zwiebeln, Karotten, Sellerie, Knoblauch, Lorbeerblätter, Salbei, Thymian und Rosmarin mit dem Wasser in den Topf mit den Kürbiskernen und -fasern geben. Zum Kochen bringen, dann die Hitze reduzieren. Ohne Deckel kochen, bis der Kürbis im Ofen fertig ist. Vom Herd nehmen und die Lorbeerblätter herausnehmen.
5. Das Kürbisfleisch herauslöffeln und in einen Mixer geben. Den Inhalt des Topfs sowie die weißen Bohnen dazugeben. (Möglicherweise musst du alles in mehreren Schritten pürieren). Alles glatt mixen und die Suppe wieder in den Kochtopf geben.
6. Miso mit einem Schneebesen unterrühren. Mit Salz und Pfeffer abschmecken und servieren.

ROSMARIN-KARTOFFELSUPPE MIT KNOBLAUCH

PORTIONEN: 4 bis 6 // **ZEIT:** 15 Minuten Vorbereitung, 35 Minuten Kochzeit, ohne Vorbereitung der Cashew-Sahne

Kartoffelsuppe wärmt von innen heraus und stärkt. Die stückigen Kartoffeln schlucken den Geschmack vieler Gewürze, daher wird die Suppe für ein kräftiges Aroma großzügig mit Knoblauch und Rosmarin gewürzt. Die weißen Bohnen liefern viele Vitalstoffe. Die Kartoffelsuppe eignet sich gut zum Einfrieren und Aufwärmen.

1 EL Olivenöl (ÖF: ¼ Tasse/60 ml Brühe, siehe Zutatenliste)

1 große gelbe Zwiebel, fein gehackt

1 Selleriestange, fein gehackt

8 Knoblauchzehen, fein gehackt

2 frische Zweige Rosmarin, gezupft und fein gehackt

2 Pfund (900 g) festkochende Kartoffeln (z. B. Nicola), geschält und gewürfelt

1 Dose (425 g) Cannellini-Bohnen, gespült und abgetropft

1 Lorbeerblatt

¼ TL schwarzer Pfeffer, plus mehr zum Abschmecken

4 Tassen (960 ml) Gemüsebrühe

¼ Tasse (40 g) Cashew-Sahne (Seite 242)

¼ TL Salz

1 Einen Suppentopf bei mittlerer Hitze erhitzen. Erst Öl und dann Zwiebeln, Sellerie, Knoblauch und Rosmarin hineingeben. Unter ständigem Rühren fünf Minuten kochen. Kartoffeln und Bohnen mit Lorbeerblatt und ¼ TL Pfeffer zugeben und kräftig umrühren. Brühe hineingießen. Die Hitze erhöhen und zum Kochen bringen.

2 Die Hitze wieder reduzieren. Abgedeckt 30 Minuten kochen lassen, bis die Kartoffeln gar sind. Vom Herd nehmen. Die Cashew-Sahne unterrühren. (Für eine glatte Konsistenz die Hälfte der Suppe in einem Mixer pürieren).

3 ¼ TL Salz dazugeben. Mit mehr Pfeffer würzen. Vor dem Servieren das Lorbeerblatt herausnehmen.

ÖF GF

INSTANTRAMEN

PORTIONEN: 4 bis 6 // **ZEIT:** 15 Minuten Vorbereitung, 15 Minuten Kochzeit

Ramen ist schon lange nicht mehr nur eine Fertignudelsuppe. Die Zeiten von frittierten Nudeln und löffelweise Natriumglutamat sind Gott sei Dank vorbei. Ramen zeichnet sich durch einen feinen Umami-Geschmack aus und enthält Gemüse und Vollkornnudeln. Manche Varianten von Ramen ersetzen die Nudeln durch braunen und sogar roten oder schwarzen Reis! Ramen-Suppen sind heute richtige Nährstoffpakete und supergesund. Sie sind auch im Handumdrehen gekocht. Du kannst jedes beliebige Gemüse für deine Ramen verwenden. Wir haben auch ein paar Tipps (siehe Hinweis), wie du Ramen für dein Lunch mitnehmen kannst.

- 6 Tassen (1,4 Liter) Gemüsebrühe
- 1 kleine gelbe Zwiebel, gewürfelt
- 2 EL Wakame (nach Belieben)
- 1 TL frischen Ingwer, fein gehackt oder gerieben, plus mehr zum Abschmecken
- 1 TL geröstete Sesamsamen
- ¼ TL Chili-Flocken, plus mehr zum Abschmecken
- 2 Tassen (140 g) Brokkoliröschen
- 2 Tassen (140 g) Rotkohl, geraspelt
- 2 Karotten, fein gehackt
- ½ Tasse (115 g) Kimchi
- 225 g extrafesten Tofu, gewürfelt oder 1 ½ Tassen (345 g) gekochte Adzukibohnen
- 2 Packungen (80 g) Ramen, glutenfrei, oder Soba-Nudeln
- 2 EL rote Miso-Paste, glutenfrei, plus mehr zum Abschmecken
- 2 Nori-Blätter, in Streifen (nach Belieben)
- 2 Frühlingszwiebeln (weißer und hellgrüner Teil), in feinen Ringen
- Koriander, gehackt

1. Brühe in einem großen Suppentopf zum Kochen bringen. Zwiebeln, Wakame, Ingwer, Sesamsamen und Chili-Flocken zugeben.
2. Die Hitze reduzieren. Brokkoli, Kohl, Karotten, Kimchi und Tofu dazugeben. Weitere 3 Minuten kochen.
3. Dann die Nudeln hineingeben. Die Hitze wieder erhöhen und 5 Minuten bzw. nach Packungsanleitung kochen.
4. Vom Herd nehmen. Mit einem Schneebesen Miso unterrühren. Mit Nori, Frühlingszwiebeln und Koriander garniert servieren.

HINWEIS: *Jedes Gemüse ist geeignet. Probiere beispielsweise getrocknete Pilze, Adzukibohnen oder verschiedene Algen aus.*

Tipps:

Für die Lunchbox solltest du das Gemüse nicht vorkochen. Sesamsamen, Ingwer, Chili-Flocken, Wakame, Gemüse, Kimchi und Tofu zusammen mit Miso in ein Einmach- oder Schraubglas geben, das eine mundgroße Öffnung hat.

Die Ramen-Nudeln separat einpacken. Nori, Frühlingszwiebeln und Koriander entweder in das Schraubglas geben oder getrennt einpacken.

In der Mittagspause Wasser kochen (beispielsweise mit einem Wasserkocher). Die Nudeln in das Glas geben und mit dem heißen Wasser übergießen. Den Deckel lose aufsetzen. 5 Minuten ziehen lassen, gut umrühren und garnieren.

Die Ramen-Lunch-Kits lassen sich gut auf Vorrat einfrieren. Die Suppen haben vielleicht eine leicht andere Konsistenz und der Probiotika-Gehalt der Miso-Paste ist geringer, aber Instantramen sind dennoch ein schneller und vor allem gesunder Snack.

ÖF

ÜBERBACKENE MAKKARONI MIT GERÖSTETER PAPRIKA

PORTIONEN: 4 bis 6 // **ZEIT:** 25 Minuten, ohne Zubereitungszeit des Cashew-Käse mit gerösteter Paprika

Diese Version von „Mac & Cheese" ist kalorienarm und aufgrund des Gemüses gesünder. Sie eignet sich als Alltagsgericht für unter der Woche. Auch Kinder sind für überbackene Makkaroni immer zu begeistern. Die Zubereitung dauert weniger als 30 Minuten – auch wenn du noch den Cashew-Käse mit gerösteter Paprika vorbereiten musst. Das Gericht ist sehr saucenlastig. Wenn das nach deinem Geschmack zu viel Sauce ist, bewahre ein Drittel der Sauce für ein anderes Gericht auf oder rühre noch ein Pfund gedünsteten Brokkoli oder Blumenkohl ein. Als Begleiter passen sautiertes grünes Blattgemüse oder gedünsteter Brokkoli.

- 2 Tassen (280 g) Butternusskürbis, gewürfelt (siehe Hinweis)
- 1 Pfund (455 g) Vollkornpasta (kleine Nudeln)
- 1 Portion Cashew-Käse mit gerösteter Paprikaschote (Seite 243), im Mixer lassen und nicht erhitzen

1. Kürbis in einem großen Topf bei mittlerer Temperatur 10 Minuten kochen oder dünsten, bis er gar ist.
2. Die Pasta wie auf der Packung angegeben kochen.
3. Währenddessen den Kürbis mit der gerösteten roten Paprikaschote in den Mixer geben. Bis zu 1 Tasse (240 ml) Kochwasser von der Pasta entnehmen und in den Mixer geben, bis die Mischung schön sämig ist. (Wir nehmen ⅔ Tasse/160 ml).
4. Die Pasta abgießen und vom Kochwasser ½ Tasse (120 ml) beiseitestellen.
5. Pasta zusammen mit der Sauce wieder in den Topf geben. Gut verrühren und bei geringer Hitze die Sauce 5 Minuten eindicken lassen, bis Bläschen aufsteigen. Wenn die Sauce zu dick ist, etwas vom beiseitegestellten Kochwasser hinzufügen. Servieren.

WENN ES SCHNELL GEHEN MUSS: *Du kannst auch Butternusskürbis aus der Dose oder tiefgefrorene Kürbiswürfel verwenden.*

Tipps:

Einige Menschen reagieren auf die Stärke im Butternusskürbis allergisch und mit juckender Haut. Dies ist nicht schlimm, aber unangenehm. Wenn du empfindliche Haut hast, solltest du beim Zubereiten des rohen Kürbisses Handschuhe tragen.

Das Ende des Stiels abschneiden. Den Kürbisboden abschneiden, sodass eine ebene Schnittfläche entsteht. Den Kürbis mit einem Y-Sparschäler schälen. Den Kürbis halbieren. Die Kerne auskratzen. Die kannst du kompostieren oder als Knabberei rösten. Das Kürbisfleisch würfeln und mit dem Rezept fortfahren.

ÖFO SF

FEURIGER AUGENBOHNEN-EINTOPF MIT BLATTKOHL

PORTIONEN: 4 bis 6 // **ZEIT:** 20 Minuten Vorbereitung, 40 Minuten Kochzeit, plus Einweichzeit für die Bohnen

Die Idee zu diesem Rezept erhielten wir von traditionellen Neujahrsgerichten und durch das Rezept von Isa Chandra Moskowitz. Wir beginnen mit einer Schicht Zwiebeln, Karotten und Sellerie (Mirepoix). Darüber geben wir den Blattkohl und die Augenbohnen. Abgeschmeckt wird das Ganze mit einer leichten feurig-rauchigen Tahin-Sauce. Je nachdem, wie scharf du es magst, kannst du etwas mehr oder weniger Sriracha-Sauce dazugeben. Wir lieben die grüne Paprikaschote in diesem Eintopf. Grüne Paprika ist etwas bitterer und fester. Nach Belieben kann sie durch eine rote, orangefarbene oder gelbe Paprikaschote ersetzt werden.

1. Zubereitung des Eintopfs: Öl im Schmortopf bei mittlerer Temperatur erhitzen. Zwiebeln, Paprikaschote, Karotten und Sellerie dazugeben und kräftig durchrühren. 2 Minuten kochen. Die Hitze reduzieren und den Deckel aufsetzen. Das Gemüse 5 Minuten köcheln lassen und gelegentlich umrühren. (ÖF: Immer wieder etwas Brühe dazugeben, da sie verdampft).

2. Thymian, Lorbeerblatt und Cayennepfeffer und dann den Knoblauch hineingeben. Umrühren und weitere 2 Minuten kochen.

3. Tomaten mit Saft zusammen mit Graupen und Tamari zugeben. 3 Minuten kochen und dabei häufig umrühren, bis die Flüssigkeit verdampft ist.

4. Dann Wasser, Brühe und Blattkohl hineingeben. Die Hitze erhöhen, zum Kochen bringen und dann die Hitze wieder reduzieren. Abdecken und weitere 15 Minuten kochen.

5. Die Augenbohnen einrühren. Vom Herd nehmen und 15 Minuten ziehen lassen. Das Lorbeerblatt herausnehmen. Zitronensaft unterrühren. Mit Salz und Pfeffer abschmecken.

6. Während der Eintopf zieht, die Sauce zubereiten. Hefeflocken, Sriracha-Sauce, Zitronensaft, Ahornsirup, Liquid Smoke und Tahin in ein Glas mit Deckel geben. (Tahin immer erst am Schluss dazugeben, damit es nicht am Glasboden

EINTOPF

- 2 EL Olivenöl (ÖF: ¼ Tasse/60 ml Brühe, ggf. mehr)
- 1 große gelbe Zwiebel, gehackt
- 1 große grüne Paprikaschote, gehackt
- 2 kleine Karotten, gehackt
- 1 große Selleriestange, gehackt
- 1 TL Thymian, getrocknet
- 1 Lorbeerblatt
- ¼ TL Cayennepfeffer oder Chili-Flocken
- 3 Knoblauchzehen, zerdrückt
- 1 Dose (410 g) gestückelter Tomaten, mit Saft
- 1 Tasse (200 g) Gerstengraupen, eingeweicht (siehe Hinweis)
- 1 TL Tamari, salzreduziert
- 2 Tassen (480 ml) Wasser
- 1 Tasse (240 ml) Gemüsebrühe
- 1 Bund Blattkohl, entstielt und gehackt
- 2 Tassen (330 g) Augenbohnen, gekocht (oder 2 Dosen zu je 425 g)

Fortsetzung auf der nächsten Seite...

1 EL frischer Zitronensaft

Salz und schwarzer Pfeffer

SCHARFES TAHIN

2 EL Hefeflocken

1 bis 2 EL Sriracha-Sauce

1 TL frischer Zitronensaft

1 TL Ahornsirup

¼ TL Liquid Smoke (Raucharoma)

¼ Tasse (60 g) Tahin

¼ bis ½ Tasse (60 bis 120 ml) Wasser

Frühlingszwiebel, in Ringen

festklebt). Wasser (jeweils 1 EL auf einmal) dazugeben. Kräftig schütteln, um alles gut zu vermischen. Die Sauce sollte schön sämig sein. Bis zum Servieren im Kühlschrank kalt stellen.

7 Den Eintopf mit der Sauce und der Frühlingszwiebel toppen und servieren.

HINWEIS: *Wenn du die Graupen nicht einweichen möchtest, kannst du sie auch sehr gründlich spülen. Für dieses Gericht solltest du unbedingt Gerstengraupen verwenden. Sie sind schneller gar, weil sie geschält sind. Gerstengraupen enthalten noch viele Ballaststoffe!*

Tipp: Du möchtest weniger Salz zu dir nehmen? Dann greif lieber zu Essig! Wenn du beim Essen feststellst, dass das Essen zu fad ist, solltest du nicht sofort zum Salz greifen. Es gibt eine gesündere Methode, mehr Geschmack in den Teller zu bringen. Der Trick vieler Küchenchefs: Sie verwenden Essig. Ein bisschen Balsamico, ein Spritzer Apfelessig oder etwas Zitronensaft am Ende der Kochzeit (oder direkt in den Teller) unterstreicht das Aroma des Gerichts und bringt mehr Pfiff hinein. Weniger Salz ist letztlich gesünder und besser für den Blutdruck.

ÖFO GF SF

ERBSEN-DALSUPPE

PORTIONEN: 4 bis 6 // **ZEIT:** 10 Minuten Vorbereitung, 1 Stunde Kochzeit, plus Einweichzeit der Hülsenfrüchte

Die Dalsuppe wird aus Hülsenfrüchten und Reis gekocht. Sie ist ein einfacher Eintopf, der wohlig satt macht. Dalsuppe ist leicht verdaulich und spendet nach einem anstrengenden Arbeitstag mit anschließendem Workout viel Energie. Auch zum Frühstück ein Genuss! Für neue Geschmackserlebnisse kannst du Chutneys oder eingelegte Zwiebeln (Seite 246) dazu reichen.

Wenn wir ölfrei kochen, sautieren wir die Zutaten in der Regel in Brühe. Bei diesem Rezept verwenden wir aber Kokosmilch, damit das Aroma der Gewürze richtig zur Geltung kommt.

Beim Kochen von Gewürzen in Fett werden ätherische Öle freigesetzt, die für einen intensiven Geschmack sorgen. Diesen Prozess nennt man auch „Aufblühen". Das Fett hilft dem Körper, die fettlöslichen Komponenten in den Gewürzen besser aufzunehmen.

- 1 EL Kokosöl (ÖF: 1 EL feste Bestandteile der vollfetten Kokosmilch), plus mehr zum Garnieren
- 1 EL frischer Ingwer, fein gehackt oder gerieben
- 4 Knoblauchzehen, zerdrückt
- 1 Jalapeño, sehr fein gehackt (Samen und Rippen für weniger Schärfe entfernen)
- ½ TL Kreuzkümmel, gemahlen
- ½ TL Kurkuma, gemahlen
- 1 Tasse (200 g) gelbe Schälerbsen oder braune Linsen, über Nacht eingeweicht und abgetropft
- ½ Tasse (200 g) brauner Basmatireis
- 4 Tassen (960 ml) Gemüsebrühe oder Wasser (nach Bedarf etwas mehr)
- Salz und Pfeffer
- Frischer Limettensaft
- Koriander, gehackt

1. Einen großen Topf bei mittlerer Hitze erhitzen. Öl schmelzen lassen. Ingwer, Knoblauch, Jalapeño, Kreuzkümmel und Kurkuma dazugeben. Etwa 2 Minuten dünsten, bis die Gewürze ihren Duft verströmen.

2. Schälerbsen (oder Linsen) und Reis hineingeben. Alles miteinander vermischen und die Brühe hineingießen. Die Hitze erhöhen, zum Kochen bringen und dann die Hitze wieder reduzieren. Den Deckel halb aufsetzen und etwa 1 Stunde leicht köcheln lassen, bis die Schälerbsen (oder Linsen) gar sind. (Mehr Brühe dazugeben, wenn der Eintopf flüssiger werden soll).

3. Mit Salz und Pfeffer abschmecken. Mit Limettensaft und Kokosöl beträufeln. Dann mit dem Koriander garnieren und servieren. (Dal ist im Kühlschrank maximal fünf Tage haltbar).

ÖFO GF

KARIBISCHE SÜSSKARTOFFELN IN KOKOS MIT BLATTKOHL

PORTIONEN: 2 bis 4 // **ZEIT:** 20 Minuten Vorbereitung, 35 Minuten Kochzeit

Im Süden der USA wächst Kohl besonders gut und ist daher auf Märkten überall kostengünstig zu finden. Beim Kauf regionaler Produkte unterstützen wir auch die Landwirte vor Ort. Inspiriert von Callaloo, einem Eintopfgericht der karibischen Küche, kam uns die Idee zu diesem Gericht. Damit der Eintopf gehaltvoller wird, geben wir noch Bohnen dazu. Zu den karibischen Süßkartoffeln kannst du Reis servieren, wenn du möchtest.

1 EL Kokosöl (ÖF: 1 EL Kokosmilch, fettarm oder vollfett (nach Bedarf etwas Brühe)

1 gelbe Zwiebel, gewürfelt

3 Knoblauchzehen, fein gehackt

½ TL Chili-Flocken

2 Portionen Blattkohl (etwa 2 Pfund/900 g), entstielt, in 2,5 cm große Stücke gehackt

1 große Süßkartoffel, geschält und gewürfelt

1 Dose (425 g) rote Kidneybohnen oder Kichererbsen, gespült und abgetropft

1 Dose (410 g) gestückelte Tomaten mit Saft

1 ½ Tassen (360 ml) Wasser (siehe Tipp)

½ Tasse (120 ml) Kokosmilch, vollfett oder fettarm

Salz und schwarzer Pfeffer

1. Kokosöl in einer großen und tiefen Bratpfanne bei mittlerer Hitze schmelzen. Zwiebeln und Knoblauch mit den Chili-Flocken hinzugeben. 3 Minuten bei mittlerer Hitze dünsten. Dann Blattkohl und Süßkartoffeln einrühren. Bohnen, Tomaten mit Saft, Wasser und Kokosmilch zugeben.
2. Zum Kochen bringen und die Hitze reduzieren. Bei geschlossenem Deckel etwa 30 Minuten kochen, bis das Gemüse gar ist.
3. Mit Salz und Pfeffer würzen und servieren.

Tipp: Wie bekommst du alle Tomatenreste aus der Dose? Eine Dose umfasst etwa 1 ½ Tassen, daher kannst du das Wasser, das du für das Rezept benötigst, auch mit der Tomatendose abmessen.
Mit dem Wasser landen alle Tomatenreste im Topf.

ÖFO GF SF

ROTE-BETE-BOURGUIGNON (LINSENEINTOPF MIT ROTER BETE)

PORTIONEN: 4 bis 6 // **ZEIT:** 20 Minuten Vorbereitung, 45 Minuten Kochzeit, plus Einweichzeit für die Linsen

Nach einem Abendlauf bei frostigen Temperaturen wärmt dieser herzhafte Eintopf wieder von innen auf. Wir haben uns vom Blog *Green Kitchen Stories* inspirieren lassen und den Eintopf vereinfacht. Linsen und Rote Bete geben geschmacklich den Ton an. Und rote Miso-Paste verleiht dem kräftigen Eintopf mehr aromatische Tiefe. Mit roten und braunen oder französischen Linsen lässt sich der Eintopf ohne Mehl oder Pfeilwurzmehl wunderbar eindicken. (Du kannst statt roter Linsen auch nur braune oder französische Linsen verwenden. Die roten Linsen sorgen jedoch für eine schöne dickflüssige Konsistenz). Schneide das Gemüse jeweils in 2,5 cm große Stücke.

- 1 EL Olivenöl (ÖF: ¼ Tasse oder 60 ml Brühe)
- 1 gelbe Zwiebel, gehackt
- 1 Packung (285 g) frische, braune oder weiße Champignons, geputzt in Scheiben
- 2 Selleriestangen, gehackt
- 3 Knoblauchzehen, fein gehackt
- 1 Zweig Rosmarin
- 1 TL Thymian, getrocknet
- ½ TL schwarzer Pfeffer, plus mehr zum Abschmecken
- ¼ Tasse (65 g) Tomatenmark
- 1 Tasse (240 ml) trockenen Rotwein
- 4 festkochende Kartoffeln (z. B. Nicola), geschält und zerkleinert
- 3 Rote Bete, zerkleinert
- 3 Karotten, zerkleinert
- 3 Tassen (720 ml) Wasser
- 1 Tasse (200 g) gemischte Linsen, über Nacht eingeweicht, gewaschen und abgetropft
- 30 g getrocknete Champignons, in Stücke geteilt
- 2 Lorbeerblätter
- 2 EL rote Miso-Paste, glutenfrei
- Salz

1. Öl in einem großen Suppentopf bei mittlerer Hitze erhitzen. Die Zwiebel zugeben und 3 Minuten anbräunen lassen, bis sie ihren Geruch verströmt. Champignons, Sellerie, Knoblauch, Rosmarin, Thymian und ½ TL Pfeffer dazugeben. Etwa 5 Minuten lang kochen, bis die Champignons schön braun und das Gemüse weich ist.

2. Dann Tomatenmark zugeben und bei gleichmäßigem Rühren weitere 2 Minuten kochen, bis der Eintopf dunkler wird. Den Rotwein hineingießen. Dabei den Bratensatz vom Boden lösen. Anschließend Kartoffeln, Rote Bete, Karotten, Wasser, Linsen, getrocknete Champignons und Lorbeerblätter in den Topf geben.

3. Die Temperatur erhöhen, den Eintopf kurz aufkochen und die Hitze wieder reduzieren. Etwa 30 Minuten bei geschlossenem Deckel köcheln lassen, bis das Gemüse richtig zart ist und die Linsen gar sind. Die Lorbeerblätter herausnehmen. Mit einem Schneebesen Miso unterrühren. Mit Salz und Pfeffer abschmecken. Servieren.

HINWEIS: *Die Champignon-Stiele kannst du weiterverwenden und daraus eine Brühe kochen. Oder du trocknest die Stiele und mahlst sie zu einem feinen Pulver, das einer Brühe oder Suppe eine besondere Geschmacksnote verleiht.*

ÖF XS GFO SF

FRANZÖSISCHER ZWIEBEL-EINTOPF MIT PILZEN

PORTIONEN: 4 bis 6 // **ZEIT:** 10 Minuten Vorbereitung, 75 Minuten Kochzeit, ohne Kochzeit der Bohnen, ohne Vorbereitung der Cashew-Sahne

Die Grundlage jeder französischen Zwiebelsuppe (soupe à l'oignon) ist eine kräftige Rinderbrühe, die der Suppe mehr Tiefe gibt. Unsere pflanzliche Variante basiert stattdessen auf zwei Pilzsorten und auf Pilzbrühe, die mindestens genauso reichhaltig sind. Wir machen uns mit dem Karamellisieren der Zwiebeln weniger Arbeit, indem wir die Zwiebeln in den Ofen geben. Die Krönung der Zwiebelsuppe ist die Beilage: Wir bestreichen Brotscheiben dick mit Cashew-Sahne, die im Ofen geröstet werden. Sehr lecker!

3 große gelbe Zwiebeln, in Scheiben

1 Packung (285 g) Cremini-Pilze, geputzt und in Scheiben

4 Tassen (960 ml) Pilzbrühe

6 Zweige frischer Thymian

2 Zweige frischer Rosmarin, gezupft und fein gehackt

¼ TL schwarzer Pfeffer, plus mehr zum Abschmecken

¼ Tasse (60 ml) Rotwein, wie Cabernet oder Primitivo

1 EL Pfeilwurzmehl

3 Tassen (530 g) Cannellini-Bohnen, gekocht, oder 690 g Adzukibohnen, gekocht

30 g getrocknete Champignons, in große Stücke geteilt

1 Tasse (240 ml) Wasser

Salz

½ Tasse (80 g) Cashew-Sahne (siehe Seite 242)

4 Scheiben Sauerteigbrot (oder: 4 Scheiben glutenfreies Brot)

1 Den Ofen auf 220 °C vorheizen.

2 Zwiebeln, Cremini-Pilze mit 1 Tasse Brühe, Thymian, Rosmarin und ¼ TL Pfeffer in einen großen Schmortopf geben. Abdecken und im Ofen 1 Stunde kochen. Hin und wieder umrühren. Dabei alle 20 Minuten die Reste von den Seitenrändern des Topfs nach unten kratzen. Nach 40 Minuten den Rotwein dazugießen.

2 Den Schmortopf bei mittlerer Hitze auf den Herd stellen. Den Ofen vorheizen.

3 Pfeilwurzmehl vorsichtig unterheben. Dann Bohnen, getrocknete Pilze, Wasser und die letzten 3 Tassen Brühe dazugeben. Zum Köcheln bringen. Unter ständigem Rühren fünf Minuten kochen. Vom Herd nehmen. Mit Salz und Pfeffer abschmecken.

4 Cashew-Sahne auf die Brotscheiben verteilen und im Ofen knusprig und goldbraun rösten. Eintopf auf vier Suppenschüsseln verteilen und dazu die Brotscheiben reichen.

RAFFINIERT EINGEWICKELT:

Wraps aus Essensresten

Sich zur Mittagszeit eine warme Mahlzeit zu kochen, ist für viele Berufstätige nicht möglich. Das heißt aber nicht, dass sie auf gute, vollwertige Nahrungsmittel verzichten oder nur Erdnusstoasts, Marmeladenbrote und Dosensuppen essen müssen.

Wir bereiten abends gern die doppelte Menge einer Mahlzeit zu. Die Reste eignen sich super für eine Unterwegsmahlzeit. Wir peppen unser Lunchpaket etwas auf, um neue Geschmacksnuancen auszuprobieren. Im gesamten Buch findest du Tipps, was du mit Essensresten tun kannst. Übrig gebliebenes Essen soll im Kühlschrank aber kein trauriges Dasein fristen. Besser ist es, mehrere Portionen auf einmal zuzubereiten und deinen Speiseplan im Voraus zu planen. Die zusätzlichen Portionen ergeben wunderbar leckere Mahlzeiten für die Lunchbox.

Leckere Lunchpakete: GENIALE RESTEVERWERTUNG

1 FÜLL DIR EINEN WRAP.

Bei großem Appetit nach dem Laufen bleiben oft weniger Reste übrig als geplant. Das macht aber nichts. Die wenigen Reste von Eintöpfen, gebratenem Gemüse oder Tempeh-Nuggets eignen sich wunderbar als Wrap-Füllung. Noch ein bisschen Blattgemüse dazu, mit der Lieblingssauce toppen und fertig ist dein Lunch!

2 KOCH DIR EINE REIS-BOWL.

Ofengemüse (Seite 101) vom Vortag kann mit Rohkost – wie geraspelte Karotten, Gurken oder Rote Bete – und braunem Reis ergänzt werden. Avocado oder Hummus beziehungsweise Chilisauce oder Salsa sind ein tolles Topping. So hast du aus Lebensmittelresten ein ganz neues Gericht gezaubert.

3 SIEH ÜBER DEN TELLERRAND.

Einfache Grundnahrungsmittel wie gebackene Kartoffeln oder Süßkartoffeln, brauner Reis, Quinoa oder Pita und Tortilla-Chips aus dem Ofen ergeben in Kombination mit Speiseresten vollwertige Mahlzeiten. Wenn du gestern Quinoa auf dem Tisch hattest, greif heute zu Pitabrot.

Plus: Wenn bestimmte Lebensmittel in Wraps verpackt werden, lassen sich auch wählerische Esser überzeugen. Diese Erfahrung hat Matt mit seinem Sohn gemacht. Auf dem Teller? Nein, danke. Aber in einem Wrap mit eingelegten Zwiebeln (Seite 246)? Superlecker!

4

WÄHLE EINEN GENIALEN BEGLEITER.

Miso-Sauce (Seite 237), eingelegte Zwiebeln (Seite 246) oder Cashew-Sahne (Seite 242) werten jede Mahlzeit auf. Wenn du eine Kleinigkeit änderst, wirst du neue Geschmackserfahrungen machen und mehr Abwechslung in der Lunchbox haben. Wenn du glaubst, dass statt Salsa auch Hummus schmecken könnte, dann probiere es aus. Unter die Essensreste kannst du immer wieder neue Zutaten mischen und neue Mahlzeiten kreieren.

5

VERWENDE BLATTGEMÜSE.

Bei Wraps denken viele sofort an Tortillas. Aber auch große Blätter von Salatköpfen oder anderem Blattgemüse können gefüllt werden. Essensreste und Blätter lassen sich gut mitnehmen. Sie sorgen auch für mehr Mikronährstoffe und Abwechslung. Das Erdnussbutter-Tempeh (Seite 110) lässt sich beispielsweise auch in einem gedünsteten Kohlblatt (ohne Stiel) einwickeln. Kalter Enchilada-Auflauf mit Pintobohnen (Seite 103) ist eine traumhafte Füllung in Römersalat-Blättern mit Salsa. Oder fülle Salatblätter mit gewürfeltem Tofu mit Nusskruste (Seite 117) und mit Gemüse und klassischer französischer Vinaigrette (Seite 159). Eine Alternative zu Fingerfood sind sautierte oder gedünstete Blätter von Grünkohl oder Blattkohl. Gemischte Salatblätter eignen sich auch als gut als Grundlage.

BEI DIESEN GERICHTEN LOHNT SICH DIE ZUBEREITUNG EINER DOPPELTEN PORTION:

- **MARINIERTE TOFU-WÜRFEL** (Seite 244): Gemeinsam mit gerösteter roter Paprikaschote, Salatgurke, roten Zwiebeln und gehackten Kalamata-Oliven als Füllung in Pitabrot.
- **JAMAIKANISCHE KIDNEYBOHNEN** (Seite 96): Mit sautiertem grünen Blattgemüse ein idealer Belag für ein Baguette.
- **KICHERERBSEN-QUICHE** (Seite 76): Mit Cashew-Sahne (Seite 242) bestreichen, Rucola drübergeben und zwischen zwei Scheiben geröstetem Brot genießen.
- **HUMMUS** (Seite 62): Für eine Quesadilla Hummus auf zwei Tortillas verteilen und mit Tomaten und Zwiebeln belegen
- **ITALIENISCHE BOHNENFRIKADELLEN** (Seite 87): Ein prima Belag auf getoastetem Baguette mit Cashew-Sahne (Seite 236).
- **SAUCE FÜR LINSEN-CHAMPIGNON-PASTA** (Seite 90). Geröstete Paprikaschoten und Aubergine dazugeben und zwischen zwei Ciabattabrot-Scheiben legen.
- **FARRO-TABOULÉ** (Seite 188): Zusammen mit weißen Bohnen in eine Tortilla aus Vollkornweizen einwickeln.
- **GEBACKENER HARISSA-TOFU** (Seite 77): Überschüssige Sauce gut abtropfen lassen und mit Rucola in eine Vollkorn-Pita wickeln. Die Sauce in einer kleinen Schüssel als Dip dazu reichen.
- **GEBACKENE TEMPEH-NUGGETS** (Seite 176) mit cremigem Kräuter-Hanf-Dressing (Seite 162): Kopfsalat, Tomate und Zwiebel dazugeben und damit ein Pitabrot füllen.
- **FRANZÖSISCHER ZWIEBELEINTOPF MIT PILZEN** (Seite 132): Die Brühe abgießen und als Belag auf Toast geben. Nach Geschmack mit Cashew-Sahne (Seite 242) toppen.

Kapitel 5

KNACKFRISCHE ROHKOST: SALATE UND DRESSINGS

Bei einer pflanzlichen Ernährung gibt es nichts Gesünderes als Salate. Mit nur einer Schüssel deckst du schon deinen Tagesbedarf an Gemüse. Bei uns steht daher fast täglich Salat auf dem Tisch. Salate sind wie süße Smoothies ein Nährstoffschatz. Sie stecken voller Mikronährstoffe und sekundärer Pflanzenstoffe. Sie schützen dich wie ein Multivitamin-Präparat, auch wenn mal deine anderen Mahlzeiten an diesem Tag ungesund ausfallen. (Auch uns befällt hin und wieder eine Heißhungerattacke). Der Vorteil von Salaten ist, dass alle Zutaten, die du jeden Tag essen solltest (siehe Seite 22), untergebracht werden können.

Ein großer Salat zum Lunch oder als Hauptgericht am Abend besteht aus Blattsalaten und gesundem Kohlgemüse, Zwiebeln, Nüssen oder Kernen (unter anderem auch im Dressing) sowie Früchten. Bohnen als Topping liefern beispielsweise hochwertiges Protein. Rohkost-Salate sind keine Küchenkunst. Sie sind ohne großen Aufwand im Nu zubereitet. Sie sind herrlich frisch im Geschmack und nährstoffreich. Verschiedene Farben und Konsistenzen bringen Abwechslung auf den Teller.

Gerichte mit Gemüse zu kochen, ist ganz selbstverständlich. Salate hingegen werden im Speiseplan eher stiefmütterlich behandelt. Dabei eignen sie sich perfekt, um gesunde Kalorien aufzunehmen. Wer nach einem anstrengenden Workout Energie benötigt, greift meistens auf eine warme Mahlzeit zurück. Damit bei großem Hunger der Salat nicht übersehen wird, haben wir einen genialen Trick: Der Beilagensalat wird einfach vor dem Kochen des Abendessens serviert. Sobald die leckeren Gerüche aus der Küche den Appetit anregen, greift jeder gern zur Salatschüssel.

Nach dem Ernährungskonzept in „Eat to Live“ von Dr. Fuhrman gibt es eine simple Regel, damit der Salat die Hauptrolle bekommt. Da Fuhrman sich nicht explizit an Athleten richtet, sind seine Salatrezepte eher leicht und nahrhaft. In diesem Kapitel findet sich Rohkost für den Alltag sowie für Sportler, die eine höhere Kaloriendichte benötigen: leichte wie erfrischende und herzhaft-sättigende Salate, als Beilage oder als nährstoffreicher Begleiter zum Hauptgericht. Einige Salate sind sogar so üppig, dass sie deinen Energiespeicher nach dem Sport wieder auffüllen können.

Achte bei der Zubereitung aller Salate darauf, dass die gesunden Nährstoffe nicht mit den überzuckerten, fettreichen Salatsaucen mit hohem Salzgehalt aus dem Supermarkt ertränkt werden. Hier findest du viele Ideen und Inspirationen, um deine Salate zu verfeinern. Wir verarbeiten gern die wertvollen Fette aus Nüssen und Kernen und gesunde Säuren wie Essig und Zitrussaft zu hausgemachten Dressings.

Aus Rohkost lassen sich Salate in aufregenden Kombinationen zusammenstellen. Mit unseren abwechslungsreichen Rezepten hoffen wir, dass auch bei dir einmal am Tag eine Salat-Bowl im Rampenlicht steht.

ERDBEER-PISTAZIEN-SALAT

ERGIBT: 2 Hauptgerichte oder 4 Beilagen // **ZEIT:** 10 Minuten, ohne Kochzeit von Getreide oder Bohnen

Wir sind der Meinung, dass Obst in Salat viel zu wenig Verwendung findet. Der Geschmack sowie die Farbe der Erdbeeren geben diesem Salat eine fruchtige Note. Das Getreide und die Pistazien sorgen im sonst eher feinen Salat für einen kernigen Biss. Der Salat ist für das tägliche Lunchpaket schnell zusammengestellt: Alle leicht verderblichen Zutaten (das heißt, alle Zutaten in der Liste nach den Bohnen) immer kurz vor Genuss vorbereiten und unterheben. Der Salat schmeckt dann superfrisch. Je nach Geschmack können gesalzene wie ungesalzene Pistazien verwendet werden. Mit diesem Salat feierst du den Frühling und deinen ersten Lauf im Jahr im kurzärmeligen T-Shirt!

- ¼ Tasse (60 ml) Orangensaft
- 2 EL frischer Limettensaft
- 1 EL Olivenöl (ÖF: ohne)
- ¼ TL Salz, plus mehr zum Abschmecken
- ⅛ TL schwarzer Pfeffer, plus mehr zum Abschmecken
- ½ kleine rote Zwiebel, gehackt oder in Ringen
- 2 Tassen (290 g) gekochtes Getreide (z. B. Gerste), abgekühlt
- 2 Tassen (290 g) Erdbeeren, ohne Grün und gehackt
- 1 ½ Tassen (270 g) gekochte Cannellini-Bohnen oder 1 Dose (425 g) Cannellini-Bohnen, gespült und abgetropft
- 1 Packung (140 g bis 170 g) gemischtes, grünes Blattgemüse
- ½ Tasse (30 g) Koriander, gehackt
- ½ Tasse (70 g) geröstete Pistazien ohne Schale, gehackt
- ½ Avocado, gewürfelt
- Balsamicoessig in hoher Qualität

1. Orangensaft, Limettensaft, Öl mit ¼ TL Salz und ⅛ TL Pfeffer in einer großen Schüssel miteinander verrühren. Die Zwiebel im Dressing schwenken. Dann Getreide, Erdbeeren und Bohnen dazugeben und alles gut vermengen.

2. Mit Salz und Pfeffer abschmecken. (Der Salat kann hier bis zu einem Tag im Kühlschrank aufbewahrt werden).

3. Blattgemüse und Koriander unterheben. Mit Pistazien bestreuen, mit Avocado toppen und etwas Essig drüberträufeln. Servieren.

ÖFO XS GF SF

BASISREZEPT: KLASSISCHER GRÜNKOHL-SALAT

ERGIBT: 2 Hauptgerichte oder 4 Beilagen // **ZEIT:** 20 Minuten für die Vorbereitung, plus Zeit zum Marinieren

Wer sich pflanzenbasiert ernährt, schwört auf Grünkohl-Salat. Dieser steht deshalb in besseren Restaurants immer häufiger auf der Tageskarte. Grünkohl zeichnet sich durch ein intensives Aroma aus. Er ist genügsam und widerstandsfähig und kann mehrere Tage im Kühlschrank aufbewahrt werden.

Wer sich pflanzenbasiert ernährt, schwört auf Grünkohl-Salat. Dieser steht deshalb in besseren Restaurants immer häufiger auf der Tageskarte. Grünkohl zeichnet sich durch ein intensives Aroma aus. Er ist genügsam und widerstandsfähig und kann mehrere Tage im Kühlschrank aufbewahrt werden.

- 2 Bund Grünkohl, entstielt und in mundgerechten Stücken
- 2 EL Essig (glutenfrei) oder Zitronensaft, plus mehr zum Abschmecken
- 1 EL Olivenöl (ÖF: ohne)
- ½ TL Salz, plus mehr zum Abschmecken
- ¼ TL getrocknete Kräuter oder Gewürze, wie Thymian oder gemahlener Kreuzkümmel (nach Belieben)
- 2 Tassen (220 g) knackiges Gemüse, geraspelt oder gehackt, wie Paprikaschoten, Rote Bete, Karotten und Sellerie
- ¼ Tasse (40 g) rote Zwiebel, fein gehackt, oder 2 Frühlingszwiebeln (weißer und hellgrüner Teil), in feinen Ringen
- Schwarzer Pfeffer
- ½ Tasse (70 g) Kerne oder Nüsse, gehackt
- ¼ Tasse (30 g) getrocknete Früchte

1. Grünkohl in eine große Schüssel geben und mit Essig und Öl beträufeln. ½ TL Salz und Kräuter (wenn verwendet) dazugeben. Mit sauberen Händen den Grünkohl gründlich mischen, bis er dunkler wird und gut mariniert ist.

2. Das gemischte Gemüse und die Zwiebel hineingeben und alles vermischen. Vor dem Servieren 8 Stunden oder über Nacht im Kühlschrank kühl stellen.

3. Vor dem Genuss mit Salz, Pfeffer und Essig abschmecken. Die Nüsse und getrockneten Früchte drübergeben. Auf Teller verteilen. Der Salat ist im Kühlschrank bis zu drei Tage haltbar.

Variation: Aus buntem Gemüse lassen sich farbenfrohe und nahrhafte Rohkost-Salate zubereiten:

- » Rote Bete, Sellerie, Karotten und Rotkohl mit Zitronen-Tahin-Dressing (Seite 152)
- » Fenchel und Paprikaschoten mit cremigen Avocado-Limetten-Dressing (Seite 157, im Kühlschrank aufgrund der Avocado nur einen Tag haltbar)
- » Blumenkohl und Paprikaschoten mit Dressing „Zitrone-Thymian" (Seite 155)

ÖF XS GF FF

KONFETTI-QUINOA-SALAT

ERGIBT: 2 Hauptgerichte oder 4 Beilagen // **ZEIT:** 15 Minuten, ohne Kochzeit der Quinoa und ohne Zubereitung des Dressings

Dieser Quinoa-Salat bringt viel Farbe in die Salatschüssel und ist im Handumdrehen zubereitet. Du musst nur das Gemüse zerkleinern. Da kein Gemüse enthalten ist, das schnell welk wird oder verdirbt, kann der Salat gut als Unterwegsmahlzeit vorab zusammengestellt werden.

- 2 Tassen (370 g) Quinoa, abgekühlt
- 1 Tasse (165 g) Ananas oder Mango, gewürfelt (aufgetaut)
- 1 Tasse (165 g) Mais (aufgetaut)
- 1 große rote oder gelbe Paprikaschote, gewürfelt
- 1 rote Zwiebel, gewürfelt
- 2 Frühlingszwiebeln, weißer und hellgrüner Teil, in feinen Ringen
- 1 große Tomate, gehackt (etwa 1 Tasse/180 g)
- 1 Portion cremiges Avocado-Limetten-Dressing (Seite 157) oder Limetten-Kreuzkümmel-Dressing (Seite 156)
- Eine Prise Salz
- Schwarzer Pfeffer
- ½ Tasse (80 g) Kürbiskerne, am besten roh und ungesalzen
- ¼ Tasse (15 g) Koriander, gehackt

1 Quinoa, Ananas, Mais, Paprikaschote, rote Zwiebeln, Frühlingszwiebeln und Tomate in eine große Schüssel geben. (Wenn der Salat nicht sofort verzehrt wird, das Dressing separat abfüllen. Das cremige Avocado-Limetten-Dressing ist nur ein Tag, der Salat ohne Dressing aber bis zu drei Tage haltbar).

2 Den Salat im Dressing schwenken und mit Salz und Pfeffer abschmecken. Vor dem Servieren mit Kürbiskernen und Koriander garnieren.

ÖF XS GF FF

ANTI-WINTERBLUES-SALAT

ERGIBT: 2 Hauptgerichte oder 4 Beilagen // **ZEIT:** 15 Minuten

An grau-nassen Wintertagen ist dieser Salat eine farbenfrohe und knackig-frische Abwechslung zu deftigen Wintersuppen und Eintöpfen. Die zitronig-spritzige Note hebt die Stimmung und ist im Winter richtiges Soulfood. Dank der Zitrone und der Avocado ist kein Dressing notwendig.

2 kleine Fenchelknollen, entkernt und in dünnen Scheiben

2 pinke Grapefruits, filetiert, den Saft aufheben (siehe Tipp)

2 Tassen (140 g) Rotkohl, geraspelt

1 rote oder orangefarbene Paprikaschote, in dünnen Streifen

1 EL frischer Limettensaft

Salz und schwarzer Pfeffer

½ Tasse (30 g) Koriander, gehackt

1 Avocado, gewürfelt oder in Scheiben

¼ Tasse (30 g) Walnüsse, gehackt

1. Fenchel, Kohl, Paprikaschote mit Grapefruit und Grapefruit-Saft sowie Limettensaft in einer Schüssel verrühren. Mit Salz und Pfeffer abschmecken, schwenken und servieren. (An dieser Stelle kannst du den Salat auch über Nacht kühl stellen).

2. Vor dem Servieren den Koriander unterheben. Den Salat auf Schüsseln verteilen. Avocado und Walnüsse drübergeben.

Tipp: Das Filetieren von Zitrusfrüchten ist eine Technik, bei der Haut und Kerne entfernt werden. Zunächst wird das obere und untere Ende der Zitrusfrucht abgeschnitten. Dann mit einem Gemüsemesser die Schale mit der Außenhaut der einzelnen Segmente von oben nach unten in Streifen herunterschneiden. Dabei möglichst wenig Fruchtfleisch abschneiden. Die geschälte Frucht in die Hand nehmen und direkt an den weißen Trennwänden mit dem Messer einschneiden. Dabei die Frucht über eine Schüssel halten, um den Zitrussaft aufzufangen. Die Kerne und die Membran zwischen den Segmenten vorsichtig entfernen.

ÖFO

GESUNDER GRIECHISCHER SALAT

ERGIBT: 2 Hauptgerichte oder 4 Beilagen // **ZEIT:** 55 Minuten, ohne Zubereitung der marinierten Tofu-Würfel und des Cashew-Tsatsiki

Griechischer Salat darf auf keiner Mittagskarte fehlen. Ohne den Fetakäse bleiben beim klassischen griechischen Salat leider nur noch wenig Gemüse und ein fettiges Dressing übrig. Bei uns kommen daher mehr Gemüsesorten zum Einsatz. Der vollwertige Salat erhält seine cremig-pikante Note durch marinierten, ölfreien Tofu und Cashew-Tsatsiki.

2 Römersalat-Herzen, gewaschen, getrocknet und zerkleinert

1 rote oder gelbe Paprikaschote, geröstet oder roh, gehackt

1 große Tomate, gewürfelt, oder 1 Tasse (150 g) Kirschtomaten, halbiert

1 Tasse (165 g) Kichererbsen, gekocht

½ Tasse (50 g) Salatgurke, zerkleinert

½ Tasse (90 g) Kalamata-Oliven, entkernt

¼ Tasse (40 g) rote Zwiebel, gehackt

½ Portion marinierte Tofu-Würfel (Seite 244), ölfrei zubereitet

¼ Tasse plus 2 EL (45 g) Cashew-Tsatsiki (siehe Seite 245)

Vollkorn-Pitabrot, geviertelt, oder Pita-Chips

Zitronen-Viertel

1. Salat in eine große Schüssel geben. Paprikaschote, Tomate, Kichererbsen, Salatgurke, Oliven, Zwiebeln und Tofu-Würfel auf den Salat legen. (Wir arrangieren das Gemüse gern in Reihen).

2. Mit Cashew-Tsatsiki toppen. Pitabrot-Ecken arrangieren. Mit den Zitrone-Vierteln garnieren.

ÖFO GF SF

VIETNAMESISCHER REISNUDELSALAT

ERGIBT: 4 Hauptgerichte // **ZEIT:** 35 Minuten Vorbereitung plus Ziehzeit

Dieser herrlich frische Sommersalat benötigt etwas mehr Zeit für die Vorbereitung, die sich aber lohnt. Wenn du unter Zeitdruck stehst, kannst du das Rösten des Tofus überspringen. Statt herkömmlichen Dressings beträufeln wir den Reisnudelsalat mit Avocado-Ingwer-Aïoli. Reste können prima in Frühlingsrollen verarbeitet oder in Kohlblätter eingewickelt werden.

- 4 große Karotten, geraspelt
- 1 kleiner Winterrettich (weißer Rettich), geschält und geraspelt
- 1 Salatgurke, in dünnen Scheiben
- ¼ Tasse (60 ml) Reisessig
- 1 EL Zucker
- ¼ TL Salz, plus mehr zum Abschmecken
- 2 Avocados, halbiert, ohne Stein
- Ingwer (2,5 cm großes Stück), geschält und gerieben
- 2 EL bis ¼ Tasse (60 ml) Wasser
- 1 EL frischer Limettensaft
- 1 Knoblauchzehe
- 1 EL Kokosöl (ÖF: ohne)
- 1 Paket (455 g) extrafester Tofu oder Tofu aus gekeimten Sojabohnen, abgetropft und gewürfelt
- Schwarzer Pfeffer
- 225 g braune Reisnudeln
- 2 Tassen (210 g) Mungosprossen
- ½ Tasse (30 g) Koriander, gehackt
- Ungesalzene Erdnüsse
- Chilisauce, zum Beispiel Sriracha-Sauce (nach Belieben)

1. Karotten, Rettich, Salatgurke zusammen mit Essig, Zucker und ¼ TL Salz in einer kleinen Schüssel mischen. Mindestens eine Stunde oder bis zu einem Tag im Kühlschrank ziehen lassen.

2. Avocados, Ingwer mit 2 EL Wasser, Limettensaft und Knoblauch in einen Mixer geben und zu einer Sauce mixen. Jeweils 1 EL Wasser zugeben (wenn notwendig), bis die Sauce die Konsistenz einer Aïoli hat. In ein Glas mit verschließbarem Deckel geben und zur Seite stellen.

3. Eine gusseiserne Bratpfanne bei mittlerer Hitze erhitzen. Öl in die heiße Pfanne geben.

4. Dann den Tofu nebeneinander in die Pfanne legen. 8 bis 10 Minuten goldbraun braten. Mit Salz und Pfeffer abschmecken. Zur Seite stellen und abkühlen lassen.

5. Anschließend die Reisnudeln laut Packungsanweisung kochen. Die Nudeln mit kaltem Wasser spülen und abtropfen.

6. Das marinierte Gemüse unter die Nudeln heben. Den Salat auf Schüsseln verteilen. Mit Tofu, Bohnensprossen und Koriander toppen. Die Avocado-Sauce drübergeben. Vor dem Servieren mit Erdnüssen garnieren und mit Chilisauce beträufeln. (Salatreste können gekühlt bis zu drei Tage aufbewahrt werden. Das Dressing sollte innerhalb eines Tages verzehrt werden).

ÖFO GF SF GF

GERÄUCHERTER KARTOFFELSALAT MIT BLATTGEMÜSE

PORTIONEN: 4 bis 6 // **ZEIT:** 25 Minuten

Leichter Kartoffel-Genuss: Dieser geräucherte Kartoffelsalat hat nichts mit der ungesunden Kalorienbombe mit Mayonnaise gemeinsam, die man bei Picknicks und Mitbring-Partys verzehrt. Zum einen verwenden wir keine Mayonnaise. Und zum anderen enthält der Salat auch grünes Blattgemüse. Somit wird aus dem Kartoffelsalat ein nahrhafter, ausgewogener Salat, der seinem Namen gerecht wird. Die Kartoffeln werden mit dem rauchigen und mit Essig aromatisierten Dressing mariniert. Er schmeckt warm wie kalt wunderbar. Vor dem Servieren kannst du nach Belieben eine rote oder gelbe gehackte Paprikaschote dazugeben. Eine kräftigere Rauchigkeit im Salat bekommst du mit einigen Shiitakepilzen aus dem Ofen (Seite 68) als Topping

- 2 Pfund (900 g) festkochende Kartoffeln (z. B. Nicola)
- ¼ Tasse (60 ml) Apfelessig
- 2 Frühlingszwiebeln, weißer und hellgrüner Teil, in feinen Ringen
- 2 EL Olivenöl (ÖF: ohne oder ½ Avocado, zerdrückt)
- 1 TL Ahornsirup
- 1 TL Tomatenmark
- ½ TL Dijon-Senf, glutenfrei
- ½ TL Salz
- ½ TL Paprikapulver, geräuchert
- ¼ TL schwarzer Pfeffer
- 2 Tropfen Liquid Smoke (Raucharoma)
- 340 g grünes Blattgemüse
- ¼ Tasse (30 g) ungesalzene, geröstete Mandeln, gehackt

1. Kartoffeln in einem großen Topf bei mittlerer Temperatur 15 Minuten kochen oder dünsten, bis sie gar sind. Abgießen und die einzelnen Kartoffeln nebeneinander abkühlen lassen.

2. In der Zwischenzeit Essig, Frühlingszwiebeln, Öl, Ahornsirup, Tomatenmark, Senf, Salz, Paprikapulver, Pfeffer und Liquid Smoke in einer großen Schüssel gut verrühren.

3. Kartoffeln in gleich große, mundgerechte Stücke schneiden. In die Schüssel geben und vorsichtig im Dressing schwenken. Blattgemüse auf Teller verteilen und den Kartoffelsalat drübergeben. Mit Mandeln garnieren. Der Salat ist im Kühlschrank fünf Tage haltbar. (Die ölfreie Version ist wegen der Avocado nur einen Tag genießbar). Blattgemüse und Mandeln erst kurz vor dem Servieren dazugeben.

BASISREZEPT: HAUSGEMACHTES SALATDRESSING

PORTIONEN: 4 Schüsseln, Menge variabel // **ZEIT:** 5 Minuten

Unglaublich, aber wahr: Für ein schmackhaftes Salatdressing ist kein Rezept notwendig. Es gibt unendlich viele Variationsmöglichkeiten. Wichtig ist nur, dass das unten beschriebene 3:1-Verhältnis eingehalten wird. Ansonsten können Zutaten verarbeitet werden, die gerade vorrätig sind. Du solltest auch unbedingt mal ein ölfreies Dressing ausprobieren, die verschiedene Alternativen zu Öl enthalten. Die Zutaten in ölfreien Dressings lassen sich besser miteinander vermischen. Denn Öl verbindet sich nur schlecht mit Essig und Zitrussaft.

1 Teil Säure (Essig, Tomaten, Zitrussaft oder Senf)

3 Teile Öl oder cremige Zutaten (Avocado, Nussmus, Tofu, Hummus oder pürierte Bohnen)

Gewürze zum Abschmecken (frische oder getrocknete Kräuter, Gewürze, Zwiebel/Schalotte, Ingwer oder Knoblauch)

Salz und schwarzer Pfeffer zum Abschmecken

Alle Zutaten in einen Mixer geben und mischen. Oder die Zutaten in ein Schraubglas geben und kräftig schütteln. Dressings können im Kühlschrank etwas eindicken. Daher kannst du vor dem Anmachen des Salats ein wenig Wasser in das Dressing rühren. Im luftdichten Behälter hält sich das Dressing bis zu fünf Tage.

Fantastische Dressings ohne Öl:

- Limettensaft mit Seidentofu und Basilikum
- Orangensaft mit Avocado und Koriander
- Balsamicoessig mit Cashewmus und Rosmarin
- Reisessig mit Tahin und Ingwer
- Dijon-Senf mit Kichererbsen, Schalotten und Estragon
- Salsa mit Avocado und Kreuzkümmel

Geniale Dressings mit Öl und intensivem Aroma:

- Rotweinessig mit Olivenöl und getrocknetem Dill
- Apfelessig mit Traubenkernöl und Knoblauch
- Zitronensaft mit Sesamöl und Koriander

ÖF FF

GRÜNES DRESSING

PORTIONEN: 8 bis 12 / Ergibt ca. 2 Tassen (480 ml) // **ZEIT:** 5 Minuten

Das Restaurant „Angelica Kitchen“ in New York ist für sein grünes Dressing berühmt. Sein zartes Aroma verleiht gekochtem Gemüse oder grünen Salaten eine besondere Raffinesse. Auch als Dip sehr köstlich! Petersilie und Frühlingszwiebel bringen Farbe in die Salatsauce. Der saure wie salzige Geschmack der Umeboshi-Paste (aus fermentierten Aprikosen) verbindet sich perfekt mit dem herben Apfelessig. Tamari verleiht dem Dressing eine etwas kräftigere salzige Note. Du willst wissen, warum wir es „grünes Dressing“ genannt haben? Verwende es in einem Salat und schmecke die Antwort!

- ¾ Tasse (180 ml) Wasser (nach Bedarf etwas mehr)
- ½ Tasse (30 g) glatte Petersilie, gehackt
- ¼ Tasse (60 g) Tahin
- 1 Frühlingszwiebel (weißer und hellgrüner Teil), gehackt
- 1 EL Apfelessig
- 2 TL Umeboshi-Paste oder 2 Umeboshi (japanische Ume-Aprikosen), entsteint und grob gehackt (siehe Hinweis)
- 1 TL Tamari, salzreduziert

Alle Zutaten in einen Mixer geben und glatt mixen. Das Dressing dickt mit der Zeit etwas ein. Daher kannst du vor dem Servieren etwas Wasser unter das Dressing mischen. In einem luftdichten Glas abgefüllt, ist das Dressing bis zu zwei Tage haltbar.

HINWEIS: *Das grüne Dressing besteht aus wenigen Zutaten. Sobald du eine Zutat durch eine andere ersetzt, erhält das Dressing eine völlig neue Geschmacksnuance.*
Wir haben das Dressing trotzdem einmal ohne Umeboshi ausprobiert und durch 1 ½ TL Apfelessig und ½ TL Tamari ersetzt. Das Ergebnis war ein ganz neues, superleckeres Geschmackserlebnis!

ÖF GF FF

ZITRONEN-TAHIN-DRESSING

PORTIONEN: 6 bis 8 / Ergibt ca. 1 ¼ Tassen (300 ml) // **ZEIT:** 5 Minuten

Salatsaucen ohne Tahin sind für uns quasi undenkbar. Die cremige Sesampaste mit ihrer leicht herben Note macht jedes Dressing zu einem Traum. Das Aroma dieses Dressings beruht auf einer ausgewogenen Balance zwischen Tahin, Zitrone und Salz. Es harmoniert perfekt mit Salaten und ist auch als Dip zu Rohkost, gebackenem Tofu oder Tempeh-Nuggets eine wunderbare Köstlichkeit. Im Frühling und Sommer macht sich das Zitronen-Tahin-Dressing auch als erfrischende Pastasauce gut. Linguine mit herbem Blattgemüse, halbierten Kirschtomaten und Frühlingszwiebeln vermengen und das Zitronen-Tahin-Dressing untermischen. Mit grobkörnigem Salz und Hefeflocken toppen.

Das Dressing dickt im Kühlschrank ein. Das ist perfekt, wenn du einen Salat mit Zutaten anmachst, die viel Wasser enthalten. Für Romana-Salat oder grünes Blattgemüse solltest du das Dressing besser mit wenig Wasser verdünnen.

- ¼ Tasse (60 ml) frischen Zitronensaft (von 2 Zitronen)
- 1 TL Zucker oder ein anderes Süßungsmittel (Ahornsirup oder Datteln)
- 1 kleine Knoblauchzehe, gehackt
- ½ Tasse (120 g) Tahin, glutenfrei
- ¼ TL Salz
- ⅛ TL schwarzer Pfeffer
- ¼ bis ½ Tasse (60 bis 120 ml) Wasser

Zitronensaft, Zucker, Knoblauch, Tahin mit Salz und Pfeffer in einen Hochleistungsmixer geben und kräftig mixen. Ganz langsam das Wasser hinzugeben (zunächst nur ¼ Tasse/60 ml), bis die gewünschte Konsistenz erreicht ist. Im luftdichten Behälter hält sich das Dressing bis zu fünf Tage.

ÖF XS GF FF

MANGO-ORANGEN-DRESSING

PORTIONEN: 6 bis 8 / Ergibt ca. 1 ½ Tassen (360 ml) // **ZEIT:** 5 Minuten

Eine ausgeglichene Kombination unterschiedlicher Aromen ist das Geheimnis von ölfreien Dressings. Bei diesem Mango-Orangen-Dressing stehen drei verschiedene Säuren in Kontrast zu Zucker oder einem anderen Süßungsmittel. Mango rundet den Geschmack des Dressings ab und Koriander bringt mehr Pfiff hinein. Das süßliche Dressing ist schön herb und komplett ölfrei. Es schmeckt traumhaft zu schwarzen Bohnen oder Tofu und ist der ideale Begleiter zu einem Sommersalat. Wenn die Mango sehr reif ist, kannst du den Zucker weglassen.

- 1 Tasse (165 g) Mango, gewürfelt (bei Tiefkühlobst aufgetaut)
- ½ Tasse (120 ml) Orangensaft
- 2 EL frischer Limettensaft
- 2 EL Reisessig, glutenfrei
- 1 TL Rohrohrzucker (nach Belieben)
- ¼ TL Salz
- 2 EL Koriander, gehackt

Mango, Orangensaft, Limettensaft und Reisessig zusammen mit Zucker und Salz in einem Mixer glatt mixen. Den Koriander einrühren. In einem luftdichten Glas abgefüllt, ist das Dressing bis zu zwei Tage haltbar.

ÖF XS GF FF

AROMATISCHES KNOBLAUCH-DRESSING

PORTIONEN: 4 bis 6 / Ergibt ca. ⅔ Tasse (160 ml) // **ZEIT:** 5 Minuten

Gerösteter Knoblauch macht dieses Dressing wunderbar cremig, obwohl kein Öl – und auch keine anderen Fette – enthalten sind. Es intensiviert den Geschmack von Wurzelgemüse, herzhaftem Blattgemüse, wie Grünkohl und gebratenem Gemüse. Das Dressing kann auch zum Marinieren verwendet werden.

- 1 Knoblauchzehe, geröstet, ohne Haut (siehe Tipp)
- 3 EL Rotwein oder Apfelessig
- 1 EL Balsamicoessig
- 1 TL Zucker oder ein anderes Süßungsmittel (Ahornsirup oder Datteln)
- ¼ TL Salz
- ⅛ TL schwarzer Pfeffer
- ¼ TL getrockneter Thymian, Rosmarin oder Estragon (nach Belieben)
- ¼ bis ½ Tasse (60 bis 120 ml) Wasser

Knoblauch mit Rotweinessig, Balsamicoessig, Zucker, Salz, Pfeffer und Thymian (wenn verwendet) in einem Mixer glatt mixen. Dann das Wasser nach und nach (jeweils 1 EL auf einmal) hinzugeben, bis das Dressing die gewünschte Konsistenz hat. (Du brauchst in etwa ¼ Tasse/60 ml). Im luftdichten Behälter hält sich das Dressing bis zu fünf Tage.

Tipp: Wenn du den Ofen für eine andere Mahlzeit benötigst, kannst du Zeit und Energie sparen, indem du den Knoblauch gleich mitröstest (bei 190 bis 200 °C). Den Kopf der Knoblauchzehen abschneiden, fest in Backpapier wickeln und 30 bis 45 Minuten backen. (Wenn der Knoblauch ohne Bräunung weich und süß werden soll, nur 30 Minuten backen. Bei 45 Minuten im Ofen bekommt der Knoblauch eine dunkle Röstung). Leicht abkühlen lassen und den Knoblauch in eine kleine Schüssel geben. Im Kühlschrank fünf Tage haltbar.

DRESSING „ZITRONE-THYMIAN“

PORTIONEN: 4 bis 6 / Ergibt ca. ⅔ Tasse (160 ml) // **ZEIT:** 5 Minuten

Dieses Rezept ist eines der wenigen im Buch, bei dem auf Öl nicht verzichtet werden sollte. Hummus und etwas Tahin ergeben eine cremige Alternative, wenn das Dressing trotzdem ölfrei sein soll.

- ⅓ Tasse (80 ml) frischen Zitronensaft (von 2 Zitronen)
- 2 frische Zweige Thymian, gezupft und gehackt, ohne Stiele
- 1 Knoblauchzehe, halbiert (siehe Hinweis)
- 1 TL Sesamöl (ÖF: 1 TL Tahin, glutenfrei)
- ½ TL Zucker
- ½ TL Salz
- Eine Prise schwarzer Pfeffer
- ¼ Tasse (60 ml) Olivenöl (ÖF: ¼ Tasse/60 g Hummus, glutenfrei)

Zitronensaft und Knoblauch mit Thymian, Sesamöl, Zucker, Salz und Pfeffer in ein Schraubglas geben. (ÖF: Tahin dazugeben). Das Öl mit einem Schneebesen sehr gut unterrühren und das Dressing abschmecken. Gekühlt fünf Tage haltbar. (Vor dem Servieren die Knoblauchzehe entfernen).

HINWEIS: *Das Dressing erhält durch die halbierte Knoblauchzehe eine hauchzarte Knoblauchnote. (Vor dem Servieren den Knoblauch entfernen). Wenn du die Knoblauchzehe hackst, schmeckt das Dressing intensiver nach Knoblauch.*

LIMETTEN-KREUZKÜMMEL-DRESSING

PORTIONEN: 2 bis 4 / Ergibt ca. ½ Tasse (120 ml) // **ZEIT:** 5 Minuten

Richtig würzen will geübt werden: Dressings und Vinaigrettes eignen sich gut dazu, raffinierte Würzmischungen auszuprobieren. In diesem Dressing trifft Kreuzkümmel auf süße, saure und salzige Aromen. Mit dem Limetten-Kreuzkümmel-Dressing verfeinerst du Taco-Salate und gibst Tempeh und Wurzelgemüse den richtigen Pfiff. Passt auch super zur blitzschnellen Quinoa-Gemüse-Bowl (Seite 94). Mit Koriander oder Basilikum bekommt es noch eine weitere Geschmacksnote dazu.

- 1 TL Kreuzkümmel, gemahlen
- 1 TL Zucker
- ¼ TL Salz
- 3 EL frischen Limettensaft (von 2 Limetten)
- 1 EL Apfelessig
- ¼ Tasse (60 ml) natives Olivenöl extra (ÖF: ½ Avocado, püriert)

Kreuzkümmel, Zucker und Salz in ein mittelgroßes Glas mit Deckel geben. Zitronensaft und Essig gut untermischen (ÖF: Avocado unterrühren). Öl mit einem Schneebesen gut und gleichmäßig unterrühren. Im Kühlschrank vier Tage haltbar. (Das Dressing mit Avocado ist nur einen Tag lang haltbar). Gut schütteln, um die Zutaten zu vermengen.

Tipp: Es gibt fünf Geschmacksrichtungen: süß, salzig, sauer, bitter und umami. Gerichte, die unseren Geschmack treffen, zeichnen sich durch einen ausgewogenen Kontrast zwischen diesen Aromen aus. Würzen ist eine Kunst, die man mit Salatdressings und Vinaigrettes sehr gut üben kann. Spiele mit verschiedenen Aromen und vertraue auf deine Geschmacksnerven. Ist das Dressing zu salzig oder zu sauer? Dann braucht es etwas mehr Süße. Die Vinaigrette ist zu fad? Ein bisschen Essig gibt erfrischende Säure. Dein Dressing ist dir noch nicht raffiniert genug? Dann verwende eine Zutat mit Umami-Geschmack. Mit ein bisschen Übung kannst du auch ohne Rezept sensationelle Mahlzeiten zubereiten. Richtiges Würzen macht den Unterschied zwischen öden Speisen und Gerichten mit Wow-Effekt.

CREMIGES AVOCADO-LIMETTEN-DRESSING

PORTIONEN: 4 bis 6 / Ergibt ca. 2 Tassen (480 ml) // **ZEIT:** 5 Minuten

Durch die Avocado ist das Dressing auch ohne Öl herrlich cremig und reichhaltig. Der Limettensaft gibt dem Dressing eine herbe Note. Daher ist das Avocado-Limetten-Dressing ein leckerer Begleiter zu schwerem mexikanischem Essen. Es eignet sich auch super, um Grünkohl für einen Salat zu marinieren.

- 1 Avocado, gewürfelt
- ¼ Tasse (60 ml) frischer Limetten- oder Zitronensaft (von 2 Limetten oder Zitronen)
- ¼ Tasse (4 g) Korianderblätter
- ½ TL Kreuzkümmel, gemahlen
- ¼ TL Salz
- ½ Tasse (120 ml) Wasser (nach Bedarf etwas mehr)

Alle Zutaten in einen Hochleistungsmixer geben und glatt mixen. Mit den Gewürzen abschmecken. Dann Wasser (jeweils 1 EL auf einmal; bis zu ¼ Tasse/60 ml zusätzlich) dazugeben, bis die gewünschte Konsistenz erreicht ist. Das Avocado-Limetten-Dressing innerhalb eines Tages aufbrauchen.

NUSSIGES CASHEW-RANCH-DRESSING

PORTIONEN: 8 bis 12 / Ergibt ca. 2 ½ Tassen (600 ml) // **ZEIT:** 5 Minuten, ohne Einweichzeit der Cashewnüsse

Sid Garza-Hillman, Ernährungswissenschaftler und Autor von *Approaching the Natural,* hat eine ähnliche Herangehensweise an die Umstellung von Gewohnheiten wie wir. Matt und seine Frau Erin verdanken ihm dieses cremige Dressing, das ihre Kinder zu echten Salat-Fans gemacht hat. Selbst ausgesprochene Liebhaber von Ranch-Dressings sind verblüfft, dass diese Variante tatsächlich vegan und überwiegend roh ist! Wir freuen uns, dass wir Sids Rezept mit aufnehmen durften. Tipp: Wenn das Ranch-Dressing noch cremiger sein soll, die Cashewnüsse ein bis zwei Stunden vor der Zubereitung einweichen.

1 ¼ Tassen (150 g) rohe Cashewnüsse (vorher ggf. 1 bis 2 Stunden einweichen)

¾ Tasse (180 ml) Wasser (nach Bedarf etwas mehr)

1 EL plus 1 ½ TL frischer Zitronensaft

1 EL Apfelessig

1 ½ TL Zwiebelpulver

1 TL Dill, getrocknet

1 TL Salz

½ TL Basilikum, getrocknet

½ TL Knoblauchpulver

¼ TL schwarzer Pfeffer

Alle Zutaten in einen Hochleistungsmixer geben und glatt mixen. Bei Bedarf abschmecken. Wasser (jeweils 1 EL auf einmal; bis zu ¼ Tasse/60 ml zusätzlich) dazugeben, bis die gewünschte Konsistenz erreicht ist. In einen luftdichten Behälter geben. Das Dressing ist bis zu einer Woche haltbar. (Im Kühlschrank dickt das Dressing ein. Du kannst vor dem Servieren etwas Wasser einrühren, um es dünnflüssiger zu machen).

KLASSISCHE FRANZÖSISCHE VINAIGRETTE

PORTIONEN: 2 bis 4 / Ergibt ca. ½ Tasse (120 ml // **ZEIT:** 5 Minuten

Das Originalrezept dieser Vinaigrette stammt von Stepfs Gastmutter, bei der Stepf einige Zeit im französischen Loire-Tal wohnen durfte. Im Laufe der Zeit wurde die Vinaigrette weiter verfeinert. Die Geheimzutat von Madame Vavasseur haben wir durch Balsamico und Thymian ersetzt. Die französische Vinaigrette schmeckt himmlisch zu Wurzelgemüse und Grünkohl sowie zu zartem Kopfsalat. Die Vinaigrette ist sehr gehaltvoll, daher empfehlen wir, sie sparsam einzusetzen.

- 3 EL Apfelessig
- 2 EL Schalotten, fein gehackt (oder 1 EL rote Zwiebel, fein gehackt)
- 1 EL Balsamicoessig
- 1 TL Dijon-Senf, glutenfrei
- ½ TL Thymian, getrocknet
- ¼ Tasse (60 ml) Olivenöl (ÖF: 2 EL weiße Bohnen mit 2 EL Wasser püriert)
- Salz und schwarzer Pfeffer

Apfelessig, Schalotten zusammen mit Balsamicoessig in ein Schraubglas füllen. 5 Minuten ruhen lassen. Dann Wasser und Thymian einrühren. Öl gleichmäßig unterrühren. Mit Salz und Pfeffer abschmecken. Im Kühlschrank bis zu fünf Tage haltbar.

SENF-DRESSING MIT AHORNSIRUP

PORTIONEN: 2 bis 4 / Ergibt ca. ½ Tasse (120 ml) // **ZEIT:** 5 Minuten

Dieses Dressing schmeckt im Sommer wie im Winter. Es kann vielseitig verwendet werden und schmeckt super zu einer Linsen-Wurzelgemüse-Bowl, zu Kartoffelsalat oder zu gerösteter Roter Bete. Wenn Dijon-Senf nicht deine Sache ist, reduziere die Menge auf ein Minimum und verwende umso mehr Ahornsirup. Geschmacklich passen Rosmarin und Thymian dazu.

¼ Tasse (60 ml) Apfelessig
2 EL Ahornsirup
2 TL Dijon-Senf, glutenfrei
¼ TL schwarzer Pfeffer
2 EL Olivenöl (ÖF: 2 EL Brühe oder Wasser)
Salz

Ahornsirup und Dijon-Senf mit Essig und Pfeffer (ÖF: Brühe) in ein Glas mit fest verschließbarem Deckel geben. Öl mit einem Schneebesen gut und gleichmäßig unterrühren. Mit Salz abschmecken. Im Kühlschrank fünf Tage haltbar.

ÖF XS GF FF

BLAUBEER-WALNUSS-VINAIGRETTE

PORTIONEN: 2 bis 4 / Ergibt ca. 1 Tasse (240 ml) // **ZEIT:** 5 Minuten

Fruchtdressings sind manchmal unerträglich süß. Daher verbinden wir die Süße von Blaubeeren mit dem herben Aroma der Walnüsse. Diese ölfreie, kernige Vinaigrette passt super zu bitter-herbem Gemüse, aber auch zu Rucola oder geröstetem Wurzelgemüse. Mit dieser Vinaigrette kann jeder beliebige Salat angemacht und mit zerkrümeltem veganen Käse getoppt werden.

- ¼ Tasse (60 ml) Apfelessig
- ¼ Tasse (40 g) Blaubeeren
- ¼ Tasse (30 g) Walnüsse, gehackt
- 1 bis 2 EL Wasser (nach Belieben)
- 1 EL Schalotten oder rote Zwiebel, fein gehackt
- ½ TL Thymian, getrocknet
- ½ TL Zucker oder Ahornsirup
- Salz und schwarzer Pfeffer

1. Blaubeeren und die Hälfte der Walnüsse gemeinsam mit dem Essig in einem Mixer glatt mixen. Nach Belieben mit 1 oder 2 EL Wasser verdünnen.
2. Den Rest der Walnüsse fein hacken. In ein Schraubglas geben. Dann Schalotte, Thymian und Zucker dazugeben. Alles gut schütteln. Mit Salz und Pfeffer abschmecken. Ein paar Stunden bis drei Tage im Kühlschrank kühl stellen, damit sich die Aromen miteinander verbinden.

ÖF XS GF FF

CREMIGES KRÄUTER-HANF-DRESSING

PORTIONEN: 4 bis 6 / Ergibt ca. 1 ½ Tassen (360 ml) // **ZEIT:** 10 Minuten

Die Hauptzutat dieses traumhaften Dressings sind Hanfsamen. Das Kräuter-Hanf-Dressing erhält mehr Biss, wenn Frühlingszwiebel, Dill und Petersilie erst nach dem Mixen dazugegeben werden. Das Dressing ist dann auch weniger schreiend grün. Im Sommer herrlich erfrischend zu Tomaten oder Gurkenscheiben, und im Winter perfekt zu Bratkartoffeln oder als Dip zu gebackenen Tempeh-Nuggets (Seite 176).

½ Tasse (80 g) Hanfsamen
¼ Tasse (15 g) glatte Petersilie, gehackt
2 EL rohe Cashewnüsse
1 Frühlingszwiebel (weißer und hellgrüner Teil), gehackt
1 EL Apfelessig
1 EL frischer Zitronensaft
2 TL Kapern, abgetropft
1 TL Hefeflocken
½ TL Knoblauchpulver
½ TL Zucker (nach Belieben)
¼ TL Dill, getrocknet
Salz und schwarzer Pfeffer
1 bis 2 EL Wasser (nach Belieben)

In einen Hochleistungsmixer Hanfsamen, Petersilie, Cashewnüsse, Frühlingszwiebel mit Essig, Zitronensaft, Kapern, Hefeflocken, Knoblauchpulver, Zucker und Dill geben. Alles glatt rühren. Mit Salz und Pfeffer würzen. Wasser (jeweils 1 EL auf einmal) dazugeben, bis die gewünschte Konsistenz erreicht ist. Im luftdichten Behälter hält sich das Dressing bis zu fünf Tage.

Kapitel 6

LECKERE NEBENROLLE: KLEINE GERICHTE UND BEILAGEN

Wer seine ersten Schritte bei der Umstellung auf eine pflanzenbasierte Ernährung macht, stellt bald fest: Pflanzliche Gerichte sind häufig One-Pot-Köstlichkeiten. Früher lagen Fleisch, ein Gemüse und eine kohlenhydratreiche Sättigungsbeilage auf dem Teller. Jetzt stehen herzhafte Pastagerichte, gebratenes Gemüse mit Tofu, ein großer Salat mit Quinoa und Bohnen oder abwechslungsreiche Kombinationen einer Getreide-Gemüse-Bohnen-Bowl auf dem Tisch.
One-Pot-Gerichte sind ruckzuck zubereitet und strotzen nur so vor Nährstoffen und gesunden Zutaten. Der Aufwand beim Kochen und Spülen des schmutzigen Geschirrs hält sich in Grenzen. Warum drei Gänge kochen, wenn alles in einen Topf passt? Aber, so gut jeder Bissen schmecken mag, jeder schmeckt doch gleich.

Wir sind große Anhänger einer simplen Ernährungsweise, die uns auf unserem pflanzlichen Lebensweg so viel Spaß macht. Diesen Minimalismus haben wir auch auf andere Lebensbereiche übertragen. Dennoch glauben wir, dass auch einem pflanzlichen Speiseplan hin und wieder etwas Abwechslung guttut. Das ist es doch, was die Lust am Essen ausmacht.

Die kleinen Gerichte und Beilagen sollen helfen, den Speiseplan abwechslungsreicher zu gestalten – nicht in Hinblick auf Nährstoffe, sondern für Gaumen und Genuss. Mit einer Beilage kannst du ein Hauptgericht abrunden oder vervollständigen. Wenn du für Freunde und Familie kochst, kannst du mehrere Getreide- und Gemüsegerichte als Tapas anbieten. Die Beilagen sind schmackhaft und schnell nachgekocht. Und sie bereichern deinen Essensplan.

Wir nehmen es dir nicht übel, wenn du aus einer Beilage ein Hauptgericht machst und dir eine gigantische Portion grüner Tahin-Bohnen (Seite 164), gefüllter Champignons (Seite 175) oder Kichererbsen-Waffeln mit Oliven (Seite 184) gönnst. Denn wir haben das auch schon gemacht!

ÖF XS GF FF

GRÜNE TAHIN-BOHNEN

PORTIONEN: 2 bis 4 // **ZEIT:** 15 Minuten

Einmal zubereitet werden diese Bohnen bei dir immer wieder auf dem Tisch stehen. Wetten? Das Aroma von Tahin und Sesam verbindet sich unwiderstehlich mit dem Geschmack der grünen Hülsenfrüchte. Auch Dip-Fans kommen auf ihre Kosten. Wenn die Sauce in einer Schüssel gereicht wird, können die grünen Bohnen wie Fritten gegessen werden. Brokkoli, Blumenkohl, Karotten oder Rote Bete werden gedünstet oder gebraten mit dieser Tahin-Sesam-Sauce veredelt.

1 Pfund (455 g) grüne Bohnen, gewaschen und geputzt

2 EL Tahin, glutenfrei

1 Knoblauchzehe, zerdrückt

Geriebene Schale und Saft von 1 Zitrone

Salz und schwarzer Pfeffer

1 TL schwarze oder weiße Sesamsamen, geröstet (nach Belieben)

1. Bohnen in einen Dampfeinsatz geben und im Dampfgarer bei mittlerer Hitze dünsten. (Oder mit ¼ Tasse/60 ml Wasser in einem Topf mit Deckel kochen). Abgießen und das Kochwasser zur Seite stellen.

2. Tahin und Knoblauch mit Schale und Saft der Zitrone vermischen. Mit Salz und Pfeffer abschmecken. Die Sauce ggf. mit Kochwasser verdünnen.

3. Grüne Bohnen in der Sauce schwenken. Warm oder bei Zimmertemperatur verzehren. Mit Sesamsamen garnieren.

WENN ES SCHNELL GEHEN MUSS: *Ein Pfund tiefgefrorene Bohnen verwenden. Unter fließend heißem Wasser auftauen und gut abtropfen lassen.*

ÖFO XS GF FF

ZITRONIGER GRÜNKOHL MIT OLIVEN

PORTIONEN: 2 bis 4 // **ZEIT:** 10 Minuten Vorbereitung, 20 Minuten Kochzeit

Die Idee zu diesem Rezept gab uns spanische Olivenmarmelade, die mit reichlich Olivenöl zubereitet wird. Frische Kräuter und gedünstetes Gemüse machen das Gericht leichter und kalorienärmer. Zitrone und Oliven verleihen ein mediterranes Flair. Die Sellerieblätter nicht wegwerfen: Sie können prima verarbeitet werden. Dazu passt Toast mit Hummus.

1 Bund Grünkohl, gehackte Blätter und Stiele

½ Tasse (30 g) Sellerieblätter, grob zerkleinert, oder zusätzlich Petersilie

½ Bund glatte Petersilie, Blätter und Stiele grob gehackt

4 Knoblauchzehen, fein gehackt

2 TL Olivenöl (ÖF: 2 EL Brühe)

¼ Tasse (45 g) Kalamata-Oliven, entkernt und gehackt

Geriebene Schale und Saft von 1 Zitrone

Salz und Pfeffer

1. Grünkohl und Sellerieblätter gemeinsam mit Petersilie und Knoblauch in einen Dampfgareinsatz geben. Den Einsatz auf einen Kochtopf setzen. 15 Minuten bei mittlerer Hitze dünsten. Vom Herd nehmen. Überschüssige Flüssigkeit ausdrücken.

2. Eine große Pfanne bei mittlerer Hitze erhitzen. Öl und dann die Grünkohlmischung zugeben. Unter ständigem Rühren fünf Minuten kochen.

3. Die Hitze stark reduzieren. Oliven sowie Zitronenschale und -saft hineingeben. Mit Salz und Pfeffer abschmecken und servieren. Die Beilage schmeckt heiß, kalt oder bei Zimmertemperatur.

ÖF XS FF

KNUSPRIG PANIERTE ZUCCHINI-SCHEIBEN

PORTIONEN: 2 bis 4 // **ZEIT:** 10 Minuten Vorbereitung, 20 Minuten Backzeit

Panierte Zucchini-Scheiben sind der Hit in der leichten Sommerküche. Die Zubereitung macht kaum Arbeit und beim Panieren wird kein Öl verwendet. Reste schmecken in einer Lasagne göttlich! Dazu die Zucchini-Scheiben schichten. Unsere hausgemachte Marinara-Sauce (Seite 89) passt wunderbar dazu.

- 4 Zucchini, in ca. 13 mm großen Scheiben
- ½ Tasse (120 ml) Mandelmilch
- 1 TL Pfeilwurzmehl
- 1 TL frischer Zitronensaft
- ½ TL Salz
- ½ Tasse (55 g) Vollkorn-Weizensemmelbrösel (siehe Hinweis)
- ¼ Tasse (40 g) Hanfsamen
- ¼ Tasse (15 g) Hefeflocken
- ½ TL Knoblauchpulver
- ¼ TL schwarzer Pfeffer
- ¼ TL Chili-Flocken

1. Den Ofen auf 190 °C vorheizen. Zwei Backbleche mit Backpapier auslegen.
2. Zucchini zusammen mit Mandelmilch, Pfeilwurzmehl, Zitronensaft und ¼ TL Salz in eine Schüssel geben. Alles gut durchmischen.
3. In einer anderen Schüssel mit Deckel die Semmelbrösel mit Hanfsamen, Hefeflocken, Knoblauchpulver und zerdrücktem, schwarzem Pfeffer geben. Nach und nach die marinierten Zucchini-Scheiben in die Schüssel legen. Den Deckel aufsetzen und gut schütteln. Die Zucchini-Scheiben sollten gleichmäßig paniert sein.
4. Die Zucchini-Scheiben nebeneinander auf ein vorbereitetes Backblech legen. Im Ofen etwa 20 Minuten goldbraun backen. Servieren.

HINWEIS: *Die Panade für die Zucchini-Scheiben wird noch krosser, wenn du Panko-Mehl (japanisches Paniermehl) verwendest.*

CREMIG-ZARTES GRÜNKOHLGEMÜSE

PORTIONEN: 2 bis 4 // **ZEIT:** 5 Minuten Vorbereitung, 10 Minuten Kochzeit, ohne Vorbereitung der Cashew-Sahne

Ein bisschen Fett hilft dem Körper, die gesunden Nährstoffe von grünem Gemüse besser zu verwerten. Die Cashew-Sahne unterstreicht das feine Aroma des gedünsteten Gemüses und peppt das Ganze auf. Dieses Rezept ist ein Basisrezept. Den Grünkohl kannst du nach durch Brokkoli, Blumenkohl oder jedes andere Kohlgemüse ersetzen.

- 1 Bund Grünkohl, entstielt und gehackt
- 1 TL frischer Zitronensaft
- 1 Knoblauchzehe, zerdrückt
- Eine Prise Salz
- Schwarzer Pfeffer
- 2 EL Wasser
- 2 EL Cashew-Sahne (Seite 242)

Grünkohl mit Zitronensaft und Knoblauch in eine Bratpfanne geben und erhitzen. Mit Salz und Pfeffer abschmecken. Das Wasser hineingießen. 5 Minuten abgedeckt köcheln lassen. Dann prüfen, ob der Kohl bereits gar ist. Sobald der Grünkohl zart genug ist, die Cashew-Sahne gut unterrühren. Servieren.

ÖF XS GF FF

COLCANNON (KARTOFFELPÜREE MIT KOHL)

PORTIONEN: 4 bis 6 // **ZEIT:** 20 Minuten, ohne Vorbereitung der Cashew-Sahne

Wir haben dem traditionellen irischen Eintopf einfach etwas Zitrone und Muskat untergemischt. Zusammen mit der Cashew-Sahne machen die Gewürze das schlichte Kartoffel-Kohl-Püree zum wahren Geschmackserlebnis. Darauf können wir vielleicht bald mit einem Guinness anstoßen, wenn es irgendwann eine vegane Variante davon geben sollte.

6 festkochende Kartoffeln (z. B. Nicola)

¼ Rotkohl oder Wirsing, grob zerkleinert

¼ TL Muskat, frisch gemahlen

Geriebene Schale von 1 Zitrone

¼ Tasse (40 g) Cashew-Sahne (Seite 242)

Salz und schwarzer Pfeffer

1. Kartoffeln in einem großen Topf mit Deckel 15 Minuten bei mittlerer Temperatur kochen oder dünsten, bis sie gar sind.
2. In der Zwischenzeit: Den Kohl in einem Topf mit Deckel 10 Minuten bei mittlerer Hitze dünsten. (Wenn du einen Dampfgarer besitzt, kannst du die Kartoffeln und den Kohl gemeinsam in zwei Einsätzen dünsten).
3. Kartoffeln abgießen und zerdrücken. Den Kohl mit Muskat, Zitronenschale und Cashew-Sahne unterheben. Mit Salz und Pfeffer abschmecken und servieren.

Variation: Statt Rotkohl oder Wirsing kannst du natürlich auch 2 Bund Grünkohl nehmen.

ÖF XS GF

BASISREZEPT: PAKORA

ERGIBT: 24 Pakora // **ZEIT:** 15 Minuten Vorbereitung, 30 Minuten Backzeit

In der indischen Küche gehört Gemüse, das in siedendem Öl ausgebacken wird, auf jede Speisekarte. Frittiertes Gemüse ist köstlich, trieft aber vor Fett und enthält viel Salz. Wir mögen es lieber gemüsiger und ganz ohne Öl. Cashew-Tsatsiki (Seite 245), Chili-Knoblauch-Sauce oder ein Chutney aus dem Glas begleiten Pakora geschmacklich sehr gut.

2 Tassen (240 g) Kichererbsenmehl

2 EL Garam Masala (Seite 229)

1 TL Backpulver, glutenfrei

1 TL Kurkuma, gemahlen

½ TL Salz, plus mehr zum Abschmecken (nach Belieben)

1 ½ Tassen (360 ml) Wasser

5 bis 6 Tassen (445 bis 535 g) Gemüse nach Lust und Laune. Zum Beispiel:

- Kohl, in dünnen Streifen
- Champignons oder Cremini-Pilze, geviertelt
- Gelbe Zwiebel, fein gehackt
- Rote Bete oder Karotten, geraspelt
- Brokkoli oder Blumenkohl, gehackt
- Paprikaschote, in Würfeln
- Grünkohl, Spinat oder sonstiges Blattgemüse, gehackt

1. Den Ofen auf 220 °C vorheizen. Zwei Backbleche mit Backpapier auslegen.
2. Mehl, Garam Masala, Backpulver, Kurkuma und ½ TL Salz in eine große Schüssel geben und miteinander vermischen. Dann das Wasser einrühren. Das Gemüse unterheben.
3. Aus dem Teig jeweils golfballgroße Portionen auf die vorbereiteten Backbleche geben. Pakora im Ofen 25 Minuten goldbraun und knusprig backen. Nach der Hälfte der Backzeit die Position der Backbleche tauschen. Vor dem Servieren nach Belieben Salz drüberstreuen. (Reste sind gekühlt drei Tage haltbar und können bei 150 °C aufgewärmt werden).

HINWEIS: *Auf Seite 111 findest du unser Rezept für Samosa-Burger. Samosas sind Appetithäppchen und stammen auch aus der indischen Küche. Sie werden ebenfalls frittiert. Die Weizenmehl-Teigtaschen werden traditionell mit gewürztem Kartoffel- und Erbsenpüree gefüllt. Pakora hingegen ist Gemüse, das in Kichererbsenteig getunkt und dann frittiert wird.*

GEBACKENE ZITRUS-KAROTTEN

PORTIONEN: 4 bis 6 // **ZEIT:** 10 Minuten Vorbereitung, 30 Minuten Backzeit

Karotten sind von Natur aus süß. Beim Backen tritt diese Süße geschmacklich hervor. Für die ölfreie Sauce wird Limetten- und Orangensaft mit rauchigem Kreuzkümmel kombiniert, was das Aroma der süßlichen Karotten ergänzt.

- 8 große Karotten, in ca. 13 mm großen Scheiben
- ¼ Tasse (60 ml) Orangensaft
- ¼ Tasse (60 ml) Gemüsebrühe
- 1 TL Kreuzkümmel, gemahlen
- ¼ TL Kurkuma, gemahlen
- Salz und schwarzer Pfeffer
- 1 EL frischer Limettensaft
- Glatte Petersilie, gehackt (nach Belieben)

1. Den Ofen auf 200 °C vorheizen.
2. Karotten in eine große Auflaufform legen. Orangensaft, Brühe sowie Kreuzkümmel und Kurkuma dazugeben. Mit Salz und Pfeffer abschmecken.
3. 30 Minuten backen. Nach der Hälfte der Backzeit umrühren. Die Karotten sind fertig, wenn sie schön goldbraun sind und der Saft leicht eingekocht ist. Vor dem Servieren mit Limettensaft beträufeln und mit der Petersilie garnieren.

GEFÜLLTE CHAMPIGNONS

ERGIBT: 4 gefüllte Champignons // **ZEIT:** 45 Minuten, ohne Zeit zum Marinieren, ohne Zubereitung der Marinade „Vitamin B" oder des Grünkohl-Colcannons

Dieses Rezept ist sehr überschaubar, aber etwas Planung ist wichtig, damit die Champignons die Marinade komplett aufnehmen können. Die Zubereitung macht so gut wie keine Arbeit. Dennoch sind die gefüllten Champignons auf jeder Party ein Hingucker.

- 4 große Champignons, entstielt
- ¼ Tasse (60 ml) Marinade „Vitamin B" (Seite 238)
- 1 Portion Grünkohl-Colcannon (Seite 170)
- ½ Tasse (120 ml) Wasser oder Gemüsebrühe
- 1 TL Pfeilwurzmehl

❶ Champignons mit der entstielten Seite nach oben in eine flache Schüssel legen. Mit der Marinade übergießen. Champignons drehen, damit sie gut mit Marinade bedeckt sind. Abdecken und im Kühlschrank mindestens 8 Stunden ziehen lassen.

❷ Den Ofen auf 200 °C vorheizen. Champignons in eine Auflaufform geben und vorsichtig mit Colcannon füllen.

❸ Abgedeckt 15 Minuten backen. In der Zwischenzeit Wasser und Pfeilwurzmehl verrühren. Champignons aus dem Ofen und aus der Auflaufform nehmen und den Boden der Auflaufform mit der Pfeilwurzmischung ausstreichen. (Mit einem Schaber die Masse nach unten schaben). Alles wieder in den Ofen geben und weitere 20 Minuten backen, bis die Champignons zart und die Kartoffeln durch sind. Servieren.

ÖFO

GEBACKENE TEMPEH-NUGGETS

PORTIONEN: 2 bis 4 // **ZEIT:** 15 Minuten Vorbereitung, 30 Minuten Backzeit

Diese Nuggets sind knusprig-kross und bissfest. Selbst wählerische Kinder lieben sie! Das Tempeh verliert sein bitteres Aroma beim Dünsten. Wenn du magst, kannst du auch sojafreies Tempeh verwenden. (Wir schwören auf Tempeh aus schwarzen Bohnen!). Glutenfreie Nuggets bekommst du mit Semmelbröseln ohne Gluten. Aus übrig gebliebenen Nuggets lässt sich mit Sprossen, geraspelten Karotten und einem Spritzer Cremiges Kräuter-Hanf-Dressing (Seite 162) eine himmlische Füllung für Vollkorn-Tortillas zaubern.

- 1 Packung (225 g) Tempeh, ggf. leicht gedünstet
- ¼ Tasse (60 ml) Mandelmilch
- ¼ Tasse (15 g) Hefeflocken
- 1 EL Herbst/Winter-Würzmischung (Seite 235) oder eine andere Gewürzmischung
- 1 TL Pfeilwurzmehl
- 1 TL frischer Zitronensaft
- ¼ TL schwarzer Pfeffer
- ¼ TL Chilisauce
- ¼ TL Salz
- 1 Tasse (110 g) Vollkorn-Weizensemmelbrösel (siehe Hinweis)

1. Den Ofen auf 200 °C vorheizen. Ein Backblech mit Backpapier auslegen.
2. Tempeh halbieren. Jede Hälfte vierteln, um 8 gleich große Stücke zu erhalten. Jedes Tempeh-Stück mit der Hand leicht flachdrücken und in eine Nugget-Form bringen.
3. In einer flachen Schüssel Mandelmilch, Hefeflocken, Würzmischung, Pfeilwurzmehl, Zitronensaft, Chilisauce mit Salz und Pfeffer vermischen. Die Tempeh-Nuggets hineinlegen und 5 Minuten ziehen lassen. Dann drehen. Die Nuggets sollten gleichmäßig paniert sein.
4. In eine weitere Schüssel die Semmelbrösel geben. Jedes Tempeh-Nugget in den Semmelbröseln wälzen. Die Nuggets auf das vorbereitete Backblech legen.
5. 30 Minuten auf beiden Seiten goldbraun backen. Nach der Hälfte der Backzeit die Nuggets drehen. Servieren.

HINWEIS: *Mit Panko-Mehl (japanisches Paniermehl) werden die Tempeh-Nuggets ganz besonders knusprig.*

SESAM-KURKUMA-WEDGES

PORTIONEN: 2 bis 4 // **ZEIT:** 10 Minuten Vorbereitung, 30 Minuten Backzeit

Eine fantastische und unverzichtbare Beilage zu den scharfen Bohnen-Bete-Burgern (Seite 114). Selbst mit wenig (oder ohne) Öl werden sie superkross. Achtung, die verwendete Gewürzmischung macht richtig süchtig! Pfeilwurzmehl bindet die Stärke in den Kartoffeln, daher bleiben die Gewürze besonders gut haften. Dies sorgt für eine aromatisch-knusprige Hülle. Ein Dip darf hier natürlich nicht fehlen. Wir empfehlen Curry-Ketchup (siehe Tipp) oder Miso-Sauce (Seite 237).

1 TL Pfeilwurzmehl

1 TL Kurkuma, gemahlen

¾ TL Kreuzkümmel, gemahlen

½ TL Knoblauchpulver

½ TL Salz

¼ TL schwarzer Pfeffer

5 bis 6 rote Kartoffeln (ca. 1 Pfund/455 g), in Wedges oder in Stiften

1 EL Traubenkernöl oder Kokosöl, geschmolzen (ÖF: 1 EL Brühe)

2 EL Sesamsamen

1. Den Ofen auf 190 °C vorheizen. Ein Backblech mit Backpapier auslegen.
2. Pfeilwurzmehl, Kurkuma, Kreuzkümmel, Knoblauchpulver, Salz und Pfeffer in einer Schüssel verrühren. Dann die Kartoffeln zugeben und darin schwenken. Die Schnittflächen der Kartoffeln sollten gut paniert sein (und durch Kurkuma eine gelbe Farbe annehmen). Ruhen lassen, während der Ofen vorgeheizt wird.
3. Kartoffel-Wedges erneut schwenken. Flüssigkeit, die sich in der Schüssel gesammelt hat, weggießen. Dadurch werden die Wedges krosser. Öl und Sesamsamen dazugeben. Erneut schwenken.
4. Die Kartoffel-Wedges einzeln nebeneinander auf das vorbereitete Backblech geben. Die restlichen Sesamsamen aus der Schüssel über die Wedges streuen. 30 Minuten knusprig und goldbraun backen. Servieren.

Tipp: Ketchup darf hier natürlich nicht fehlen. Dieses Curry-Ketchup ist trotz der wenigen Zutaten sehr köstlich. Dazu 1 TL gelbes Currypulver in ¼ Tasse (60 g) Ketchup (ohne Zuckerzusatz, salzreduziert) einrühren.

ÖFO XS GF SC SF

MEXIKANISCHES BOHNENPÜREE (AUS DEM SCHONGARER)

PORTIONEN: 6 bis 8 // ZEIT: 5 Minuten Vorbereitung, 4 bis 8 Stunden Kochzeit, plus Einweichzeit der Bohnen

Bohnen sind nährstoffreiche Kraftpakete, die du täglich zu dir nehmen solltest. Bohnenpüree ist nicht nur köstlich, sondern macht auch satt und glücklich. Die Bohnen werden ohne Aufsicht im Schongarer gegart, zum Beispiel über Nacht. Das spart viel Arbeit und Zeit. Das rauchige Aroma von Kreuzkümmel und Zwiebel verbindet sich mit dem Geschmack der Bohnen und macht das Püree zur Delikatesse. Da mexikanischer Drüsengänsefuß schwer zu finden ist, nehmen wir hier Oregano. Kombu verleiht mehr aromatische Tiefe und hilft, die Hülsenfrüchte bekömmlicher zu machen.

- 1 Pfund (455 g) Pinto- oder schwarze Bohnen, über Nacht eingeweicht, gewaschen und abgetropft
- 1 gelbe Zwiebel, fein gehackt oder gerieben
- 3 Knoblauchzehen, zerdrückt
- 1 Stück (2,5 cm) Kombu (essbarer Seetang)
- 1 EL Olivenöl (ÖF: ohne)
- 1 EL plus 1 TL Kreuzkümmel, gemahlen
- ½ TL Oregano, getrocknet
- ½ TL Paprikapulver, geräuchert
- 6 bis 8 Tassen (1,4 bis 2 Liter) Wasser
- ½ TL Salz, oder zum Abschmecken

1. Bohnen, Zwiebel, Kombu, Öl, Kreuzkümmel und Paprika mit dem Wasser in den Schongarer geben. (Etwas mehr Wasser verwenden, wenn der Schongarer zu heiß ist oder das Gericht über Nacht kocht. Siehe Tipp). 8 Stunden oder über Nacht köcheln lassen.

2. Wasser abgießen und aufbewahren. (Dies hat keinen Einfluss auf den Geschmack). Die Bohnenmasse mit einem Kartoffelstampfer oder einer Küchenmaschine pürieren. (Wenn die Masse zu dick ist, mit jeweils einem EL Kochwasser verdünnen. Ist die Masse zu dünn, im Schongarer weitere 30 Minuten bei hoher Hitze und ohne Deckel kochen und die Flüssigkeit verdampfen lassen). Salzen.

3. Direkt genießen. Oder abkühlen lassen und in Gläser (250 ml) abfüllen. Etwa 13 mm Luft lassen. Das Püree kann bis zu drei Monate eingefroren werden.

Variation: Für ein scharfes Bohnenpüree kannst du 1 bis 2 geräucherte Jalapeños (Chipotle) in Adobo-Sauce oder 1 gehackte Jalapeño dazugeben.

Tipp: Slowcooker gibt es in vielen Größen und mit unterschiedlichen Temperaturstufen. Daher stehen bei unseren Schongarer-Rezepten nur ungefähre Zeitangaben. Der beliebte „Instant Pot" hat eine recht hohe Temperatur. Die Gerichte werden somit schneller gar als mit anderen Slowcookern. Um auf Nummer sicher zu gehen, gib am besten eine kürzere Garzeit ein, aber plane eine längere Zubereitungszeit ein. Verwende lieber die maximale Menge an Wasser, wenn dein Schongarer sehr heiß wird.

ÖF XS GF KH

WURZELGEMÜSE-PÜREE

PORTIONEN: 6 bis 8 // **ZEIT:** 10 Minuten Vorbereitung, 25 Minuten Kochzeit

Über Geschmack lässt sich bekanntlich streiten. Das ist auch bei Wurzelgemüse so, das bei vielen nicht so beliebt ist. Wir finden: zu Unrecht! Daher vereinen wir drei klassische Wurzelgemüsesorten zu einem leckeren Püree. Knollensellerie ist cremig-zart und hat ein feines Sellerie-Aroma. Die Steckrübe erinnert von der Konsistenz her an festkochende Kartoffeln. Ihr Geschmack ist leicht herb. (Steckrüben müssen geschält werden. Die Schale wird häufig gewachst, um die Haltbarkeit zu verlängern). Pastinaken ähneln der Karotte. Sie sind aber weiß und süßer. In Brühe geköchelt und dann grob zerdrückt sind diese drei unterschätzten Gemüsesorten eine schmackhafte Alternative zu Kartoffelpüree. Du kannst selbstverständlich auch anderes Wurzelgemüse und sogar Kartoffeln verwenden. Wenn das Püree reichhaltiger sein soll, einfach ¼ Tasse (40 g) Cashew-Sahne (Seite 242) einrühren.

1 Pfund (455 g) Pastinaken, geschält, geputzt und in 2,5 cm großen Würfeln

1 große Steckrübe, geschält und in 2,5 cm großen Würfeln

1 große Sellerieknolle, mithilfe eines Gemüsemessers geschält und in 2,5 cm großen Würfeln

2 Tassen (480 ml) Gemüsebrühe, beispielsweise die kräftigende Brühe (Seite 216)

Salz und schwarzer Pfeffer

1. Pastinake, Steckrübe und Sellerie in einen großen Topf mit Deckel geben. Brühe hineingießen, Deckel aufsetzen und bei hoher Hitze zum Kochen bringen. Die Hitze reduzieren und das Gemüse 20 bis 25 Minuten gar kochen. Die Flüssigkeit sollte größtenteils verdunstet sein.

2. Mit einem Kartoffelstampfer zerdrücken. Mit Salz und Pfeffer würzen und servieren.

ÖFO XS FF KH

ORZO "RISOTTO"

PORTIONEN: 4 bis 6 // **ZEIT:** 25 Minuten

Orzo-Nudeln sind nicht nur schneller gar als Arborio, die klassische Risotto-Reissorte schlechthin, sondern ergeben auch ein besonders cremiges Risotto. Als Topping bieten sich Tofu mit Nusskruste (Seite 117) oder Pistazien an. Dieses Risotto steht in weniger als 30 Minuten auf dem Tisch. Ohne viel Zeitaufwand kannst du dir abends schnell eine kohlenhydratreiche Mahlzeit zubereiten.

- 4 Tassen (960 ml) Gemüsebrühe
- 1 EL Olivenöl (ÖF: ohne)
- 1 große Schalotte oder ¼ gelbe Zwiebel, fein gehackt
- 1 TL Estragon oder Dill, getrocknet
- 1 Pfund (455 g) Orzo-Vollkornnudeln
- ½ Tasse (120 ml) Weißwein oder 1 EL Apfelessig plus ⅓ Tasse (80 ml) Gemüsebrühe
- Geriebene Schale und Saft von 1 Zitrone
- Salz und schwarzer Pfeffer
- Glatte Petersilie, gehackt (nach Belieben)

1. Brühe in einem mittelgroßen Topf zum Kochen bringen. Die Hitze reduzieren und den Deckel aufsetzen.
2. Einen großen Kochtopf bei mittlerer Hitze erhitzen. Öl hineingeben. Dann die Schalotte zugeben. Abdecken und bei regelmäßigem Rühren 5 Minuten kochen, bis die Schalotte weich ist. Estragon einrühren und dann die Orzo-Nudeln dazugeben.
3. Wein hineingießen. Das Orzo-Risotto so lange umrühren, bis der Wein komplett absorbiert wurde.
4. Brühe dazugeben (jeweils 1 Tasse/240 ml auf einmal). Dabei kontinuierlich umrühren. Die Brühe wird von den Orzo-Nudeln aufgenommen und das Risotto nach 3 bis 5 Minuten cremig. Restliche Brühe dazugeben.
5. Vom Herd nehmen. Schale und Saft der Zitrone unterrühren. Mit Salz und Pfeffer abschmecken. Auf Teller verteilen und nach Belieben mit Petersilie garnieren.

ÖF XS GF SF KH

REIS-RISOTTO MIT SONNENBLUMENKERNEN

PORTIONEN: 4 bis 6 // **ZEIT:** 10 Minuten Vorbereitung, 1 Stunde Backzeit

Risotto ist sehr sättigend, aber auch aufwendig. Wer hat schon die Zeit, eine geschlagene Stunde am Herd zu stehen und unablässig zu rühren? Daher backen wir unseren Risotto. Er wird genauso cremig wie das Original, macht aber kaum Arbeit. Sonnenblumenkerne sind hier Nährstoffbombe und Knusperspaß zugleich.

- 4 Tassen (960 ml) Gemüsebrühe
- 1 Tasse (180 g) brauner Rundkornreis
- ½ Tasse (75 g) rohe Sonnenblumenkerne
- 2 EL trockener Sherry oder ¼ Tasse (60 ml) Weißwein
- 1 Schalotte, fein gehackt
- 1 TL Estragon, getrocknet
- ½ TL Dill, getrocknet
- ½ TL Salz (bei gesalzener Brühe nur die Hälfte)
- ⅛ TL schwarzer Pfeffer
- ⅛ TL Kurkuma, gemahlen

1 Den Ofen auf 200 °C vorheizen. In einem Kochtopf die Brühe zum Kochen bringen.

2 Reis, Sonnenblumenkerne, Sherry, Schalotte mit Estragon, Dill, Kurkuma sowie Salz und Pfeffer in eine Auflaufform geben. Die heiße Brühe vorsichtig hineingießen. Deckel aufsetzen und in den Ofen stellen. Dann 30 Minuten backen. Das Risotto sollte noch schön suppig sein. Wenn es bereits zu dick ist, 1 Tasse (240 ml) Wasser oder Brühe einrühren. Abgedeckt weitere 30 Minuten backen. Servieren.

Variation: Aus dem Reis-Risotto kannst du auch ein Kürbis-Salbei-Risotto zaubern. Statt Dill und Estragon nimmst du 1 EL getrockneten Salbei. Nach der Hälfte der Backzeit rührst du noch 1 Tasse (245 g) Kürbispüree ein.

ÖFO XS GF

KICHERERBSEN-WAFFELN MIT OLIVEN

ERGIBT: 4 bis 6 Waffeln // **ZEIT:** 10 Minuten Vorbereitung, 30 Minuten Kochzeit

Farinata sind italienische Pfannkuchen, die aus Kichererbsenmehl hergestellt werden. Dank der Kichererbsen sind sie schön nährend und sättigend. Das Olivenöl macht die Pfannkuchen aromatischer und gehaltvoller. Unsere Farinata-Variante hingegen ist leichter und herzhafter.

- 2 Tassen (240 g) Kichererbsenmehl
- 1 EL Rosmarin oder Thymian, gehackt
- 1 TL Backpulver, glutenfrei
- ¼ TL Salz
- ⅛ TL schwarzer Pfeffer
- ½ Tasse (90 g) Kalamata-Oliven, entkernt, gehackt
- ¼ Tasse (15 g) getrocknete Tomaten, in dünnen Streifen
- 1 EL Olivenöl (ÖF: ohne)
- 1 ½ Tassen (360 ml) heißes Wasser
- Hummus oder selbstgemachte Marinara-Sauce (Seite 89)

1. Waffeleisen erhitzen. (ÖF: Backanweisungen für nicht beschichtete Waffeleisen findest du auf Seite 55).
2. In einer großen Schüssel Mehl, Rosmarin, Backpulver mit Salz und Pfeffer mischen. Die Oliven und getrockneten Tomaten einrühren. Mit einem Schneebesen erst das Öl und dann das Wasser unterrühren. Der Teig sollte schön dick, glatt und klumpenfrei sein.
3. Jeweils ½ bis ¾ Tasse (120 bis 180 ml) Teig auf das Waffeleisen geben. Deckel zuklappen und etwa 6 Minuten backen.
4. Mit Hummus toppen und servieren.

Variation: Statt Oliven kannst du ½ Tasse (30 g) gehackte Petersilie (glatt) und ¼ Tasse (40 g) gehackte rote Zwiebeln untermischen.

ÖF XS GF FF

QUINOA „PRIMAVERA“

PORTIONEN: 4 bis 6 // **ZEIT:** 25 Minuten

Quinoa gehört zu den seltenen Pflanzen, die alle neun essenziellen Aminosäuren enthalten. Daher gilt Quinoa auch als „vollwertig“. Aber das ist nur einer der Gründe, warum viele unserer Rezepte Quinoa enthalten. Es passt nämlich hervorragend zu Gemüse! Dieses Rezept ist ein klassisches One-Pot-Gericht. Das grüne Dressing (Seite 151) ist ein idealer Begleiter der Quinoa „Primavera“.

EINGELEGTE ZITRUS-SCHALOTTEN

- 2 große Schalotten, vierteln (in Halbmonde)
- 2 EL Orangensaft
- ½ TL Apfelessig
- ½ TL Salz
- Prise Salz

QUINOA

- 2 Tassen (480 ml) Wasser
- 1 Tasse (190 g) Quinoa, mindestens 2 Stunden oder über Nacht eingeweicht, gespült und abgetropft
- 2 Tassen (520 g) tiefgefrorene Artischockenherzen oder 1 Dose (400 g) Artischockenherzen, in Wasser eingelegt, halbiert oder geviertelt
- 2 Knoblauchzehen, zerdrückt
- 1 TL Estragon, getrocknet
- ½ TL Thymian, getrocknet
- ½ TL Salz, plus mehr zum Abschmecken
- ¼ TL Dill, getrocknet
- ¼ TL schwarzer Pfeffer, plus mehr zum Abschmecken
- 2 Tassen (250 g) Tiefkühlerbsen
- 2 Karotten, gewürfelt
- 1 Orange oder gelbe Paprikaschote, fein zerkleinert
- 3 Frühlingszwiebeln (weißer und hellgrüner Teil), in feinen Ringen
- Geriebene Schale und Saft von 1 Zitrone
- ½ Tasse (75 g) rohe Sonnenblumenkerne

1. Schalotten zubereiten: Alle Zutaten in einer Schüssel vermengen. Bis zum Servieren im Kühlschrank kalt stellen. (Die Schalotten halten sich im Kühlschrank bis zu drei Tage).

2. Quinoa zubereiten: Quinoa und Wasser in einem großen Topf mischen. Bei hoher Hitze zum Kochen bringen. Artischocken zusammen mit Knoblauch, Estragon, Thymian, Dill sowie ½ TL Salz und ¼ TL Pfeffer dazugeben. Die Hitze reduzieren und bei geschlossenem Deckel etwa 10 Minuten bei mittlerer Hitze kochen. Die Hitze erneut reduzieren. Erbsen, Karotten, Paprika und Frühlingszwiebel einrühren. Abdecken und das Gemüse bei geringer Hitze etwa 5 Minuten erwärmen.

3. Vom Herd nehmen. Zitronensaft und -schale sowie Sonnenblumenkerne dazugeben. Quinoa mit einer Gabel auflockern. Mit Salz und Pfeffer abschmecken. Mit den Schalotten servieren. (Reste schmecken auch kalt!).

ÖFO XS KH

FARRO-TABOULÉ

PORTIONEN: 4 bis 6 // **ZEIT:** 15 Minuten Vorbereitung, 30 Minuten Kochzeit, plus Einweichzeit des Farro

Taboulé aus der arabischen und libanesischen Küche ist eines unserer Lieblingsgerichte. Wenn wir aber Appetit auf einen Bulgursalat mit mehr Gehalt haben, greifen wir zu Farro (Dinkel). Farro ist ein Urgetreide, das du in den meisten Supermärkten findest. Für dieses Taboulé gehen auch Quinoa oder Gerstenraupen. Übrigens: Je länger das Taboulé zieht, desto aromatischer wird es. Mit grünem Blattgemüse vermischt und mit Bohnen getoppt verwandelt sich die Beilage in ein Hauptgericht.

- 2 ½ Tassen (600 ml) Wasser oder Gemüsebrühe
- 1 Tasse (210 g) Farro (Dinkel), über Nacht eingeweicht und abgetropft
- 3 Frühlingszwiebeln (weißer und hellgrüner Teil), in feinen Ringen
- 1 Salatgurke, gewürfelt
- 1 rote oder gelbe Paprikaschote, fein gewürfelt
- 1 Bund glatte Petersilie, nur die Blätter, gehackt
- Eine Handvoll Minzblätter, gehackt
- Geriebene Schale und Saft von 2 Zitronen
- 2 EL Olivenöl (ÖF: ¼ Tasse oder 60 ml Brühe)
- ¼ TL Salz
- ⅛ TL schwarzer Pfeffer

1 Farro mit dem Wasser in einem Kochtopf verrühren. Zum Kochen bringen und die Hitze reduzieren. Farro abgedeckt bei geringer Hitze etwa 25 Minuten bissfest kochen. Dabei gelegentlich umrühren.

2 10 Minuten abkühlen lassen. Farro mit den restlichen Zutaten in eine große Schüssel geben. Durchmischen und dann auf Teller verteilen. (Das Taboulé ist im Kühlschrank bis zu zwei Tage haltbar, auch wenn die Kräuter ihre Farbe verlieren).

WENN ES SCHNELL GEHEN MUSS: *Das Abkühlen geht schneller, wenn das gekochte Getreide auf ein Backblech verteilt wird. Du kannst auch Dinkelgraupen nehmen, die in nur 15 Minuten Kochzeit gar sind.*

Variation: Wenn das Farro-Taboulé weniger Kohlenhydrate oder mehr Gemüse enthalten soll, lass Farro weg und verwende 3 Tassen (300 g) fein gehackten Blumenkohl (roh).

PROVENZALISCHES KARTOFFELGRATIN

ERGIBT: 1 Gratin // **ZEIT:** 10 Minuten Vorbereitung, 40 Minuten Kochzeit

Das Kartoffel-Zwiebel-Gericht ist an ein südfranzösisches Rezept angelehnt. Unsere Testesser waren von diesem Gratin besonders angetan. Es schmeckt heiß und lauwarm. Da es nicht so schnell auseinanderfällt, eignet sich das Gratin auch zum Mitnehmen für ein Picknick.

- 1 EL Olivenöl (ÖF: ¼ Tasse oder 60 ml Brühe)
- 2 gelbe Zwiebeln, in dünnen Ringen
- 1 EL frischer Thymian, nur Blätter
- 3 Knoblauchzehen, zerdrückt
- ¼ TL Salz, plus mehr zum Abschmecken
- 2 Pfund (900 g) festkochende Kartoffeln (z. B. Nicola), in 6,5 mm dicke Scheiben geschnitten
- 1 Dose (410 g) gestückelte Tomaten mit Saft
- ½ Tasse (90 g) Kalamata-Oliven, entkernt, gehackt
- ¼ TL Pfeffer

1. Den Ofen auf 200 °C vorheizen.
2. Eine große Pfanne bei mittlerer Hitze erhitzen. Öl hineingeben. Zwiebeln mit Thymian 5 Minuten goldbraun anschwitzen. Knoblauch dazugeben. Salzen und vom Herd nehmen.
3. Die Hälfte der Zwiebelmischung in eine Auflaufform geben. Kartoffeln, Tomaten mit Saft sowie Oliven drüberschichten. Mit je ¼ TL Salz und Pfeffer würzen. Die restliche Zwiebelmischung drübergeben.
4. Abgedeckt 20 Minuten backen. Deckel abnehmen und weitere 15 bis 20 Minuten backen, bis die Kartoffeln durch und leicht braun sind. Schmeckt heiß oder lauwarm.

Kapitel 7

NÄHRSTOFFREICHE ENERGIE: GETRÄNKE, SMOOTHIES UND KRAFTSPENDER

Ein effektives Workout ist nur möglich, wenn der Körper den richtigen Treibstoff bekommt. Und der steckt bei einer gesunden Ernährung in den nicht verarbeiteten Lebensmitteln. Sportlernahrung und Sportgetränke sollten so naturbelassen wie möglich und hausgemacht sein. Mit diesen Rezepten bleibst du bei jeder Trainingseinheit leistungsfähig.

KOHLENHYDRATE ESSEN ODER TRINKEN? GUTE FRAGE!

Im ersten Kapitel schreiben wir, dass Zucker und Kohlenhydrate, die schnell ins Blut gehen, nur vor oder nach dem Lauf und beim Sport zu sich genommen werden sollten. Jahrelang waren die einzigen Sportgetränke auf dem Markt richtige Zuckerbomben. Sie versprachen, den Kohlenhydratspeicher wieder aufzufüllen und ausreichend Elektrolyte zuzuführen. Die meisten Läufer und Sportler ziehen es heute vor, ihre Kohlenhydrate in fester Form zu sich zu nehmen. Und sie verzichten beim Training manchmal sogar komplett auf Kohlenhydrate. Daher stehen heute in den Supermarktregalen fast ausschließlich Low-Carb-Elektrolytgetränke.

Wir finden, Elektrolyt- wie Sportgetränke haben ihre Berechtigung. Switchel, unser Lieblingsgetränk beim Sport, ist flexibel genug, um beides zu sein. Das Grundrezept besteht aus nur 2 EL Ahornsirup, das sind 100 Kalorien und 27 g Kohlenhydrate. Somit enthält der Switchel nur halb so viel Zucker wie ein handelsübliches Sportgetränk.

Bei leichten Trainingseinheiten, bei denen du nicht viel Energie verbrauchst, kannst du dir einen zuckerarmen Switchel mischen. Bei langen, kräftezehrenden Läufen sind die Switchel-Rezepte mit einem höheren Kohlenhydratgehalt interessant.

Das Grundrezept enthält 481 mg Natrium (¼ TL Salz). Das ist etwas weniger als Tafelsalz mit 560 mg pro ¼ TL. Der Kaliumgehalt beträgt 129 g. Die Switchel-Versionen aus diesem Buch können also mit den Sportdrinks aus dem Supermarkt locker mithalten. Letztere enthalten im Durchschnitt 427 g Natrium und 120 mg Kalium in 950 ml.

Unsere Tipps, wie du dein Sportgetränk anpassen kannst:

KOCHSALZ:

¼ TL Salz = 481 mg Natrium

1 TL Umeboshi-Paste (salzige Pflaumenpaste aus Japan) = 340 mg Natrium

KOHLENHYDRATE:

1 EL Ahornsirup = 50 Kalorien, 13 g Kohlenhydrate

1 EL Zucker = 45 Kalorien, 13 g Kohlenhydrate

Statt Zucker oder Ahornsirup kann auch ein anderes Süßungsmittel, wie Datteln oder Agavendicksaft, verwendet werden.

Die Rezepte in diesem Kapitel sind in Sport- und Elektrolytgetränke eingeteilt. Dabei sind die Sportgetränke als gesunde Alternative zu Fertiggetränken gedacht und die Elektrolytgetränke sind in erster Linie dazu da, dass du genug Flüssigkeit zu dir nimmst. Somit gilt:

Sportgetränke sorgen mit Kohlenhydraten für einen schnellen Energieschub.

Elektrolytgetränke enthalten weniger Kohlenhydrate als normale Sportgetränke.

Gehalt an Kohlenhydraten in Gramm pro 0,5 Liter:

Limette-Gurke-Elektrolytgetränk: 14 g

Spritziges Zitronen-Elektrolytgetränk: 14 g

Switchel, das trendige Sportgetränk: 14 g

3 alkoholfreie Switchel-Cocktails: 14 g

Umeboshi-Elektrolytgetränk: 18 g

Miso-Elektrolytgetränk mit Ahornsirup: 21 g

Cranberry-Elektrolytgetränk „Cosmopolitan“: 22 g

Switchel-Saftschorle „Fruchtpunsch“: 22 g

Switchel-Saftschorle „Beerenfrüchte“: 31 g

Switchel-Saftschorle „Orange“: 32 g

Switchel-Saftschorle „Traube“: 33 g

Die Menge an Süße und Salz kann nach Geschmack variiert werden.

Neben Switchel, Saftschorlen und Smoothies geben wir dir noch ein paar protein- und kohlenhydratreiche Energiesnacks mit auf den Weg. Diese sind perfekt zum Mitnehmen und füllen während des intensiven Trainings die Energiedepots wieder auf.

ENERGIESPENDER

Neben Switchel, Saftschorlen und Smoothies geben wir dir noch ein paar protein- und kohlenhydratreiche Energiesnacks mit auf den Weg. Diese sind perfekt zum Mitnehmen und sorgen jederzeit für einen Energieschub.

Kraftprotz-Cookies (Seite 225)

Kokos-Riegel mit Pekannüssen (Seite 226)

Grüne Energieriegel (Seite 221)

Spritzig-exotisches Limetten-Sushi (Seite 195)

Mandelmus „Piña Colada“ (Seite 219)

To-Go-Reisbällchen mit Sesam und Tamari (Seite 220)

Fruchtiges Erdbeer-Shortcake-Sushi (Seite 222)

Vegane Superwaffeln (Seite 57)

ÖF XS GF SF

SWITCHEL: DAS TRENDIGE SPORTGETRÄNK

FÜR ausreichende Flüssigkeitszufuhr • Vor, beim und nach dem Sport

ERGIBT: ca. 4 ¼ Tassen (1 Liter) // **ZEIT:** 5 Minuten Vorbereitung, plus Ruhezeit über Nacht

Switchel ist keine neue Kreation. Auf dem Feld arbeitende Bauern trinken Switchel schon seit Jahrzehnten, um in den heißen Sommermonaten ihren Durst zu löschen. Die Zusammenstellung der Zutaten ist einfach, aber clever. Ahornsirup enthält Magnesium und Kalium und verhindert so Krämpfe. Apfelessig ist ideal bei Übelkeit, Magenschmerzen und Verstopfung. (Achte darauf, dass du rohen und ungefilterten Apfelessig verwendest. Nur dieser enthält noch viele Mineral- und Nährstoffe). Ingwer mindert Übelkeit und verleiht dem Getränk etwas Würze. Switchel ist mit seiner milden Süße und herben Note sehr erfrischend. Wenn er mit Fruchtsaft zubereitet wird, schmeckt er wie ein handelsübliches Getränk. Damit sich alle Aromen perfekt miteinander verbinden, sollte Switchel am besten über Nacht im Kühlschrank ruhen. Die Zutaten ergeben eine Karaffe Switchel, der sich mehrere Tage im Kühlschrank hält.

- 4 Tassen (960 ml) Wasser
- 2 EL Apfelessig
- 2 EL Ahornsirup
- Ingwer (2,5 cm großes Stück), gerieben
- ¼ TL Meersalz, oder zum Abschmecken

Alle Zutaten miteinander vermischen. Über Nacht kühl stellen. Dann durch ein Sieb streichen. Fertig ist dein Sportgetränk!

Nährwertangaben (gesamtes Rezept): Kalorien 110 Fett 0 g Salz 481 mg Kalium 129 mg Kohlenhydrate 28 g Ballaststoffe 0 g Zucker 24 g Eiweiß 0 g

ÖF XS GF SF

SPRITZIGES ZITRONEN-ELEKTROLYTGETRÄNK

FÜR ausreichende Flüssigkeitszufuhr • Vor, beim und nach dem Sport

ERGIBT: 4 ¼ Tassen (1 Liter) // **ZEIT:** 5 Minuten Vorbereitung, plus Ruhezeit über Nacht

Durch den spritzigen Zitronen- oder Limettensaft ist der Sommer-Switchel herrlich frisch und spritzig. Er schmeckt wie eine gesunde Version von Gatorade.

- 4 Tassen (960 ml) Wasser
- 2 EL Ahornsirup
- 1 EL Apfelessig
- 1 EL frischer Limetten- oder Zitronensaft
- ¼ TL Meersalz, oder zum Abschmecken

Alle Zutaten mischen und über Nacht kühl stellen. Dann durch ein Sieb streichen.

3 ALKOHOLFREIE SWITCHEL-COCKTAILS

Für ausreichende Flüssigkeitszufuhr

Vor und nach dem Sport

Switchel auf Kräuterbasis sind nach dem Sport herrlich erfrischend oder superlecker zum Picknick. Um Fitness-Ziele zu erreichen oder gesünder zu leben, ist es besser auf Alkohol zu verzichten. Mit diesen Cocktails kannst du ruhigen Gewissens mit anderen anstoßen und feiern.

Das spritzige Zitronen-Elektrolytgetränk ist das Basisrezept für die folgenden Variationen.

KRÄUTER-SWITCHEL

¼ Tasse (5 g) grob gehackte Basilikum- oder Minzblätter zugeben und kühl stellen. Basilikum ist bekannt für seine entzündungshemmenden Eigenschaften. Die Minze hingegen beruhigt den Magen und kühlt bei heißen Temperaturen.

LÄSSIGER HIBISKUS-SWITCHEL

2 EL getrocknete Hibiskusblüten und ¼ Tasse (60 ml) Orangensaft dazugeben. Dann kalt stellen. Das fruchtig-säuerliche Aroma des Hibiskus belebt und vitalisiert. Außerdem ist Hibiskus reich an Vitamin C und gut für die Herzgesundheit.

GREYHOUND-SWITCHEL

¼ Tasse (60 ml) Grapefruitsaft und 1 EL frisch gehackten Rosmarin einrühren. Kalt stellen. Rosmarin hat eine anregende Wirkung und fördert die Gedächtnisleistung. Der Grapefruitsaft befeuchtet einen trockenen Mund. Wenn dir der Geschmack von Gin fehlt, kannst du einige zerdrückte Wacholderbeeren zugeben. Dann schmeckt der falsche Greyhound fast wie das Original! (Ganz stilecht kannst du das Getränk auch mit Salzrand servieren).

ÖF XS GF SF

SWITCHEL-SAFTSCHORLE

FÜR ausreichende Flüssigkeits- und Kohlenhydratzufuhr • Vor, beim und nach dem Sport

ERGIBT: ca. 5 ¼ Tassen (1,25 Liter) // **ZEIT:** 5 Minuten Vorbereitung, plus Ruhezeit über Nacht

Die Schorle ist süßer als der klassische Switchel, da das säuerliche Aroma des Apfelessigs mit Fruchtsaft kaschiert wird. Sie enthält auch viel mehr Kohlenhydrate, daher eignet sich die Saftschorle gut als Sport- und Elektrolytgetränk. Die Schorle erinnert an die süßen Säfte, die wir als Kinder liebten!

- 4 Tassen (960 ml) Wasser
- 1 Tasse (240 ml) Fruchtsaft (siehe Vorschläge)
- 2 EL Apfelessig
- 2 EL Ahornsirup
- ¼ TL Meersalz, oder zum Abschmecken

Alle Zutaten mischen und über Nacht kühl stellen. Dann genießen.

TRAUBE: 1 Tasse (240 ml) Traubensaft (140 Kalorien, 38 g Kohlenhydrate)

FRUCHTPUNSCH: 1 Tasse (240 ml) Fruchtpunsch oder Multivitaminsaft (60 Kalorien, 15 g Kohlenhydrate)

ORANGE: ½ Tasse (120 ml) frisch gepresster Orangensaft und ½ Tasse (120 ml) weißer Traubensaft (frischer Orangensaft schmeckt nicht so sauer wie der Saft aus dem Supermarkt; 125 Kalorien, 32 g Kohlenhydrate)

BEERENFRÜCHTE: ½ Tasse (120 ml) weißer Traubensaft und ½ Tasse (120 ml) Beerensaft aus Cranberrys, Blaubeeren oder Himbeeren (130 Kalorien, 34 g Kohlenhydrate)

ÖF XS GF SF

LIMETTE-GURKE-ELEKTROLYTGETRÄNK

FÜR ausreichende Flüssigkeitszufuhr • Vor, beim und nach dem Sport

ERGIBT: ca. 4 ¼ Tassen (1 Liter) // **ZEIT:** 5 Minuten Vorbereitung, plus Ruhezeit über Nacht

Ideengeber für dieses Getränk war Gatorade in einer limitierten Edition. Das Grundaroma von „Limon Pepino“ war Limette und Gurke. Während einer langen Radtour haben wir dieses Getränk in einer Bodega außerhalb von Cincinnati entdeckt. Leider ist diese Geschmacksrichtung nicht mehr erhältlich. Also haben wir kurzerhand unsere eigene Version kreiert. Dieser Durstlöscher hat eine kühlende Wirkung und ist ausreichend süß.

4 Tassen (960 ml) Wasser
¼ Tasse (50 g) Salatgurke, gehackt
2 EL Ahornsirup
1 EL Apfelessig
1 EL frischer Limettensaft

Alle Zutaten miteinander vermischen. Über Nacht kühl stellen. Dann durch ein Sieb streichen.

CRANBERRY-ELEKTROLYTGETRÄNK „COSMOPOLITAN"

FÜR ausreichende Flüssigkeitszufuhr • Vor, beim und nach dem Sport

ERGIBT: 5 ⅓ Tassen (1,3 Liter) // **ZEIT:** 5 Minuten Vorbereitung, plus Ruhezeit über Nacht

Die Idee zu diesem gesunden und alkoholfreien Getränk kam Stepf, als sie beim Laufen einen Podcast hörte und darin Sex and the City erwähnt wurde. Wer wie Matt die Serie nicht im Detail kennt: Die Hauptdarstellerin liebte den Cocktail „Cosmopolitan" abgöttisch, der aus Cranberry-Saft, Wodka, Orangenlikör und Limettensaft besteht.

- 4 Tassen (960 ml) Wasser
- 1 Tasse Cranberry-Mischfruchtsaft
- 2 EL Ahornsirup
- 2 EL Orangensaft
- 1 EL Apfelessig
- 1 EL frischer Limettensaft
- 1 TL frischer Zitronensaft
- ¼ TL Meersalz, oder zum Abschmecken

Alle Zutaten mischen, über Nacht kalt stellen und durch ein Sieb streichen. Fertig!

HINWEIS: *Ungesüßter Cranberry-Saft ist ziemlich sauer. Wenn du es lieber etwas süßer magst, dann mische ihn mit süßen Säften. 100 %igen Cranberry-Saft kannst du auch mit Apfelsaft oder weißem Traubensaft mischen, um ihn süßer zu machen.*

ÖF GF FF

MISO-ELEKTROLYTGETRÄNK MIT AHORNSIRUP

FÜR ausreichende Flüssigkeitszufuhr und Winter-Workouts • Beim und nach dem Sport

ERGIBT: ca. 2 ¼ Tassen (540 ml) // **ZEIT:** 5 Minuten

Es gibt fordernde Workouts oder Läufe, bei denen du kein Plus an Kalorien brauchst, sondern ein wohlig-wärmendes Getränk. Wenn du zu jeder Jahreszeit und bei jedem Wetter draußen bist, ist etwas Warmes mit Substanz wohltuend. Diese trinkbare Brühe mit Elektrolyten wärmt von innen. Sie lässt sich abgefüllt in einer Thermoskanne oder isolierten Trinkflasche überall mit hinnehmen.

1 EL Ahornsirup

1 EL weiße Miso-Paste

1 bis 2 EL Limettensaft zum Abschmecken

½ TL frischen Ingwer oder Knoblauch, gerieben (nach Belieben)

2 Tassen (480 ml) heißes, nicht mehr kochendes Wasser

Ahornsirup und Miso mit dem Schneebesen verrühren. Limettensaft und ggf. Ingwer einrühren. Mit heißem Wasser übergießen. Sofort in eine Thermoflasche oder Karaffe gießen.

Nährwertangaben (ohne Ingwer/Knoblauch): Kalorien 95 Fett 1 g Salz 636 mg Kalium 117 mg Kohlenhydrate 21 g Ballaststoffe 1 g Zucker 14 g Eiweiß 2 g

UMEBOSHI-ELEKTROLYTGETRÄNK

FÜR ausreichende Flüssigkeitszufuhr • Vor, beim und nach dem Sport

ERGIBT: ca. 2 Tassen (480 ml) // **ZEIT:** 5 Minuten

Beim Kreieren von Sportgetränken sind wir sehr erfinderisch. Vor allem bei Getränken ohne Zucker, die beim Workout bekömmlich sein sollen. Dieses Elektrolytgetränk ist gut bei einem trockenen Mund. Denn die salzig-saure Umeboshi-Paste, die aus eingelegten japanischen Ume-Aprikosen hergestellt wird, stimuliert die Speicheldrüsen. Unser Rezept ist eher mild. Wenn das salzige Aroma kräftiger sein soll, kannst du mehr von der Umeboshi-Paste hinzugeben. (Habe jedoch immer ein Auge auf den Salzgehalt!). Wir verwenden etwas Zucker, damit der Geschmack von Umeboshi stärker in den Vordergrund rückt. Satt Zucker kannst du auch Agavendicksaft verwenden. (Tipp: Umeboshi-Paste findest du im Asia-Regal im gut sortierten Supermarkt).

2 Tassen (480 ml) Wasser
1 ½ EL Zucker
1 TL Umeboshi-Paste

Alle Zutaten in eine Wasserflasche oder Karaffe mit Deckel geben. Gut schütteln. Fertig!

HINWEIS: *Wenn du ein Fan von Ume-Aprikosen bist, kannst du sie auch lutschen. Pass aber auf, dass du den Stein nicht verschluckst. Du solltest ausreichend trinken, da die Pflaumen sehr salzig sind.*

Nährwertangaben (gesamtes Rezept): Kalorien 73 Fett 0 g Salz 340 mg Kalium 10 mg Kohlenhydrate 18 g Ballaststoffe 0 g Zucker 18 g Eiweiß 0 g

BASISREZEPT: 15 AROMATISIERTE PROTEINPULVER

Wir greifen in der Regel nicht auf Proteinpulver zurück. Aber wenn wir das tun, dann nehmen wir ein Pulver ohne Zusatzstoffe und künstliche Inhaltsstoffe. Proteinpulver ist immer dann nützlich, wenn keine pflanzenbasierten Gerichte oder vollwertige Lebensmittel verfügbar sind (zum Beispiel auf Reisen).

Die Zutatenliste der meisten Proteinpulver ist ellenlang und enthält viele künstliche Zusatzstoffe. Daher haben wir uns entschieden, unser eigenes veganes Proteinpulver aus echten Kräutern, Gewürzen und Früchten herzustellen. Wenn du erst einmal das Grundrezept beherrschst, kannst du deine eigenen Geschmacksrichtungen zaubern.

So geht's: Gibt deinem Grundpulver Kokos- oder Sojamilchpulver hinzu. Dann mit Wasser auffüllen, schütteln und genießen. Auf langen Wandertouren oder Läufen geht dir dann nicht mehr so schnell die Energie aus.

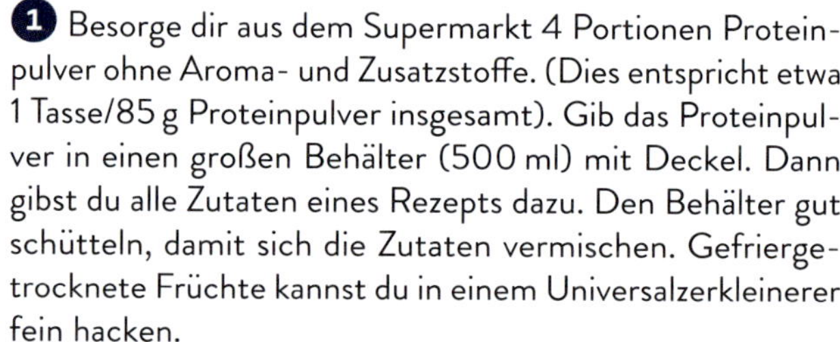

1. Besorge dir aus dem Supermarkt 4 Portionen Proteinpulver ohne Aroma- und Zusatzstoffe. (Dies entspricht etwa 1 Tasse/85 g Proteinpulver insgesamt). Gib das Proteinpulver in einen großen Behälter (500 ml) mit Deckel. Dann gibst du alle Zutaten eines Rezepts dazu. Den Behälter gut schütteln, damit sich die Zutaten vermischen. Gefriergetrocknete Früchte kannst du in einem Universalzerkleinerer fein hacken.

2. Dein selbstgemachtes Proteinpulver hält sich an einem dunklen, kühlen Ort (zum Beispiel in der Speisekammer) bis zu drei Monate.

HINWEISE:

Die Rezepte sind ungesüßt. Wir ziehen den natürlichen Zucker von Bananen oder Datteln vor. Wenn du dein Proteinpulver süßen möchtest, empfehlen wir Kokosblütenzucker oder einen anderen, nicht raffinierten Zucker. Dieser sollte mit den anderen Zutaten im Mixer gemahlen werden.

Um Klümpchen zu vermeiden, eignet sich zum Mahlen eine Kaffeemühle am besten.

VANILLE

1 EL gemahlenes Vanillepulver

SCHOKOLADE

¼ Tasse (20 g) Kakaopulver, ungesüßt

CAPPUCCINO

1 EL Instantkaffee

1 TL gemahlenes Vanillepulver

KAFFEE

1 EL Instantkaffee

GRÜNER TEE

1 EL plus 1 TL Matcha (fein gemahlener grüner Tee)

ERDBEER

½ Tasse (15 g) gefriergetrocknete Erdbeeren, im Mixer zum Pulver gemahlen

TROPICAL

½ Tasse (30 g) gefriergetrocknete Ananas, im Mixer zum Pulver gemahlen

¼ Tasse (20 g) Kokosraspeln, ungesüßt, im Mixer zum Pulver gemahlen

VANILLE-CHAI

1 EL Kokosraspeln, ungesüßt, im Mixer zum Pulver gemahlen

1 TL gemahlenes Vanillepulver

¼ TL Kardamom, gemahlen

¼ TL Zimt, gemahlen

⅛ TL schwarzer Pfeffer

SUPERFRÜCHTE

¼ Tasse (25 g) Superfrüchte wie Acai, Granatapfel oder Goji-Beere

AMARETTO

1 EL Mandelextrakt

SCHOKO-ERDNUSS

¼ Tasse (25 g) Erdnussbutter-Pulver

2 EL Kakaopulver, ungesüßt

SCHOKO-MINZE

¼ Tasse (20 g) Kakaopulver, ungesüßt

1 bis 2 EL getrocknete Minze, im Mixer zu einem Pulver gemahlen

Hinweis: Das Pulver ist sehr minzig. Wenn du deine Minze, insbesondere Pfefferminze, selbst trocknest, ist das Minzaroma sogar noch stärker.

SCHOKO-KOKOS

¼ Tasse (20 g) Kokosraspeln, ungesüßt, im Mixer zum Pulver gemahlen

2 EL Kakaopulver, ungesüßt

¼ TL Mandelextrakt

Hinweis: Gib noch ein paar Kirschen hinzu, dann erhältst du einen Schwarzwälder-Kirsch-Smoothie!

MOKKA

2 EL Kakaopulver, ungesüßt

1 EL plus 1 TL Instantkaffee

ERDNUSS-FRUCHT

¼ Tasse (15 g) gefriergetrocknete Erdbeeren, im Mixer zum Pulver gemahlen

¼ Tasse (25 g) Erdnussbutter-Pulver

INFO

Gemahlenes Vanillepulver wird aus den ganzen, getrockneten Vanilleschoten hergestellt. Du findest das Vanillepulver in der Gewürzabteilung.

Gefriergetrocknete Früchte findest du häufig in Supermärkten und Reformhäusern. Du kannst auch getrocknete Früchte verwenden, aber sie lassen sich nicht so gut untermischen. Mixe sie deshalb erst mit deinem Proteinpulver, bevor du alles mahlst.

Tipp: Superfoods wie Weizengras oder Spirulina sind sehr nährstoffreich, aber deren Aroma ist ziemlich dominant. Wenn du den Geschmack nicht magst, probiere es doch mal so: Gieß ¼ Tasse (60 ml) Wasser in einen Mixer und gib das selbstgemachte Nahrungsergänzungsmittel hinzu. Gut mixen und in ein Glas gießen. Jetzt trinkst du erst den Weizengras- oder Spirulina-Smoothie und dann direkt danach dein superleckeres Getränk, um den unangenehmen Geschmack zu vertreiben.

ÖF XS GF FF

GEEISTER MATCHA-LATTE

FÜR die Regenerierung • Nach dem Sport

ERGIBT: 1 Glas // **ZEIT:** 10 Minuten

Angeregt durch einen Besuch in einem Teehaus rührten wir Matcha in einen Smoothie. Vom Ergebnis waren wir hin und weg! Das Getränk ist zuckerarm, schmeckt aber genauso gut wie ein gefrorener Grüntee-Latte in einem Café. Der Matcha-Latte wird mit ½ Tasse (115 g) süßen Bohnen (Seite 259) gehaltvoller. (Die Bohnen zuerst in das Glas geben). Die grüne Farbe des Matcha-Pulvers lässt den Latte wie einen Shrek-Shake strahlen.

- 1 Tasse (240 ml) Vanille-Mandelmilch
- 1 Tasse (30 g) Spinat oder (15 g) Grünkohl, für mehr Farbe und höheren Nährwert
- ½ bis 1 Tasse (70 bis 140 g) Eiswürfel
- 1 reife Banane, gefroren, in Scheiben (lässt sich einfacher mixen)
- 1 Portion Vanille-Proteinpulver (nach Belieben)
- 2 TL Matcha-Pulver
- ⅛ TL gemahlenes Vanillepulver

Alle Zutaten in einen Hochleistungsmixer geben. Alles glatt mixen und entspannt genießen.

Nährwertangaben (mit Spinat und Proteinpulver): Kalorien 320 Fett 4 g Salz 315 mg Kalium 798 mg Kohlenhydrate 57 g Ballaststoffe 7 g Zucker 31 g Eiweiß 18 g

VITALISIERENDER MARGARITA

FÜR die Regenerierung • Nach dem Sport

ERGIBT: 1 Glas // **ZEIT:** 2 bis 3 Minuten

Dieser Margarita ist etwas für heiße, schwüle Tage. Gerade wenn du unter der glühenden Sonne läufst, viel schwitzt und dich nach einem kalten Getränk sehnst. Der echte Margarita trägt natürlich nicht zur Regenerierung bei, aber unser vitalisierender Smoothie erinnert mit seinen frischen Aromen an diesen Cocktail. Wir empfehlen, Proteinpulver mit Zitrus-, Vanille- oder Beerengeschmack unterzumischen. Es geht aber auch ohne. Statt Orangensaft schmeckt auch Grapefruitsaft erfrischend. Für die passende Optik sorgt ein Salz- oder Zuckerrand (siehe Seite 211).

- 1 Tasse (140 g) Eiswürfel
- 1 Tasse (240 ml) Wasser
- ¼ Tasse (60 ml) frischer Limettensaft (von 2 Limetten)
- 2 EL Orangensaft
- 4 Datteln, entsteint
- 1 Portion Proteinpulver (nach Belieben)
- 1 TL Kokosöl (ÖF: Kokosmilch)

Alle Zutaten im Mixer glatt rühren. Wenn du deinen Margarita „on the rocks" magst, die Eiswürfel nicht mit in den Mixer geben. Beide Varianten sind sensationell erfrischend!

Tipp: Nach dem Genuss eines Smoothies sind Magenschmerzen nicht selten. Das liegt daran, dass das Verdauungssystem rebelliert, denn beim Trinken wurde das Wichtigste vergessen: das Kauen! Die Speicheldrüsen im Mund produzieren Enzyme, die Fett, Eiweiß und Kohlenhydrate aufspalten. Wird der Smoothie also zu hastig getrunken, können die Enzyme ihre Arbeit nicht erledigen. Der Smoothie sollte deshalb vor dem Schlucken erst im Mund hin und her bewegt werden. Wenn der Smoothie richtig dickflüssig ist, kann er auch löffelweise gegessen werden. So nimmst du ihn automatisch langsamer zu dir. Das Verdauungssystem steht während des Trainings stark unter Druck. Gönn deinem Magen daher nach dem Workout eine kleine Pause.

Nährwertangaben (mit Proteinpulver): Kalorien 251 Fett 5 g Salz 142 mg Kalium 322 mg Kohlenhydrate 33 g Ballaststoffe 5 g Zucker 24 g Eiweiß 16 g

ÖF XS GF

POWER-PROTEIN-SMOOTHIE

FÜR die Regenerierung • Nach dem Sport

ERGIBT: 1 Smoothie // **ZEIT:** 2 bis 3 Minuten, ohne Kochzeit der Bohnen

Dieser Smoothie verzichtet auf zugesetzte Pulver oder verarbeitete Zutaten, ist aber dennoch eine echte Eiweißbombe. Der Power-Protein-Smoothie ist die flüssige Variante des Rezepts „Getreide-Gemüse-Bohnen-Bowl". Bohnen in einem Smoothie? Ungewöhnlich, aber lecker! Er schmeckt dank der anderen Zutaten wie ein Schoko-Erdnussbutter-Smoothie. Der Trick ist, gekochte Bohnen ohne Salz und Aroma zu verwenden. (Reste von Bohnen mit Kreuzkümmelaroma passen logischerweise vom Geschmack her nicht dazu). Wenn du die Beeren weglässt, erhältst du einen Smoothie, der wie ein typischer „Weight Gainer" schmeckt.

Alle Zutaten in einem Hochleistungsmixer glatt mixen. Schon ist dein Power-Protein-Smoothie trinkbereit.

3 Tassen (85 g) grünes Blattgemüse

1 Tasse (240 ml) Mandelmilch

1 Tasse (140 g) Eiswürfel (nach Belieben)

½ Tasse (100 g) Cannellini-, Adzuki- oder schwarze Bohnen, gekocht

½ Tasse (75 g) Beeren, nach Belieben

¼ Tasse (25 g) zarte Haferflocken, glutenfrei

1 Banane

2 EL Mandelmus

1 EL Kakaopulver, ungesüßt

Nährwertangaben (mit den Beeren): Kalorien 712 Fett 26 g Salz 463 mg Kalium 1.957 mg Kohlenhydrate 105 g Ballaststoffe 24 g Zucker 37 g Eiweiß 29 g

ÖF XS GF FF

GRÜNER SCHLANKMACHER-SMOOTHIE

FÜR die Regenerierung • Nach dem Sport

ERGIBT: 1 Smoothie // **ZEIT:** 2 bis 3 Minuten

Liebhaber von herben Smoothies kommen hier voll auf ihre Kosten. Der grüne Schlankmacher hat wenige Kalorien und ist auch nicht süß. Die Banane bindet Mandelmilch und Blattgemüse und sorgt für eine cremige Konsistenz. Ohne die gelbe Frucht vermengen sich die Zutaten nicht miteinander. Je nach Belieben kannst du in diesem Smoothie ein bestimmtes Gewürz hervorheben. Zimt beispielsweise stabilisiert den Blutzuckerspiegel. Kurkuma und Ingwer wirken entzündungshemmend.

3 Tassen (85 g) grünes Blattgemüse

1 Tasse (240 ml) Mandelmilch

1 kleine reife Banane

Proteinpulver (nach Belieben)

Kräuter und Gewürze nach Wahl:

1 EL frischer Ingwer, gerieben;
1 TL frischer Kurkuma, gerieben;
1 TL Zimt, gemahlen;
¼ TL gemahlenes Vanillepulver;
1 EL Kakaopulver, ungesüßt;
1 EL Maca-Pulver usw.

Alle Zutaten in einem Mixer geben und glatt mixen. Und fertig!

Nährwertangaben (ohne Proteinpulver und Kräuter): Kalorien 302 Fett 5 g Salz 570 mg Kalium 1.281 mg Kohlenhydrate 40 g Ballaststoffe 9 g Zucker 16 g Eiweiß 22 g

ÖF XS GF FF

BEEREN-BANANEN-SMOOTHIE FÜR KINDER (NACH MATTS REZEPT)

ALS Energiespender • Vor dem Sport

ERGIBT: 2 Smoothies // **ZEIT:** 2 bis 3 Minuten

Kinder zu haben bedeutet, dass es im Leben eines Sportlers neue Prioritäten und mehr Zeitdruck gibt. Dieser Smoothie nach Matts Originalrezept ist daher im Handumdrehen zubereitet. Mehr noch: Er ist kinderfreundlich und schmeckt auch den kleinen Genießern, die eher wählerisch sind. Mit einem Esslöffel Weizengraspulver oder Goji-Beeren verwandelst du ihn in ein Superfood. Der Beeren-Bananen-Smoothie ist dann nährstoffreicher, schmeckt aber immer noch super beerig.

- 3 Tassen (720 ml) Wasser
- 3 reife Banane (mit braunen Flecken!)
- 1 Tasse (140 g) tiefgefrorene Himbeeren
- 1 Tasse (150 g) tiefgefrorene Erdbeeren
- Eine oder zwei Handvoll Babyspinat oder anderes mildes Blattgemüse (nach Belieben)
- 2 EL Leinsamen oder Chia-Samen, gemahlen
- 2 EL rohe Walnüsse

Alle Zutaten in einem Mixer geben. Glatt mixen und servieren.

Nährwertangaben (ohne Blattgemüse): Kalorien 619 Fett 18 g Salz 13 mg Kalium 1.977 mg Kohlenhydrate 118 g Ballaststoffe 26 g Zucker 59 g Eiweiß 13 g

SMOOTHIE-SPASS:

Ideen zum Aufpeppen

Smoothies gehören zum Leben eines No Meat Athlete einfach dazu. Aber sie können zum Ende der Laufsaison hin ziemlich eintönig und fad werden. Du brauchst von uns kein „Rezept“ für einen Smoothie, denn du weißt, wie's geht. Mit ein paar außergewöhnlichen Toppings und raffinierten Tipps von uns bringst du jedoch mehr Pep in deinen täglichen Vitaminspender. Geschmackliche Langeweile adé!

Der „Schoko-Knusperspaß“ beispielsweise ähnelt der Schokolade, mit der Softeis überzogen wird, enthält aber keine seltsamen Zutaten. Für den Schokoladenüberzug machen wir uns die Eigenschaften von Kokosfett zunutze. Er wird fest, wenn er über den eiskalten Smoothie gegossen wird, schmilzt aber im Mund. Wenn der Smoothie dickflüssig genug ist, um ihn mit einem Löffel zu essen, wird er mit einer festen Schokoschicht zu einem genialen Dessert.

Die Idee für den salzigen oder süßen Hanfsamen-Rand hatte ihren Ursprung in der Buchi Bar in Asheville, in der ein würziger Kombucha mit Tequila in einem Glas mit knusprig-salzigem Rand serviert wird. Seitdem verzieren wir regelmäßig die Trinkgläser mit Salzrand, Zucker und Zitruszeste. Durch solche kleinen Extras bekommst du weitere Geschmacksnuancen und bringst Abwechslung in deine Smoothies. Dies ist vor allem wichtig, wenn du Alkohol und Süßigkeiten beim Sport vermeidest.

Schoko-Knusperspaß

1 EL Kokosfett (ÖF: Kokosmus; wird aber nicht so schön fest und schmilzt nicht gut)

2 TL Schokostückchen

1 Kokosfett mit den Schokostückchen in ein Auflaufförmchen geben. In der Mikrowelle 15 bis 30 Sekunden erwärmen, bis die Schokostückchen zu schmelzen beginnen. (Alternativ kann die Masse auch in einem kleinen Topf bei mittlerer Hitze erwärmt werden). Gut verrühren und warten, bis durch die Restwärme die restliche Schokolade geschmolzen ist. Zur Seite stellen.

2 Ein Viertel des Smoothies in ein großes Glas oder Einmachglas geben. Dann etwa 1 TL der Kokos-Schoko-Mischung drüberträufeln. Abwechselnd eine Schicht Smoothie und Schoko-Mischung hineingeben. Da der Smoothie eiskalt ist, wird die Kokos-Schoko-Mischung fest und bildet eine knusprige Schicht. Aus dem Smoothie wird so ein leckeres Dessert. Löffelweise genießen!

Salziger oder süßer Hanfsamen-Rand

SALZIG

1 EL Hanfsamen

1 EL Zeste von Limette, Zitrone oder Orange

1 TL grobes Salz

1 TL Rohrohrzucker

SÜSS

1 EL Hanfsamen

1 EL Zeste von Limette, Zitrone oder Orange

1 TL Ahornsirup

1 TL Rohrohrzucker

Eine Prise grobes Salz

Alle Zutaten verrühren und auf einen Unterteller geben. Den Rand des Glases befeuchten und in die Mischung drücken. Den Smoothie vorsichtig einfüllen und genießen.

Smoothie-Bowls zum Löffeln

Smoothie-Bowls sind der Trend schlechthin. So bereitest du deinen Smoothie zum Löffeln zu: Nimm weniger Flüssigkeit und mehr tiefgefrorene Früchte. Den pürierten Smoothie dann in eine Schüssel geben.
(Das Essen von Smoothie-Bowls führt seltener zu Bauchschmerzen als beim hastigen Trinken eines Smoothies).
Belege die Bowl mit Toppings deiner Wahl.
Hier ein paar Vorschläge:

Müsli, Buchweizengrütze oder Vollkorn-Zerealien.

Frische Beeren, Banane oder Pfirsich in Scheiben oder gewürfelte Mango.

Kokosraspeln, getrocknete/gefriergetrocknete Früchte oder Kakaonibs.

Nussmus oder gehackte Nüsse und Kerne, wie z. B. gemahlene Leinsamen, Hanfsamen. (Von Chia-Samen raten wir ab, da sie vorher eingeweicht werden müssen. Sonst sind Bauchschmerzen die Folge).

REGENERIERENDER TROPICANA-SMOOTHIE

FÜR die Regenerierung • Nach dem Sport

ERGIBT: 1 Glas // **ZEIT:** 5 Minuten

An manchen Tagen fällt das Training schwer. Da möchte man sein Handtuch lieber irgendwo am Strand auslegen und sich ausruhen, als sich damit den Schweiß abzuwischen. Der Tropicana-Smoothie motiviert wieder zum regelmäßigen Sport. Jeder Schluck schmeckt wie ein Tag am Meer. Er hat dank der Ananas, die entzündungshemmend ist, eine regenerierende Wirkung.

1 Tasse (165 g) tiefgefrorene Ananas

1 Tasse (240 ml) Kokosmilch, fettarm

½ Tasse (120 ml) Orangensaft

½ Tasse (120 ml) Ananassaft

Proteinpulver (nach Belieben)

Geröstete Kokosraspeln

Kokosmilch, Orangensaft, Ananassaft mit der Ananas und ggf. Proteinpulver in einen Mixer geben und mixen. Mit gerösteten Kokosraspeln garniert servieren.

Nährwertangaben (mit Proteinpulver): Kalorien 457 Fett 15 g Salz 76 mg Kalium 1.077 mg Kohlenhydrate 69 g Ballaststoffe 13 g Zucker 51 g Eiweiß 18 g

ÖF XS GF FF

VERDAUUNGSFÖRDERNDER LÖWENZAHN-ANANAS-SMOOTHIE

FÜR die Regenerierung • Nach dem Sport

ERGIBT: 1 Glas // **ZEIT:** 2 bis 3 Minuten

Nach einem besonders langen Lauf oder intensiven Workout fühlt man sich oft aufgebläht und (manchmal tagelang) schlapp. Die Blähungen werden verursacht durch Entzündungsprozesse, gegen die dein Körper zwar kämpft, die sich aber aber nicht gut anfühlen. Der Smoothie steckt darum voller ungewöhnlicher, aber nährstoffreicher und köstlicher Zutaten, die entzündungshemmend und entblähend wirken. Nach einem langen Flug oder nach dem Urlaub, in dem du viel geschlemmt hast, fühlst du dich mit diesem Smoothie wieder super.

Löwenzahn wirkt harntreibend und hilft dem Körper, überschüssiges Wasser auszuscheiden. In Kombination mit Wasser zählt der Löwenzahn-Ananas-Smoothie eher als vollwertige, sättigende Mahlzeit. Da eine cremige Zutat fehlt, um alle Zutaten miteinander zu verbinden, solltest du den Smoothie direkt nach der Zubereitung trinken. Wenn du den Smoothie in eine Flasche füllst, kannst du sie immer wieder mal schütteln.

- 2 Tassen (110 g) Löwenzahn (etwa 4 bis 6 Blätter)
- 1 Orange, geschält, filetiert, ohne Kerne
- 1 bis 2 Tassen (240 bis 480 ml) Wasser
- 1 Tasse (165 g) Ananas, frisch oder gefroren
- Ingwer (2,5 cm großes Stück), fein gehackt, ungeschält
- 2 EL frischer Limettensaft
- ½ bis 1 TL Kurkuma, gemahlen (siehe Hinweis)

Mit einem Mixer alle Zutaten glatt mixen. Etwas Wasser zugeben, um die gewünschte Konsistenz zu erhalten. Sofort genießen.

HINWEIS: *Gib erst ½ TL Kurkuma hinzu. Wenn der Geschmack für dich dann noch zu schwach ist, kannst du noch einen halben Teelöffel dazugeben.*

Nährwertangaben: Kalorien 270 Fett 2 g Salz 89 mg Kalium 1,044 mg Kohlenhydrate 67 g Ballaststoffe 10 g Zucker 45 g Eiweiß 6 g

V9

FÜR hohe Kohlenhydratzufuhr • Nach dem Sport

ERGIBT: 2 Smoothies // **ZEIT:** 10 Minuten

V9 ist ein Smoothie, der aus neun Gemüsesorten besteht. Daher schmeckt er herzhaft-pikant und erinnert stark an die beliebten Gemüsesäfte aus dem Handel. In einem gekühlten Glas mit gesalzenem Sellerie-Hanfsamen-Rand verwandelt sich der V9 in eine pflanzenbasierte Bloody Mary. Wenn du eine Gemüsesorte nicht magst, lass sie weg und nimm stattdessen mehr von einer anderen.

- 2 Tassen (60 g) Spinat oder (30 g) Grünkohl
- 2 Tomaten, ohne Kerne
- 2 große Karotten, grob gehackt
- 1 Selleriestange, grob gehackt (Blätter ggf. aufbewahren)
- 1 rote oder gelbe Paprikaschote, ohne Kerne und grob gehackt
- 1 kleine Rote Bete, gewürfelt
- Eine Handvoll glatte Petersilie plus mehr zum Garnieren
- 1 Frühlingszwiebel (weißer und hellgrüner Teil), in Ringen
- 3 große Basilikumblätter plus mehr zum Garnieren
- Eine Prise Cayennepfeffer
- Eine Prise Selleriesamen
- 1 bis 2 Tassen (240 bis 480 ml) Wasser
- ½ bis 1 Tasse (70 bis 140 g) Eiswürfel

1 Spinat, Tomaten, Karotten, Sellerie, Paprika, Rote Bete zusammen mit Petersilie, Frühlingszwiebeln, Basilikum, Cayennepfeffer und Selleriesamen in einen Hochleistungsmixer geben. Alle Zutaten glatt rühren. Nach und nach etwas Wasser und Eis zugeben, bis eine trinkbare Konsistenz erreicht ist. Ggf. durch ein Sieb streichen.

2 Auf Gläser verteilen und mit Petersilie oder Basilikum garniert servieren.

Variation: Als Gazpacho ergibt V9 eine leichte, aber nährstoffreiche Mahlzeit. Einfach in einen Suppenteller geben und mit Sonnenblumenkernen bestreuen. Etwas Olivenöl (oder Tahin) drüberträufeln und mit etwas gehacktem Kopfsalat garnieren.

Nährwertangaben (gesamtes Rezept): Kalorien 171 Fett 1 g Salz 214 mg Kalium 1.265 mg Kohlenhydrate 36 g Ballaststoffe 12 g Zucker 22 g Eiweiß 7 g

KRÄFTIGENDE BRÜHE

FÜR Regenerierung, Flüssigkeitszufuhr, Winter-Workouts • Nach dem Sport

ERGIBT: 2 Liter Brühe // **ZEIT:** Mindestens 8 Stunden oder über Nacht

Brühe liegt wieder voll im Trend. Daher haben wir uns an eine pflanzenbasierte Version gewagt, die mindestens genauso gut ist wie das Original, die aus Knochen hergestellt wird. Und sie ist sehr gesund, da sie unglaublich viele Nährstoffe enthält. Unsere Variante basiert auf Pilzen, die sehr viele Nährstoffe enthalten und nachweislich das Immunsystem stärken. Diese Zubereitung kannst du zur Regenerierung trinken oder als Brühe für ein anderes Rezept verwenden. Der Klapperschwamm (Maitake) unterstützt das normale Zellwachstum und ist bekannt für seine immunstimulierenden Eigenschaften. Die meisten Supermärkte führen den Klapperschwamm frisch oder in getrockneter Form. (Wenn er nicht erhältlich sein sollte, greif zu einer anderen Pilzsorte, die du gerne isst).

Reishi-Pilze sind hier optional. Wir finden, es lohnt sich, sie unterzumischen. Aufgrund ihrer immunstärkenden und krebshemmenden Eigenschaften werden sie in China und Japan seit Jahrhunderten in der Medizin eingesetzt. Du brauchst nicht viele Reishi-Pilze. Getrocknet können sie mehrmals verwendet werden – so viele Wirkstoffe haben sie! Du findest Reishi-Pilze unter anderem in Reformhäusern.

Die Pilzsorten in der Zutatenliste enthalten außerdem viele Adaptogene. Das sind biologisch aktive Pflanzenstoffe, die deinem Körper helfen, besser mit Stress fertig zu werden.

- 1 EL Olivenöl (ÖF: ¼ Tasse/ 60 ml Wasser)
- 1 Zwiebel, grob gehackt
- 2 Selleriestangen, gehackt
- 1 Karotte, gehackt
- 3 Knoblauchzehen, fein gehackt
- 1 Packung (283 g) Cremini-Pilze, geputzt und in Scheiben
- 25 g getrocknete Shiitakepilze, in Stücke geteilt, oder 100 g frische Shiitakepilze, in Scheiben
- 25 g getrockneter Klapperschwamm (Maitake) oder 100 g frischer Klapperschwamm, grob gehackt
- Ein Stück (2,5 cm) Glänzender Lackporling (Reishi) nach Belieben
- 8 Tassen (2 Liter) Wasser
- Salz und schwarzer Pfeffer

1 Öl im Schongarer oder Schnellkochtopf bei hoher Temperatur erhitzen. (Du kannst auch die Einstellung zum Sautieren verwenden).

2 Zwiebeln, Sellerie, Karotte, Knoblauch und Cremini-Pilze hineingeben. Unter gelegentlichem Rühren 10 Minuten kochen, bis ein feiner Duft verströmt und das Gemüse Farbe annimmt.

3 Dann Shiitake- und Maitakepilze zugeben. (Frische Shiitake- und Maitakepilze sollten vorab etwa 2 Minuten gekocht werden, bis sie weich sind und Flüssigkeit austritt. Erst dann mit dem Rezept fortfahren. Getrocknete Pilze können direkt in den Schongarer gegeben werden. Dann mit dem Rezept fortfahren).

4 Ggf. Reishi-Pilze zugeben. Wasser hineingießen. Den Deckel aufsetzen und im Schongarer einen Tag kochen. Alle paar Stunden den Wasserstand prüfen.

5 Reishi-Pilze herausnehmen und für eine spätere Verwendung aufbewahren. Die Brühe durch ein Sieb streichen. Ggf. das Gemüse weiterverarbeiten (siehe Tipp). Mit Salz und Pfeffer abschmecken.

6 In 1-Liter-Gläser gießen. Leicht abkühlen lassen. Im Kühlschrank hält sich die Brühe bis zu vier Tage. In der Tiefkühltruhe kann die Brühe bis zu drei Monate eingefroren werden. (Hier im Glas noch 1,25 cm Luft lassen).

Tipp: Reste lassen sich im Handumdrehen zu einer schmackhaften Pilzpastete weiterverarbeiten. Pilze mit etwas Cashew-Sahne (Seite 242), viel frischer Petersilie sowie Salz und Pfeffer in eine Küchenmaschine geben und pürieren. Schmeckt prima als Aufstrich auf Toast oder als Dip zu Rohkost.

Nährwertangaben (gesamtes Rezept): Kalorien 375 Fett 15 g Salz 77 mg Kalium 1.870 mg Kohlenhydrate 56 g Ballaststoffe 11 g Zucker 16 g Eiweiß 15 g

ÖF: 255 Kalorien, 1 g Fett

MANDELMUS „PIÑA COLADA“

ALS Energiespender • Beim und nach dem Sport

PORTIONEN: 6 bis 8 // **ZEIT:** 5 Minuten

Jede Portion Nussmus steckt voller Aroma und ist ein schneller Energiespender. (Zwei Esslöffel enthalten etwa 6 g Eiweiß, 8 g Kohlenhydrate und 18 g Fett). Sie unterstützt dich, bei gefühlt endlos langen Läufen oder Wettkämpfen durchzuhalten, wenn du nicht nur Kohlenhydrate, sondern auch Motivation brauchst. Das tropische Mus erinnert an Südsee und Erholung. Als Unterwegsmahlzeit ist sie ein kleines Kraftpaket und als Aufstrich auf Toast oder Apfelscheiben ein Traum.

½ Tasse (125 g) cremiges Mandel- oder Cashew-Mus

¼ Tasse (50 g) getrocknete Ananas, fein gehackt

2 EL Kokosraspeln, ungesüßt

1 bis 2 EL Kokosmilch, vollfett

1 TL Zucker

Salz zum Abschmecken (oder mehr, wenn das Nussmus ungesalzen ist, etwa ¼ TL)

In einer kleinen Schüssel alle Zutaten sehr gut durchmischen. Das Mus lässt sich gut portionieren und für unterwegs mitnehmen. Die gewünschte Menge in eine Butterbrottüte füllen und in einen Allzweckbeutel geben. Ein Loch in die Tüte bohren und das Mandelmus herauslutschen. Es ist dickflüssig und daher kleckerfrei. In einem Glas aufbewahrt, hält sich das Nussmus gekühlt bis zu einer Woche. (Ohne Kokosmilch ist das Mus sogar noch etwas länger haltbar).

Nährwertangaben (gesamtes Rezept): Kalorien 954 Fett 71 g Salz 769 mg Kalium 26 mg Kohlenhydrate 61 g Ballaststoffe 14 g Zucker 40 g Eiweiß 25 g

TO-GO-REISBÄLLCHEN MIT SESAM UND TAMARI

ALS Energiespender • Während des Sports

ERGIBT: 18 Reisbällchen // **ZEIT:** 20 Minuten Vorbereitung, 25 Minuten Kochzeit

In vielen Radfahr- und Triathlon-Blogs finden sich Rezepte für hausgemachte Sportlersnacks, die auf dem Rad für einen schnellen Energieschub sorgen. Die meisten Rezepte enthalten leider Fleisch, Käse oder Eier und sind daher für uns nicht geeignet. Ultramarathon-Legende und Veganer Scott Jurek empfiehlt in seinem Buch japanische Reisbällchen. Daher haben wir uns von seinem Rezept und vom Gimbap-Sushi aus Korea zu unseren pflanzenbasierten To-Go-Reisbällchen inspirieren lassen. Unsere Variante ist sehr herzhaft.

Du hast sicher schon bemerkt, dass wir bei fast allen Rezepten Vollkornreis empfehlen. Hier nehmen wir aber bewusst weißen Reis. Der Gehalt an Nähr- und Ballaststoffen ist in der Kleie um das braune Reiskorn deutlich höher, aber die Kohlenhydrate sind schwerer zu verdauen, und gehen langsamer ins Blut. Beim Workout kommt es aber auf schnelle Energie an. Weißer Reis ist daher der Sprinter unter den kohlenhydratreichen Getreidesorten.

3 Tassen (720 ml) Wasser

3 Tassen (540 g) weißer Sushi-Reis, gespült

½ Tasse (70 g) weiße oder schwarze Sesamsamen, geröstet

2 EL Rohrohrzucker

2 EL Tamari, salzreduziert und glutenfrei, plus mehr zum Abschmecken

1 TL Ume-Pflaume oder Reisessig

1 EL geröstetes Sesamöl (ÖF: ohne)

1. In einem großen Topf Wasser zum Kochen bringen. Die Hitze reduzieren und den Reis einrühren. Den Reis 15 bis 20 Minuten bei häufigem Rühren gar kochen. Er sollte feucht (aber nicht pampig), zart und klebrig sein.
2. Den gekochten Reis in eine große Schüssel umfüllen. Sofort 2 EL Sesamsamen, Zucker, Tamari und Essig hinzugeben und gut miteinander vermischen. Etwas abkühlen lassen.
3. Mit feuchten Händen aus jeweils ½ Tasse (100 g) der Reismischung feste Bällchen formen. Reisbällchen 5 Minuten ziehen lassen.
4. Reisbällchen mit Sesamöl bestreichen und mit 2 EL Sesamsamen bestreuen. Dann in Backpapier oder Frischhaltefolie wickeln. Im Kühlschrank sind die To-Go-Reisbällchen bis zu einer Woche und in der Tiefkühltruhe bis zu drei Monate haltbar. (Tiefgefrorenes Sushi vor dem Genuss über Nacht auftauen).

Nährwertangaben (gesamtes Rezept): Kalorien 3.066 Fett 50 g Salz 1.588 mg Kalium 337 mg Kohlenhydrate 606 g Ballaststoffe 24 g Zucker 27 g Eiweiß 81 g

GRÜNE ENERGIERIEGEL

ALS Energiespender • Vor, beim und nach dem Sport

ERGIBT: 36 Energieriegel // **ZEIT:** 15 Minuten Vorbereitung

Die grünen Energieriegel sind genauso gut wie die Nahrungsergänzungsmittel aus dem Reformhaus, sind praktisch zum Mitnehmen und spenden Kraft während eines Rennens.

Der doch etwas gewöhnungsbedürftige Geschmack von Spirulina wird im Energieriegel gut überdeckt. Und das ist gar nicht so einfach! Spirulina ist eine blau-grüne Alge, die (nach Gewicht) unglaublich viel Protein enthält. Sie besteht zu mehr als 60 Prozent aus Eiweiß! In Studien wurde nachgewiesen, dass sie das Wachstum probiotischer Kulturen unterstützen kann. Da sie aber auch Schwermetalle aus dem Wasser absorbiert, in der sie lebt, solltest du auf Bioqualität achten.

1 Datteln in einer Küchenmaschine kurz auf hoher Stufe pürieren. Sonnenblumenkerne und Cashewnüsse dazugeben. Grob hacken. Dann Carob- und Spirulina-Pulver zugeben. Mehrfach kurz mixen und dann zu einer glatten Masse mischen.

2 Eine rechteckige Auflaufform mit Backpapier auslegen. (Wir nutzen eine Form mit 1,4 Liter Volumen). Die Masse in die Auflaufform füllen. Die Masse fest nach unten drücken. Am besten gelingt dies mit einem Blatt Backpapier, damit die Masse nicht an den Händen kleben bleibt. Mit Kokosraspeln und Salz bestreuen.

3 Die Masse mit dem Backpapier aus der Form nehmen. In 36 Riegel schneiden. In einem luftdichten Behälter halten sich die Energieriegel bis zu einer Woche. Tiefgefroren sind sie drei Monate haltbar.

1 ½ Tasse (220 g) Datteln, entsteint, mindestens 5 Minuten in heißem Wasser eingeweicht und abgetropft

½ Tasse (75 g) rohe Sonnenblumenkerne

½ Tasse (60 g) geröstete Cashewnüsse, ungesalzen

¼ Tasse (40 g) Carob-Pulver oder Kakaonibs

2 EL Spirulina-Pulver oder anderes grünes Superfood-Pulver

2 EL Kokosraspeln, ungesüßt

Eine Prise Salz

Nährwertangaben (gesamtes Rezept): Kalorien 1.729 Fett 79 g Salz 6 mg Kalium 1.951 mg Kohlenhydrate 231 g Ballaststoffe 18 g Zucker 160 g Eiweiß 33 g

ÖF XS GF

FRUCHTIGES ERDBEER-SHORTCAKE-SUSHI

ALS Energiespender • Vor, beim und nach dem Sport

ERGIBT: 6 bis 8 Sushi-Rollen // **ZEIT:** 20 Minuten Vorbereitung, 25 Minuten Kochzeit

Beim Kreieren von Snacks zum Mitnehmen haben wir festgestellt, dass sich bestimmte Zutaten nicht besonders gut für Reisbällchen eignen. Früchte machen die Bällchen sehr matschig. Da wir aber unbedingt Obst verwenden wollten, entschieden wir uns für ein Sushi, das sich gut in Stücke schneiden und mitnehmen lässt. Das Erdbeer-Shortcake-Sushi ist herrlich süß und fruchtig. Die Vanille verströmt in Verbindung mit den Erdbeeren den typischen Shortcake-Duft und verwandelt das Sushi in eine Art Milchreis. Statt Erdbeeren können auch andere Beeren oder weiche Obstsorten verwendet werden.

3 Tassen (720 ml) Wasser

3 Tassen (540 g) weißen Sushi-Reis

½ Tasse (100 g) Rohrohrzucker zum Abschmecken

3 EL frischer Zitronensaft

½ TL Vanilleextrakt

2 Tassen (290 g) Erdbeeren, ohne Grün und geviertelt

3 EL Chia-Samen

Salz (nach Belieben)

1. In einem großen Topf Wasser zum Kochen bringen. Die Hitze reduzieren und den Reis zugeben. Unter Rühren den Reis 15 bis 20 Minuten weich kochen. Er sollte feucht (aber nicht pampig), zart und klebrig sein.

2. Den gekochten Reis in eine große Schüssel umfüllen. Sofort Zucker, Zitronensaft und Vanilleextrakt zugeben und gut miteinander vermischen. Etwas abkühlen lassen.

3. Eine Sushi-Matte oder Silikonmatte ausrollen. Eine Frischhaltefolie drüberlegen und 1 Tasse (195 g) Reis auf die Folie geben. Mit feuchten Händen den Reis zu einer gleichmäßig dicken Schicht (ca. 13 mm) platt drücken.

4. Eine Reihe Erdbeeren – ca. 2,5 cm vom unteren Ende – drauflegen. Mit 1 TL Chia-Samen bestreuen. Mithilfe der Frischhaltefolie und der Matte den Reis von unten nach oben aufrollen. Dann die Folie entfernen. Aus dem restlichen Reis weitere Sushi-Rollen herstellen.

5. Sushi-Rollen nach Belieben mit Salz bestreuen. Sushi-Rollen 5 Minuten ruhen lassen. Dann mit einem sehr scharfen Messer aus der Sushi-Rolle 8 bis 10 Sushi schneiden. Für unterwegs fest in Brotpapier oder Frischhaltefolie einwickeln. Das Erdbeer-Shortcake-Sushi ist gekühlt bis zu zwei Tage und in der Tiefkühltruhe bis zu drei Monate haltbar. (Tiefgefrorenes Sushi vor dem Genuss über Nacht auftauen).

HINWEIS: *Normalerweise verwenden wir Plastik nur sehr ungern. Aber hier hält Frischhaltefolie den Sushi-Reis besser zusammen als Backpapier.*

Variation: Für spritzig-exotisches Limetten-Sushi wird der Zitronensaft durch Limettensaft ersetzt. Die Erdbeeren lässt du weg. Dann werden zusätzlich 2 EL Vollfett-Kokosmilch sowie ein weiterer EL Chia-Samen eingerührt. Das Sushi hält sich gekühlt bis zu einer Woche. Du kannst das Sushi auch bis zu drei Monate einfrieren. Am besten über Nacht auftauen lassen und dann zum Laufen mitnehmen.

Nährwertangaben (Erdbeer-Shortcake-Sushi, ohne Salz): Kalorien 3,081 Fett 13 g Salz 199 mg Kalium 517 mg Kohlenhydrate 699 g Ballaststoffe 34 g Zucker 116 g Eiweiß 72 g

Nährwertangaben (Limetten-Sushi): Kalorien 2.983 Fett 12 g Salz 196 mg Kalium 52 mg Kohlenhydrate 675 g Ballaststoffe 28 g Zucker 101 g Eiweiß 70 g

KRAFTPROTZ-COOKIES

ALS Energiespender und süße Belohnung • Vor, beim und nach dem Sport

ERGIBT: 12 große Cookies (oder 24 kleine Cookies) // **ZEIT:** 15 Minuten Vorbereitung, 30 Minuten Backzeit

Dank dieser Cookies verließen dem BSM-Radfahrteam um den Mitbegründer Sam, den Ehemann von Stepf, während eines zehnstündigen, abenteuerlichen Road-Trips nie die Kräfte. Die Kekse sind sehr reichhaltig, denn sie enthalten viele nahrhafte Zutaten und viele Kalorien. Daher der Name „Kraftprotz-Cookies“. Sie sind dennoch gut bekömmlich und lassen sich auf dem Rad sitzend prima verzehren.

- 4 Tassen (385 g) zarte Haferflocken, glutenfrei
- 1 ½ Tassen (225 g) Weizenvollkornmehl
- 1 TL Backpulver
- ½ TL Salz
- 3 reife Bananen
- 1 Tasse (200 g) Rohrohrzucker oder Kokosblütenzucker
- ⅓ Tasse (80 ml) Kokosöl (ÖF: Kokosfett)
- ¼ Tasse plus 2 EL (90 ml) Wasser
- 2 EL Chia-Samen oder gemahlene Leinsamen
- 2 TL Vanilleextrakt
- 1 Tasse (225 g) Schokostückchen (dunkle Schokolade)
- 1 Tasse (120 g) rohe Walnüsse, gehackt
- ½ Tasse (75 g) rohe Sonnenblumenkerne
- ½ Tasse (40 g) Kokosraspeln, ungesüßt (nach Belieben)

1. Den Ofen auf 180 °C vorheizen. Zwei Backbleche mit Backpapier auslegen.
2. 2 Tassen (195 g) Haferflocken in eine Küchenmaschine oder einen Mixer geben und sehr fein mahlen. In eine große Schüssel umfüllen. Restliche Haferflocken mit Mehl, Backpulver und Salz dazugeben.
3. Dann in der Küchenmaschine oder im Mixer Bananen mit Zucker, Öl, Wasser, Chia-Samen und Vanilleextrakt verkneten. Bananenmasse zur Hafermischung in die Schüssel geben. Mit einem Holzlöffel gut miteinander vermengen. Kakaonibs, Walnüsse, Sonnenblumenkerne und Kokosraspeln hinzugeben.
4. Mit feuchten Händen jeweils ½ Tasse (60 g) Teig zu großen Cookies formen. Für kleine Cookies jeweils ¼ Tasse (30 g) Teig zu Cookies formen. (Hinweis: Auf ein Backblech passen 6 große Cookies). Die Cookies flach drücken (2 bis 2,5 cm dick).
5. 30 Minuten goldbraun backen. Auf dem Backblech vollständig abkühlen lassen. In einem luftdichten Behälter halten sich die Energieriegel bis zu einer Woche. Sie lassen sich auch einfrieren und sind dann drei Monate haltbar. In Brotpapier eingewickelt kannst du sie gut mitnehmen.

Variationen: Statt Vanille schmeckt auch Kokosextrakt grandios. Eine neue Geschmacksnuance bekommst du mit Carob-Pulver (statt Kakaonibs) oder mit gehackten Erdnussbutter-Pralinen, die untergemischt werden.

Nährwertangaben (gesamtes Rezept, mit Kokosraspeln): Kalorien 5.893 Fett 291 g Salz 1.371 mg Kalium 2.471 mg Kohlenhydrate 819 g Ballaststoffe 97 g Zucker 359 g Eiweiß 97 g

KOKOS-RIEGEL MIT PEKANNÜSSEN

ALS Energiespender • Vor, beim und nach dem Sport

ERGIBT: 8 Riegel // **ZEIT:** 15 Minuten Vorbereitung, 10 Minuten Backzeit

Kennst du die „Seven Layer Bars“, ein süßes amerikanisches Gebäck, die auch 7-Schichten-Kekse genannt werden? Wenn nicht, solltest du unsere Variante probieren. Diese Kokos-Riegel sind nicht nur genauso lecker, sondern auch supergesund, denn wir verzichten gänzlich auf gesüßte Kondensmilch, Butter und Butterscotch. Im Hochsommer schmelzen die schokoladigen Riegel schnell in der Hosentasche. Genieße sie dann lieber nach dem Training zu Hause. In allen anderen Jahreszeiten kann man sie gut mitnehmen und während des Workouts zu sich nehmen.

1 Tasse (150 g) Datteln, entsteint, mindestens 10 Minuten in heißem Wasser eingeweicht und abgetropft

¼ Tasse (60 ml) brauner Reissirup

⅓ Tasse (40 g) plus ¼ Tasse (30 g) Pekannüsse, gehackt

1 ½ Tassen (145 g) zarte Haferflocken, glutenfrei

⅓ Tasse (55 g) Kakaonibs

⅓ Tasse (30 g) Kokosraspeln, ungesüßt

1. Den Ofen auf 150 °C vorheizen. Eine Backform (mit 23 cm Durchmesser) mit Backpapier auslegen.
2. Datteln in einer Küchenmaschine zu einer glatten Paste mixen. Die Masse in eine große Schüssel füllen. Reissirup einrühren.
3. ¼ Tasse (30 g) Pekannüsse und ½ Tasse (50 g) Haferflocken in die Küchenmaschine geben und fein mahlen. In die Schüssel mit der Dattelmasse geben. Die restlichen Pekannüsse, Haferflocken sowie die Kakaonibs untermischen. (Durch die Datteln und den Sirup ist die Masse ziemlich fest. Du brauchst also ein bisschen Kraft, um alle Zutaten zu vermischen).
4. Die Masse in die Backform füllen. 10 Minuten goldbraun backen. Komplett abkühlen lassen. Die Masse dann mit einem scharfen Messer in 8 Riegel schneiden.
5. In einen luftdichten Behälter geben. Die Riegel halten sich eine Woche. Wickle die einzelnen Riegel in Back- oder Brotpapier. Dann hast du einen leckeren Snack für unterwegs.

Nährwertangaben (gesamtes Rezept): Kalorien 2.347 Fett 81 g Salz 295 mg Kalium 1.438 mg Kohlenhydrate 407 g Ballaststoffe 31 g Zucker 144 g Eiweiß 26 g

Kapitel 8

GUT GEWÜRZT: SAUCEN, WÜRZMISCHUNGEN, PESTOS UND TOPPINGS

Es kann passieren, dass du zu Beginn deines pflanzlichen Lebensstils in folgendes Dilemma gerätst: Du bereitest dir nur One-Pot-Mahlzeiten zu. Oder deine Gerichte sind vom Nährstoffgehalt her zwar supernahrhaft, aber geschmacklich eintönig. (Es soll ja Ehepartner geben, die solche Mahlzeiten als „Grützengerichte" bezeichnen). Selbst wenn du in der Trainingsvorbereitung steckst oder kaum Zeit zum Kochen hast, heißt das nicht, dass du fade Gerichte hinnehmen musst. Mit simplen Saucen, Gewürzmischungen, Pestos und Toppings kannst du die langweiligsten Mahlzeiten geschmacklich aufpeppen.

Gerade in der Anfangszeit bei der Umstellung auf pflanzenbasierte Kost solltest du deinen Mahlzeiten Würze geben. Schließlich sollst du dein Essen genießen und dich nicht „quälen", wie es bei vielen Crash-Diäten der Fall ist. Anderenfalls hältst du nicht lange durch. Auch wenn wir uns hier wiederholen: Die pflanzliche Ernährungsform muss zu deinem Lifestyle werden. Und das funktioniert nur, wenn du dein Essen mit jedem Bissen genießt. Jede fade Mahlzeit zerrt an deiner Willensstärke. Du gewinnst den Wettlauf zwischen Lifestyle und Willensstärke nur, wenn du deine neue Lebensweise verinnerlicht hast, bevor deine Willensstärke erschöpft ist. Besser ist es, motiviert zu bleiben.

Zwing dich nicht, nur deshalb Mahlzeiten zu dir zu nehmen, weil sie gesund sind. Langfristig gesehen schadet das deiner Motivation, gesund zu essen. Mit etwas Zeit und einer vorausschauenden Planung sind geschmacksintensive Gewürzmischungen ruckzuck zusammengestellt, auf die du noch Monate später zugreifen kannst. Mit einem Griff ins Gewürzregal kannst du Reis mit Bohnen oder ein schlichtes Pfannengericht verfeinern. Saucen, Dips und Toppings sind blitzschnell zubereitet und verwandeln selbst das langweiligste Gericht in ein denkwürdiges Dinner. Bist du jemand, der riesige Mengen für eine ganze Woche vorkocht? Dann ist dieses Kapitel perfekt für dich, damit dir am Ende der Woche nach der sechsten Quinoa-Brokkoli-Bowl nicht die Lust am Essen vergeht.

GUTER GESCHMACK IST KEIN GEHEIMNIS

Es gibt zwei Gründe, warum das Essen im Restaurant besser schmeckt als die zu Hause nachgekochten Versionen. Erstens gehen Restaurantköche ziemlich großzügig mit Zucker, Salz und Fett um. Mit diesem Trick wirst du deine Fitnessziele aber nur schwer erreichen. Zweites sind Chefköche auch mit etwas anderem alles andere als sparsam: Sie verwenden reichlich Kräuter und Gewürze! Diese stecken voller sekundärer Pflanzenstoffe, die zu deinem Wohlbefinden beitragen, deine Erholungsphasen beschleunigen und sogar entzündungshemmend sein können.

Fertige Gewürzmischungen aus dem Supermarkt sind in der Küche hin und wieder in Ordnung. Der Nach-teil: Sie enthalten leider oft zu viel Zucker, Salz oder Trennhilfen, die ein Zusammenklumpen verhindern, sowie Geschmacksverstärker (wie Natriumglutamat und Maltodextrin). Schmackhafter sind eigene Würzmischungen. Die Zubereitung ist wirklich superschnell und sie können monatelang aufbewahrt werden. Die Gewürze bleiben immer schön frisch, da du statt großer abgepackter Packungen nur die Menge zubereitest, die du brauchst. (Das schont auch das Portemonnaie!).

Vollwertige Lebensmittel sind frischer und schmecken besser als verarbeitete Nahrungsmittel. Das gilt auch für ungemahlene Gewürze. Am besten verwendest du ganze Körner und Samen, die du selber mahlen kannst. Solltest du dennoch gemahlene Gewürze verwenden, gib in etwa $^1/_4$ mehr dazu, damit deine Mahlzeit denselben intensiven Geschmack wie mit frischen Gewürzen erhält.

GARAM MASALA

ERGIBT: ca. ½ Tasse (50 g) // **ZEIT:** 5 Minuten

Der Name der indischen Gewürzmischung Garam Masala bedeutet „heißes Gewürz“. Sie ist nicht so brennend-scharf wie der Name andeutet, hat aber eine wärmende Wirkung. Dieses kräftige Gewürzaroma eignet sich daher für alle indischen Gerichte oder für gebratenes Gemüse. Wenn das Garam Masala in Kokosjoghurt gerührt und mit Salz und Zitronensaft abgeschmeckt wird, erhältst du einen schnellen Dip für Pakora (Seite 171). Du kannst sowohl schwarze Kardamomsamen als auch grüne Kardamom-Schoten mit einer Kaffeemühle oder einem Universalzerkleinerer mahlen. Bei den Schoten bricht man die Schale auf und nimmt die Samen heraus. Denk daran, dass die Schoten selbst nicht gemahlen werden!

2 EL schwarze Pfefferkörner

2 EL Koriandersamen

2 EL Kreuzkümmelsamen

1 TL Muskat, frisch gerieben oder 1 ¼ TL Muskat, gemahlen

1 TL Zimt, gemahlen

1 TL ganze Nelken

¼ TL Kardamomsamen

Alle Zutaten in eine saubere Kaffeemühle geben und so lange mahlen, bis die Gewürze gut vermischt sind. In einen luftdichten Behälter geben. Die Mischung ist bis zu sechs Monate haltbar.

Tipp: Die Kaffeemühle lässt sich wunderbar reinigen, wenn du Reis oder grobes Salz darin mahlst. Verwende kein Wasser, da sonst alle Kaffee- oder Gewürzöle weggespült werden. Die Kaffeemühle kann mit einem fusselfreien Tuch oder einer trockenen Bürste gereinigt werden.

ITALIENISCHE GEWÜRZMISCHUNG

ERGIBT: ca. ½ Tasse (50 g) // **ZEIT:** 5 Minuten

Diese einfache, aber vielseitig einsetzbare Gewürzmischung verleiht jeder Tomatensauce das Flair Italiens und jedem Bohnengemüse eine traumhafte Würze. Das Gewürz kann mit oder ohne Öl zu einer Vinaigrette verrührt werden.

¼ Tasse (15 g) Oregano, getrocknet

3 EL Fenchelsamen

1 EL Knoblauchpulver

Alle Zutaten in ein Gefäß geben und den Deckel fest aufschrauben. Dann kräftig schütteln. Die Haltbarkeit beträgt 6 Monate.

Variation: Wenn die italienische Gewürzmischung etwas schärfer sein soll, kannst du einen Teelöffel Chili-Flocken dazugeben.

JERK-GEWÜRZMISCHUNG

ERGIBT: ⅓ Tasse (30 g) // **ZEIT:** 5 Minuten

Die Zutatenliste für die jamaikanische Jerk-Gewürzmischung ist ziemlich lang, enthält aber nur Alltagsgewürze. Das Ergebnis kann sich wirklich schmecken lassen! Die Gewürzmischung ist monatelang haltbar und kann in der Küche vielseitig eingesetzt werden: Streu sie über gebratenes Gemüse oder mariniere damit Tofu oder Tempeh. Tipp für ein einfaches, blitzschnelles Abendessen: Tomatensauce aus dem Glas, die mit der Jerk-Gewürzmischung und etwas Kokosmilch verfeinert wurde, ist der perfekte Begleiter zu Pasta oder Reis.

Alle Zutaten in einer sauberen Kaffeemühle mahlen, bis die Gewürze gut vermischt sind. In einen luftdichten Behälter geben. Die Würzmischung kann bis zu sechs Monate aufbewahrt werden.

Tipp: Zwei Esslöffel der Jerk-Würzmischung mit zwei Esslöffel Traubenmarmelade oder Apfelsirup vermischt, ergibt eine sensationelle Nassmarinade für Tofu oder Tempeh!

1 EL Knoblauchpulver
2 TL brauner Zucker
2 TL Thymian, getrocknet
2 TL Zwiebelpulver
2 TL Salz, nach Belieben
1 TL schwarzer Pfeffer
1 TL Petersilie, getrocknet
1 TL Paprikapulver, süß
1 TL Pimentkörner (ganz)
½ TL Cayennepfeffer
½ TL Chili-Flocken
¼ TL Kreuzkümmelsamen
¼ TL Muskat, frisch gemahlen
¼ TL Zimt, gemahlen

TACO-GEWÜRZ

ERGIBT: ½ Tasse (50 g) // Zeit: 5 Minuten

Lass die handelsüblichen Taco-Gewürzmischungen im Supermarkt links liegen, denn sie enthalten zu viel Natriumglutamat und Salz. Dieses Taco-Gewürz wird bewusst ohne Salz zubereitet. So kannst du den Salzgehalt der Mahlzeit besser steuern. Die wichtigsten Geschmacksträger sind hier Kreuzkümmel, Paprika und Chili.

- 3 EL Kreuzümmel, gemahlen
- 2 EL Chilipulver
- 2 EL Paprikapulver, süß oder geräuchert
- 2 TL Oregano, getrocknet
- 1 TL Chili-Flocken (nach Belieben)

Alle Zutaten in ein Gefäß geben und den Deckel fest aufschrauben. Dann kräftig schütteln. Die Haltbarkeit beträgt 6 Monate.

Tipp: Für einen fix zubereiteten Taco-Dip verrührst du das Taco-Gewürz mit etwas Cashew-Sauerrahm (Seite 242).

HARISSA

ERGIBT: ½ Tasse (50 g) // **ZEIT:** 5 Minuten

Für dieses Harissa haben wir uns von der Chilipaste inspirieren lassen, die in Nordafrika und im Nahen Osten zu Hause ist. Zusammen mit Tomatenmark, Zwiebeln und Olivenöl verleiht sie jedem Gericht das nötige Feuer. Diese Zutatenkombination klingt ungewöhnlich, schmeckt aber spektakulär. Gesund ist sie auch: Die Würzmischung trägt zu einer guten Verdauung bei. Kreuzkümmel, Kümmel und Minze beugen Blähungen vor und sorgen für einen flachen Bauch. In wenigen Schritten kannst du einen cremig-feurigen Dip zubereiten: Rühre die Würzmischung mit dem Saft einer Zitrone in Cashew-Sahne. Zu getoastetem Pita-Brot einfach köstlich!

- **2 EL Kümmelkörner**
- **2 EL Koriandersamen**
- **2 EL Kreuzkümmelsamen**
- **2 TL Minze, getrocknet**
- **2 TL Knoblauchpulver**
- **1 TL Paprikapulver, süß**
- **1 TL Chili-Flocken (nach Belieben)**

Kümmel, Koriander und Kreuzkümmel in einer sauberen Kaffeemühle mahlen. Die Würzmischung in ein Glas geben. Minze, Knoblauchpulver und Paprikapulver hineingeben. Nach Belieben Chili-Flocken dazugeben. Mit einem Deckel fest verschließen. Gut schütteln, bis alle Zutaten vermischt sind. Die Haltbarkeit beträgt 6 Monate.

Tipp: Capsaicin heißt der Pflanzenstoff in den Chilischoten, der entzündungshemmende Eigenschaften besitzt. Wenn die Hitze und Schärfe langsam nachlassen, sorgt der scharfe Stoff für einen Endorphin-Kick – wie nach einem intensiven Läufer-Workout! Chilischoten sind nachweislich gut fürs Herz, lösen Verstopfungen und verbessern die Blutzuckerwerte.

FRÜHLINGSGEWÜRZ

ERGIBT: ½ Tasse (50 g) // **ZEIT:** 5 Minuten

Wir finden, dass dieses Trio an Frühlingskräutern wirklich was hermacht. Die Würzmischung wertet frisches Frühlingsgemüse, geschmorte weiße Bohnen und Gerichte mit Zitrone auf. Estragon ist ein typisches Gewürz der französischen Küche. Mit seinem frischen, süßlichen und leicht lakritzartigen Aroma bringt er den Frühling auf den Tisch.

3 EL Dill, getrocknet
3 EL Thymian, getrocknet
2 EL Estragon, getrocknet

Alle Zutaten in ein Gefäß geben und den Deckel fest aufschrauben. Dann kräftig schütteln. Die Haltbarkeit beträgt 6 Monate.

HERBST/WINTER-WÜRZMISCHUNG

ERGIBT: ca. ½ Tasse (50 g) // **ZEIT:** 5 Minuten

Wir verwenden sehr gern saisonales Gemüse, daher greifen wir je nach Jahreszeit zur passenden Kräutermischung. Diese herzhafte Würzmischung passt zu klassischen Wintergerichten wie Bohnen und gebratenem Gemüse. Rosmarin, Thymian und Salbei sind gut für die Atemwege und stärken das Immunsystem. Ein Grund mehr, diese Herbst/Winter-Würzmischung in den nasskalten Monaten immer vorrätig zu haben.

3 EL Rosmarin, getrocknet

2 EL plus 2 TL Salbei, getrocknet

2 EL plus 2 TL Thymian, getrocknet

1 TL schwarzer Pfeffer

¼ TL Ingwer, gemahlen (nach Belieben)

Mit Mörser und Stößel oder einer Kaffeemühle Rosmarin und Salbei grob zerkleinern. Die Würzmischung in ein Glas geben. Thymian und Pfeffer hineingeben. Nach Belieben Ingwer dazugeben. Mit einem Deckel fest verschließen. Gut schütteln, bis alle Zutaten vermischt sind. Bis zu sechs Monate haltbar.

KOREANISCHE TAHIN-BARBECUESAUCE

ERGIBT: ca. ¾ Tasse (180 ml) für eine Sauce, 1 ¼ Tasse (300 ml) für eine Marinade //
ZEIT: 10 Minuten

Die koreanische Barbecuesauce zaubert echte Genussmomente, denn süß und scharf ergänzen sich perfekt. Unsere Variante erhält dank einiger Zutaten einen noch exotischeren Touch. Die Sauce ist unglaublich vielseitig. Wenn du weniger Chilipaste verwendest, ist sie auch für Kinder geeignet.

- ½ Tasse (120 ml) Wasser
- ¼ Tasse (60 g) rote Miso-Paste
- Ingwer (2,5 cm großes Stück), geschält und gerieben
- 3 Knoblauchzehen, zerdrückt
- 2 EL Chilipaste oder Chilisauce
- 2 EL Reisessig
- 2 EL Tahin (Sesampaste)
- 1 EL brauner Zucker
- ½ TL Chili-Flocken (nach Belieben)

Alle Zutaten in einen Mixer geben und zu einer glatten Sauce mixen. Wenn die Sauce als Marinade verwendet werden soll, mit einer weiteren halben Tasse (120 ml) Wasser verdünnen. Dann mit der Sauce Tofu, Tempeh oder Zucht-Champignons marinieren.

MISO-SAUCE

PORTIONEN: 8 bis 12 / Ergibt ca. 3 Tassen (720 ml) // **ZEIT:** 15 Minuten

Auf der Speisekarte des vegetarischen Restaurants „The Naam“ in Vancouver steht ein göttlicher Rote-Bete-Burger mit Sesam-Kurkuma-Fritten. Dazu gibt es eine reichhaltige Miso-Sauce, die wir einfach nachmachen mussten. (Probiere auch unsere Fritten-Variante auf Seite 179 aus!). Ganz ohne Öl schmeckt diese Sauce sogar doppelt so gut! Wenn du es etwas weniger süß und intensiv magst, kannst du nur die Hälfte des Ahornsirups und der Hefeflocken verwenden.

- ½ Tasse (75 g) Weizenvollkornmehl (glutenfrei: ½ Tasse/50 g glutenfreie Haferflocken)
- 2 Knoblauchzehen, fein gehackt
- 2 ½ Tassen (600 ml) Wasser
- ½ Tasse (15 g) Hefeflocken
- 3 EL rote Miso-Paste
- 2 EL Apfelessig
- 2 EL Ahornsirup
- 2 EL Tahin (Sesampaste)
- ¼ TL schwarzer Pfeffer
- Salz zum Abschmecken

1. Einen mittelgroßen Kochtopf bei mittlerer Hitze erhitzen. Mehl und Knoblauch dazugeben. Unter ständigem Rühren ca. 3 Minuten kochen, bis der Knoblauch weich ist und das Mehl leicht nach Toast duftet.

2. Die Temperatur etwas erhöhen und das Wasser hineingießen. Dabei ununterbrochen rühren. Sobald die Mischung eindickt, den Kochtopf vom Herd nehmen. (Die Mischung dickt in etwa 3 Minuten ein. Sie ist noch gießfähig, aber mit einem Pfannenwender lässt sich die Masse leichter in den Mixer geben).

3. Mit einem Pfannenwender die Knoblauch-Mehl-Masse in einen Mixer geben. Hefeflocken, Miso, Essig, Ahornsirup, Tahin und Pfeffer dazugeben. Zunächst bei langsamer Geschwindigkeit mixen und die Geschwindigkeit erhöhen, bis alles gut vermischt ist.

4. Abschmecken, nach Bedarf würzen und dann servieren. (Die Sauce kann in einem luftdichten Behälter vier Tage im Kühlschrank aufbewahrt werden).

UMAMI-SAUCE UND -MARINADE „VITAMIN B“

ERGIBT: ca. 1 ¼ Tassen (360 ml) // 10 Minuten

Die Sauce und Marinade trägt ihren Namen zu Recht. Das Umami-Aroma gibt ihr einen vollmundigen Geschmack. Und dank der Hefeflocken strotzt die Sauce nur so vor B-Vitaminen. Kurkuma und schwarzer Pfeffer gehen hier in puncto Geschmack und Nährstoffgehalt Hand in Hand. Alle Zutaten zusammen ergeben eine intensive, ölfreie Sauce, die fast jedes herzhafte Gericht aufpeppt. Du kannst mit ihr Brühen, Suppen und Eintöpfe verfeinern. Sie eignet sich als Dressing für gekochtes Gemüse, Getreide und Hülsenfrüchte. Aber auch als Marinade für Tempeh, Tofu und Champignons. Für mehr Reichhaltigkeit und Tiefe sorgen Balsamico- und Apfelessig sowie vegane Worcestershiresauce. Die klassische Worcestershiresauce besteht aus Sardellen. Halte daher nach Marken wie Annie's oder Edward & Sons Ausschau, die auch eine vegane Variante anbieten. Wichtig ist, dass du einen guten Balsamicoessig verwendest, der reichhaltig und sirupartig ist.

½ Tasse (15 g) Hefeflocken

¼ Tasse (60 ml) Tamari, salzreduziert, glutenfrei

2 EL Apfelessig

2 EL Balsamicoessig

2 EL Worcestershiresauce, glutenfrei

1 EL plus 1 TL Ahornsirup

2 TL Dijon-Senf, glutenfrei

½ TL Kurkuma, gemahlen

¼ TL schwarzer Pfeffer

Alle Zutaten gut vermischen und in einen verschließbaren Behälter geben. Die Sauce ist im Kühlschrank bis zu drei Wochen haltbar. Die Menge ist ausreichend, um vier Blöcke Tempeh oder Tofu bzw. 16 Zucht-Champignons zu marinieren.

BASILIKUM-PESTO

PORTIONEN: 4 bis 6 / Ergibt ca. 1 volle Tasse (250 ml) // **ZEIT:** 5 Minuten

Pesto ist superleicht zuzubereiten und ein toller Aromageber für gedünstetes, grünes Gemüse oder gebackene Kartoffeln und Tofu-Sandwiches. Pesto rundet auch eine Guacamole gut ab. Basilikum ist die Basis des Klassikers Pesto alla Genovese. Statt Basilikum können auch andere Kräuter verwendet werden, die für überraschende Geschmacksnuancen sorgen. Sein unverwechselbares Aroma erhält das Pesto übrigens durch die ausgewählte Mischung aus Nüssen (die den Parmesan ersetzen).

2 Bund Basilikumblätter

1 Tasse (40 g) Spinat (siehe Hinweis)

¼ Tasse (30 g) Mandeln, geröstet

¼ Tasse (30 g) Pinienkerne, geröstet

4 rohe Paranüsse, gehackt

2 Knoblauchzehen

¼ Tasse (60 ml) Olivenöl (ÖF: ¼ Tasse/60 ml Wasser)

¼ bis ½ TL Salz

1 In einer Küchenmaschine Basilikum, Spinat, Mandeln, Pinienkerne, Paranüsse und Knoblauch fein hacken und gut mixen. Bei laufender Küchenmaschine das Öl hineintropfen lassen, bis die gewünschte Konsistenz erreicht ist. ¼ TL Salz dazugeben. Nach Belieben auch etwas mehr.

2 Das Pesto ist in einem luftdicht verschlossenen Behälter bis zu fünf Tage im Kühlschrank haltbar. (ÖF: Das Öl macht das Pesto länger haltbar. Ein ölfreies Pesto sollte daher innerhalb eines Tages verzehrt oder eingefroren werden). In kleineren Portionen kann das Pesto bis zu sechs Monate eingefroren werden. Das Pesto in eine Eiswürfelform geben und gefrieren lassen. Dann die Pesto-Würfel in einen luftdicht verschlossenen Behälter geben.

HINWEIS: *Basilikum wird nach dem Schneiden schnell braun. Das Pesto behält dank des Spinats seine schöne grüne Farbe.*

Variation: Für eine Pesto-Vinaigrette ¼ Tasse (60 ml) Rotweinessig mit 2 EL Pesto vermengen

ÖFO XS GF FF

CHIMICHURRI

PORTIONEN: 4 bis 6 / Ergibt ca. 1 Tasse (240 ml) // **ZEIT:** 5 Minuten

Ideengeber für unser Chimichurri ist ein vegetarisches Restaurant in Barcelona mit dem schlichten Namen „Organic". Wir haben uns direkt in diese dickflüssige Kräutersauce verliebt. Diese Sommersauce ist eine köstliche Alternative zu Pesto. Du kannst sie über gegrilltes Gemüse träufeln oder in Hummus rühren. In Argentinien wird Chimichurri traditionell zu gegrilltem Fleisch gereicht. Als pflanzliche Variante empfehlen wir hier Champignons.

1 Tasse (15 g) glatte Petersilie

Geriebene Schale und Saft von 2 Zitronen

4 Knoblauchzehen

1 TL Oregano, getrocknet

¼ Tasse (60 ml) Olivenöl (ÖF: Wasser)

❶ In einer Küchenmaschine Petersilie, Schale und Saft der Zitronen sowie Oregano zerkleinern. Bei laufender Küchenmaschine das Öl hineintropfen lassen, bis die gewünschte Konsistenz erreicht ist.

❷ Das Chimichurri ist gekühlt und in einem luftdichten Behälter bis zu fünf Tage haltbar. (ÖF: Durch das Öl ist das Chimichurri länger haltbar. Die Sauce sollte daher innerhalb eines Tages verzehrt oder eingefroren werden). In kleineren Portionen kann das Pesto bis zu sechs Monate eingefroren werden. Das Pesto in eine Eiswürfelform geben und gefrieren lassen. Dann die Pesto-Würfel in einen luftdicht verschlossenen Behälter geben.

Variation: Probiere andere Kräuter mit gesunden Nährstoffen wie Brennnessel oder Löwenzahn aus.

ÖF FF

KORIANDER-KOKOS-PESTO

PORTIONEN: 6 bis 8 / Ergibt ca. 2 Tassen (480 ml) // **ZEIT:** 5 Minuten

Dieses exotische Pesto erinnert an die südostasiatische Küche und verzaubert gekochtes Getreide oder Süßkartoffeln. Für ein Blitzgericht kannst du Reisnudeln, geraspelte Karotten und knusprige Mungosprossen im Koriander-Kokos-Pesto schwenken. Das Pesto eignet sich auch als Grundlage für die Gemüsebrühe, aus der ein Ramen-Nudelgericht gekocht wird.

400 ml Kokosmilch, vollfett

1 Bund Koriander, nur die Blätter

2 Jalapeños (Samen und Rippen für weniger Schärfe entfernen)

Ingwer (2,5 cm großes Stück), geschält und gerieben

1 EL weiße Miso-Paste

Wasser (nach Belieben)

Kokosmilch, Koriander, Jalapeños, Ingwer und Miso-Paste in einen Mixer geben und glatt mixen. Bei Bedarf mit Wasser verdünnen. Das Pesto kann bis zu zwei Tage im Kühlschrank aufbewahrt werden. In mehreren kleinen Behältern mit Deckel lässt sich das Pesto bis zu sechs Monate einfrieren.

ÖF XS GF

CASHEW-SAHNE

PORTIONEN: 4 bis 6 / Ergibt ca. 2 Tassen (320 g) // **ZEIT:** 10 Minuten plus 1 Stunde Einweichzeit

Cashew-Sahne ist ein fester Bestandteil der veganen Küche und deshalb in vielen Rezepten in diesem Buch als Zutat enthalten. Cashew-Sahne ist eine wahre Offenbarung für alle, die glauben, auf Milchprodukte nicht verzichten zu können. Denn sie ist eine gute Alternative zu tierischer Sahne und im Nu zubereitet. Immer dann, wenn ein Gericht etwas reichhaltiger sein soll, kannst du einen Klecks Cashew-Sahne dazugeben. Das Rezept für Cashew-Sahne lässt sich unkompliziert abwandeln, sodass praktisch jedes beliebige Milchprodukt ersetzt werden kann. Kleiner Tipp: Mithilfe eines Stößels für den Mixer erhält die Cashew-Sahne eine glatte Konsistenz, ohne dass mehr Wasser zugegeben werden muss. Cashew-Sahne ähnelt von der Konsistenz her Sauerrahm, ist aber milder im Geschmack.

1 Tasse (120 g) rohe Cashewnüsse, 1 Stunde in heißem Wasser eingeweicht und abgetropft

1 TL frischer Zitronensaft

½ TL Salz

½ bis 1 Tasse (120 bis 240 ml) Wasser

Cashewnüsse, Zitronensaft und Salz mit einem Mixer bei der höchsten Geschwindigkeit mixen. (Ggf. einen Stößel verwenden). Jeweils 2 EL Wasser zugeben, bis die gewünschte Konsistenz erreicht ist. Die Cashew-Sahne sollte schön dick und cremig sein. (Wir benötigen in der Regel 1 Tasse/240 ml Wasser, beginnen aber erst mit ½ Tasse/120 ml).

WENN ES SCHNELL GEHEN MUSS: *Bereite jede Woche die gewünschte Menge vor und bewahre sie im Kühlschrank auf. So hast du beim Kochen immer ausreichend Cashew-Sahne zur Hand. (Glaub uns, du brauchst sie!). Die Cashew-Sahne kann obendrein in eine Eiswürfelform gegeben und eingefroren werden. Die Sahnewürfel sind in einem verschlossenen Behälter bis zu drei Monate in der Tiefkühltruhe haltbar. Mit nur einem Sahnewürfel (etwa 2 EL Sahne) kannst du ölfreie Speisen und einfache Suppen supercremig machen.*

CASHEW-SAUERRAHM

1 Tasse (160 g) Cashew-Sahne mit 2 TL Apfelessig und 2 TL frischem Zitronensaft verrühren. Auf Wunsch mit Salz abschmecken. Ergibt ca. 1 Tasse (160 g).

LEICHTE CASHEW-SAHNE

½ Tasse (120 ml) Gemüsebrühe oder Wasser mit 1 Tasse (160 g) Cashew-Sahne verrühren. Die leichte Variante der Cashew-Sahne hat eine ähnliche Konsistenz wie flüssige Sahne. Ergibt 1 ½ Tassen (360 ml).

CASHEW-MILCH

1 Tasse (120 g) rohe Cashewnüsse mit 1 Tasse (240 ml) Wasser glatt pürieren. Die Cashew-Milch wird ungesüßt zubereitet und kann in herzhaften und deftigen Gerichten verwendet werden. Ergibt ca. 2 Tassen (480 ml).

CASHEW-FRISCHKÄSE

¼ Tasse (15 g) Hefeflocken und ¼ TL Zwiebelpulver mit anderen Zutaten in den Mixer geben. Der Cashew-Frischkäse ist dick und streichfähig. Ergibt ca. 2 ¼ Tassen (320 g).

Variation: Für einen Kräuter-Frischkäse 1 gehackte Frühlingszwiebel (weißer und hellgrüner Teil), ¼ gehackte rote Paprikaschote und 1 kleine, geriebene Karotte unterrühren.

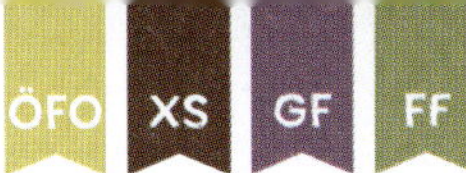

PAPRIKA-CASHEW-CREME

PORTIONEN: 6 bis 8 / Ergibt ca. 2 Tassen (320 g) // **ZEIT:** 15 Minuten

Vor ein paar Jahren tauchte Stepf mit einer riesigen Schüssel Paprika-Cashew-Creme auf einer Party unseres *„No Meat Athlete"*- Verlegers Doug Hay und seiner Frau Katie auf. In unbemerkten Momenten schlichen wir uns klammheimlich zur Schüssel, um immer wieder von der Creme zu probieren. Sie war wirklich fantastisch! Nur wenige Stunden zuvor hatte Stepf in der Küche schnell ein paar Zutaten zusammengeworfen. Das Ergebnis war ein unbeabsichtigter PR-Selbstläufer, denn die Cashew-Creme kam bei den Gästen super an. Servier-Idee: Zusammen mit Quinoa und grünem Gemüse steht eine gesunde Köstlichkeit auf dem Tisch.

- 1 Tasse (120 g) rohe Cashewnüsse, mindestens 10 Minuten in heißem Wasser eingeweicht und abgetropft
- ¼ Tasse (15 g) Hefeflocken
- 1 Knoblauchzehe
- 1 geräucherte Jalapeño (Chipotle) in Adobo-Sauce, glutenfrei (ÖF: 1 TL Chipotle-Chilipulver, oder zum Abschmecken)
- 1 TL Pfeilwurzmehl
- ¼ TL Paprikapulver, geräuchert
- ¾ Tasse (180 ml) Wasser (nach Bedarf etwas mehr)
- Salz

1. Cashewnüsse, Hefeflocken, Knoblauch, geräucherte Jalapeño, Pfeilwurzpulver, Paprikapulver und Wasser in einen Mixer geben. Bei höchster Geschwindigkeit mixen, bis die Cashew-Creme sämig ist.
2. Cashew-Creme in einen mittleren Topf geben und bei mittlerer Hitze aufkochen. Nach Bedarf etwas Wasser hinzugeben. Mit Salz abschmecken und servieren. (Beim Abkühlen dickt die Creme ein. Du kannst etwas Wasser unterrühren, um sie aufzulockern).
3. In einem luftdichten Behälter ist der Käse im Kühlschrank bis zu fünf Tage haltbar.

Variation: Für eine mildere Variante die geräucherte Jalapeño durch eine geröstete rote Paprikaschote ersetzen.

MARINIERTE TOFU-WÜRFEL

PORTIONEN: 4 bis 6 / Ergibt ca. 1 Pfund (454 g) // **ZEIT:** 5 Minuten Vorbereitung, 1 Stunde zum Marinieren

Mit diesem Rezept verwandelst du festen Tofu in einen wunderbaren marinierten Feta-Ersatz, der in keinem griechischen Salat fehlen darf. Du kannst ihn auch ohne Öl zubereiten. Wir garantieren, das bemerkt niemand. Als die Tofu-Würfel zum ersten Mal auf dem Tisch standen, wurde schon vor dem Abendessen ständig aus der Schüssel genascht. Das soll bei ungekochtem Tofu schon etwas heißen.

- 2 EL frischer Zitronensaft
- ½ TL Oregano, getrocknet
- ½ TL Salz
- ⅛ TL Chili-Flocken
- ⅛ TL Knoblauchpulver
- 1 Paket (455 g) extrafester Tofu oder Tofu aus gekeimten Sojabohnen, abgetropft und gewürfelt
- 1 EL Olivenöl (ÖF: ohne)

Zitronensaft, Oregano, Salz, Chili-Flocken und Knoblauchpulver in ein großes Glas mit Deckel geben. Den Tofu zugeben. Fest verschließen und vorsichtig schütteln. Öl zugeben und wieder vorsichtig schütteln. Vor dem Servieren im Kühlschrank mindestens eine Stunde oder bis zu drei Tage ziehen lassen.

Variation: Diese Gewürzmischung passt auch hervorragend zu Artischocken. 1 Dose Artischocken spülen und abtropfen lassen. In ein Glas mit Deckel geben. Die Marinade dazugeben und mit Wasser bedecken. (Oder direkt auf gefrorene Artischocken geben!). Einen Tag marinieren lassen. Dabei gelegentlich vorsichtig schütteln.

CASHEW-TSATSIKI

PORTIONEN: 4 bis 6 / Ergibt ¾ Tasse (95 g) // **ZEIT:** 10 Minuten, ohne Vorbereitung der Cashew-Sahne

Unser Cashew-Tsatsiki ist ein cremiger Begleiter zu mediterranen Spezialitäten wie Falafel oder griechischem Salat (siehe Seite 145). Das Tsatsiki ist auch ein perfektes Topping zu Kichererbsen-Waffeln mit Oliven (Seite 184). Mit je ¼ Teelöffel Kreuzkümmelsamen und gemahlenem Kreuzkümmel verwandelt sich das Cashew-Tsatsiki im Handumdrehen in *Raita*, eine Sauce, die zu indischen Speisen gereicht wird.

- **½ Tasse (50 g) Salatgurke, gehackt**
- **¼ Tasse (40 g) Cashew-Sahne (Seite 242)**
- **1 TL frischer Zitronensaft**
- **¼ TL Knoblauchpulver**
- **⅛ TL schwarzer Pfeffer**

Alle Zutaten in einer mittelgroßen Schüssel gut verrühren. Sofort servieren oder in einem luftdicht verschlossenen Behälter bis zu zwei Tage im Kühlschrank aufbewahren.

HINWEIS: *Der Saft von Zitrone und Gurke macht die Cashew-Sahne flüssig. Wenn sie aber immer noch zu dick sein sollte, kannst du etwas Wasser (jeweils 1 EL auf einmal) dazugeben.*

EINGELEGTE ZWIEBELN

PORTIONEN: 18 bis 24 / Ergibt ca. 2 ½ Tassen (390 g) // **ZEIT:** 5 Minuten Vorbereitung plus 30 Minuten zum Marinieren

Diese Zwiebeln sind das i-Tüpfelchen für Sandwiches, Wraps, Hummus oder Salsa. Als pfiffige Aromageber passen sie gut zu lateinamerikanischen Speisen, zu indischen Gerichten und Salaten. Einige vegane Rezepte der Küchengöttin Terry Hope Romero motivierten uns daher, eine eigene Version zu kreieren. Die eingelegten Zwiebeln kommen auch bei Matts Kindern sehr gut an (siehe Hinweis).

- 2 große rote Zwiebeln, halbiert, jede Hälfte in dünne Scheiben geschnitten
- ¼ Tasse (60 ml) frischer Limetten- oder Zitronensaft (von 2 Limetten oder Zitronen)
- 1 EL Apfelessig
- 2 TL Salz
- ¼ TL Zucker

1 Wasser in einem großen Topf zum Kochen bringen. Die Zwiebeln in ein Sieb geben und das Sieb in die Spüle stellen. Dann das kochende Wasser über die Zwiebeln gießen. Nach einigen Sekunden unter kaltem Wasser abspülen.

2 Limettensaft, Essig, Salz und Zucker in eine große Schüssel geben. Die Zwiebeln hineingeben. Abdecken und vor dem Servieren mindestens 30 Minuten im Kühlschrank ziehen lassen. (Gekühlt sind die eingelegten Zwiebeln bis zu sechs Wochen haltbar).

HINWEIS: *Wenn die Zwiebeln etwas milder sein sollen, damit auch Kinder zugreifen können, die Zwiebeln etwa 30 Sekunden kochen, abgießen und mit kaltem Wasser abspülen.*

SCHARFE KAROTTEN

PORTIONEN: 18 bis 24 / Ergibt 3 Tassen (330 g) // **ZEIT:** 10 Minuten plus 8 bis 24 Stunden zum Marinieren

Dieses Blitzrezept ist eine köstliche Variante der scharfen Möhren, die man in mexikanischen Imbissen bekommt. Wenn du sie am Vorabend vorbereitest, sind die Möhren am nächsten Tag schön scharf. Im Taco-Salat oder in der blitzschnellen Quinoa-Gemüse-Bowl (Seite 94) – immer ein Genuss!

- 4 Karotten, geraspelt
- ¼ Tasse (60 ml) Apfelessig
- 1 Jalapeño, fein gehackt (Samen und Rippen für weniger Schärfe entfernen)
- 1 TL Zucker
- ½ TL Kreuzkümmelsamen
- ½ TL Salz
- Wasser

Karotten, Essig, Jalapeño, Zucker, Kreuzkümmel und Salz in ein 1-Liter-Einmachglas geben. Die Karotten nach unten drücken und mit Wasser bedecken. Den Deckel fest verschließen und kräftig schütteln. 8 Stunden oder über Nacht kühl stellen, dann servieren. (Die eingelegten Karotten halten sich im Kühlschrank eine Woche lang. Sie sind aber so lecker, dass sie gar nicht so lange im Kühlschrank bleiben!).

ÖF XS GF FF

SIMPLE GUACAMOLE

PORTIONEN: 1 bis 2 / Ergibt ca. 1 Tasse (240 g) // **ZEIT:** 5 Minuten

Es gibt die klassische Guacamole und es gibt unsere simple Guacamole. Unsere einfache Variante eignet sich für Avocado-Toast, als Beilage zu Salat und für die blitzschnelle Quinoa-Gemüse-Bowl (Seite 94). Die Guacamole ist minimalistisch, denn sie unterstreicht das Aroma eines Gerichts und möchte nicht der Star der Mahlzeit sein. Was man alles mit Guacamole machen kann, findest du in unseren Avocado-Toast-Ideen auf Seite 64.

1 Avocado, zerdrückt

2 EL frischer Limettensaft

1 Frühlingszwiebel (weißer und hellgrüner Teil), fein gehackt

Chili-Flocken

Salz

Avocado, Limettensaft und Frühlingszwiebel in eine kleine Schüssel geben. Mit Chili-Flocken und Salz würzen und servieren.

FEURIGE KÜRBISKERN-SALSA

PORTIONEN: 8 bis 12 / Ergibt ca. 4 Tassen (985 g) // **ZEIT:** 15 Minuten

Nachos mit Salsa sind ein beliebter Snack. Wenn wir Zeit haben, stellen wir unsere Salsa selbst her. Das erspart uns die mühselige Suche nach einer veganen Salsa im Glas. Die Kürbiskerne dicken die Salsa etwas ein und sorgen für die richtige Konsistenz. Außerdem liefern sie viele gesunde Nährstoffe (Ballaststoffe, Proteine, Eisen und Zink). Du kannst die Schärfe an deinen eigenen Geschmack anpassen: Verwende einfach eine geräucherte Jalapeño mehr oder weniger.

½ Tasse (80 g) rohe Kürbiskerne

1 gelbe Zwiebel, gewürfelt

3 Knoblauchzehen, zerdrückt

1 bis 2 geräucherte Jalapeños (Chipotle) in Adobo-Sauce, gehackt (ÖF: 1 bis 2 TL Chilipulver, oder zum Abschmecken)

2 Dosen (795 g) gestückelte Tomaten mit Saft

¼ TL Salz, plus mehr zum Abschmecken

1. Eine mittlere Bratpfanne bei geringer Hitze erhitzen und die Kürbiskerne hineingeben. Unter ständigem Rühren die Kerne 3 Minuten rösten, bis sie braun sind und wunderbar duften. In eine mittelgroße Schüssel geben und zur Seite stellen.

2. Die Temperatur etwas erhöhen. Zwiebel und Knoblauch in die Pfanne geben. (Einen Spritzer Wasser dazugeben, wenn die Pfanne zu trocken ist oder der Knoblauch braun wird). 3 Minuten braten und dabei gelegentlich umrühren, um ein Verbrennen zu vermeiden. Die geräucherten Jalapeños dazugeben und 1 Minute weiter braten. Die Tomaten mit dem Tomatensaft einrühren. Ohne Rühren 5 Minuten kochen. Die Hitze reduzieren und wieder umrühren.

3. Während die Tomatenmischung kocht, die Kürbiskerne in einen Mixer oder in eine Küchenmaschine geben. Kurz mixen, bis die Kerne zum Teil gemahlen sind (es sollten noch Kerne zu sehen sein). Die gemahlenen Kerne wieder in die Schüssel geben.

4. Jetzt die Tomatenmischung in den Mixer oder in die Küchenmaschine gießen. Mehrfach mixen. ¼ Teelöffel Salz dazugeben und zu einer gleichmäßigen Masse mixen.

5. In die Schüssel mit den Kürbiskernen geben. Gut verrühren und mit Salz abschmecken. Direkt servieren oder in einem luftdichten Behälter bis zu drei Tage im Kühlschrank aufbewahren.

ÖF XS GF FF

ANANAS-SALSA

PORTIONEN: 6 bis 8 / Ergibt ca. 3 Tassen (630 g) // **ZEIT:** 10 Minuten

Dieses raffinierte Rezept haben wir der Gastronomie-Kritikerin Polly zu verdanken, denn die Salsa ist eine echte Gourmet-Sensation. Das unvergleichliche Aroma der Salsa ist durch die Ananas herrlich erfrischend. Sie ist wirklich etwas Besonderes, aber in Windeseile zubereitet. Kombiniere die Ananas-Salsa mit mexikanischem Bohnenpüree (Seite 180) und braunem Reis!

- 1 Pfund (455 g) frische Ananas oder aufgetaute Tiefkühl-Ananas, fein gewürfelt (Saft aufbewahren)
- 1 weiße oder rote Zwiebel, fein gewürfelt
- 1 Bund Koriander oder Minze, nur die Blätter, gehackt
- 1 Jalapeño, sehr fein gehackt (nach Belieben)
- Salz

Ananas mit eigenem Saft, Zwiebeln, Koriander und Jalapeño (wenn gewünscht) in einer mittelgroßen Schüssel miteinander verrühren. Mit Salz abschmecken und servieren. (Wenn die Salsa mehr Aroma haben soll, über Nacht in den Kühlschrank stellen. Die Salsa hält sich in einem luftdichten Behälter bis zu zwei Tage im Kühlschrank).

HERZHAFTER MALZBIER-DIP

PORTIONEN: 8 bis 12 / Ergibt ca. 3 Tassen (720 ml) // **ZEIT:** 15 Minuten, ohne Einweichzeit der Nüsse

Der Ideengeber unseres vielseitigen Dips ist das Walnuss-Cheddar-Rezept aus dem veganen Blog *The Full Helping*. Fondue-Fans genießen den Malzbier-Dip mit Brezeln, Apfelschnitzen und blanchiertem Brokkoli. Der Dip passt auch sehr gut zu Ofenkartoffeln mit Frühlingszwiebeln obendrauf und ist sogar eine deftig-herzhafte Alternative zu Pastasauce. Also ein echter Allround-Dip! Zu allen Gerichten mit Malzbier-Dip schmeckt ganz klar – ein Malzbier.

- ¾ Tasse (180 ml) Malzbier
- ¾ Tasse (180 ml) Wasser
- ½ Tasse (60 g) rohe Cashewnüsse, mindestens 15 Minuten in heißem Wasser eingeweicht und abgetropft
- ½ Tasse (60 g) rohe Walnüsse, mindestens 15 Minuten in heißem Wasser eingeweicht und abgetropft
- 2 EL frischer Zitronensaft
- 2 EL Tomatenmark oder 1 rote Paprikaschote, geröstet
- 1 EL Apfelessig
- ½ Tasse (30 g) Hefeflocken
- 1 EL Pfeilwurzmehl
- ½ TL Paprikapulver, süß oder geräuchert
- 1 EL rote Miso-Paste

1. Malzbier, Wasser, Cashewnüsse, Walnüsse mit Zitronensaft, Tomatenmark und Essig in einen Mixer geben und bei höchster Geschwindigkeit ganz glatt mixen.
2. In einen mittelgroßen Topf geben und bei mittlerer Hitze erhitzen. Hefeflocken, Pfeilwurzmehl und Paprikapulver einrühren. 7 Minuten kochen und regelmäßig aufschlagen, bis die Masse eindickt. Die Hitze reduzieren. Miso-Paste unterrühren und sofort servieren.
3. In einem luftdichten Behälter ist der Dip im Kühlschrank bis zu fünf Tage haltbar.

HINWEIS: *Für einen Cheddar-ähnlichen Geschmack das Tomatenmark verwenden. Soll der Dip milder sein, das Tomatenmark durch die geröstete rote Paprikaschote ersetzen.*

ÖFO XS FF

SPANISCHER PAPRIKA-AUFSTRICH (ROMESCO)

PORTIONEN: 8 bis 12 / Ergibt ca. 2 Tassen (595 g) // **ZEIT:** 15 Minuten

Dieser spanische Dip-Klassiker ist extravagant, aber ruckzuck zubereitet. Er hat eine süßlich-rauchige Note, ist ein bisschen knusprig, aber dennoch cremig-zart. Mit einem Klecks verfeinerst du gekochtes Getreide und gedünstetes Gemüse. Er kommt auch als Aufstrich für Gemüse-Sandwiches oder als Gemüse-Dip gut an.

- ½ Tasse (60 g) rohe Mandeln oder Walnüsse
- 1 Scheibe Vollkornbrot, gehackt
- 2 Knoblauchzehen
- 1 Glas (425 g) geröstete rote Paprikaschote, abgetropft (Flüssigkeit aufbewahren) und gewaschen
- 3 EL glatte Petersilie, gehackt
- ¼ Tasse (60 ml) Olivenöl (ÖF: ¼ Tasse/65 g weiße Bohnen, püriert)

1. Mandeln in einer kleinen Bratpfanne bei mittlerer Hitze 3 Minuten rösten. Zwischendurch die Pfanne rütteln. Die Mandeln sollen goldbraun sein und duften. Die Hitze reduzieren und die Mandeln in einen Mixer geben.
2. Brot und Knoblauch in die Bratpfanne geben. Etwa 3 Minuten braten, bis das Brot getoastet und der Knoblauch weich ist.
3. Zu den Mandeln im Mixer geben und mehrfach kurz mixen. Rote Paprikaschote und Petersilie hineingeben und so lange mixen, bis alles gut vermischt ist. Olivenöl und Paprikasaft hineintröpfeln lassen. Der Dip sollte sämig und eine gleichmäßige Konsistenz haben. Servieren.
4. In einem luftdichten Behälter ist der Käse im Kühlschrank bis zu fünf Tage haltbar.

UNIVERSAL-KÖRNERMISCHUNG

PORTIONEN: 6 bis 8 / Ergibt ca. 1 ¾ Tassen (225 g) // **ZEIT:** 10 Minuten

Wir Athleten setzen auf rein pflanzliche Zutaten. Deshalb planen wir vorausschauend und sind kreativ. In Restaurants müssen wir allerdings um Alternativen bitten. Man verspricht uns, dass der Chefkoch für uns etwas Spezielles und Leckeres kocht. Aber dann wird uns häufig ein Teller mit lieblos angerichtetem Gemüse vorgesetzt. In solchen Situationen ist diese Universal-Körnermischung die Rettung: In einer kleinen Flasche abgefüllt kannst du die leckere Körnermischung überall mitnehmen und als Topping über ödes Gemüse oder langweiligen Reis geben. Neben mehr Geschmack streust du zusätzliche Nährstoffe (Proteine, gesunde Fette, Ballaststoffe und Mikronährstoffe) über dein Essen.

Alle Zutaten in eine Gewürzmühle geben und gründlich zerkleinern. In einen luftdichten Behälter geben. Die Würzmischung kann bis zu 3 Monate aufbewahrt werden.

- ½ Tasse (80 g) Hanfsamen
- ½ Tasse (75 g) rohe Sonnenblumenkerne
- ¼ Tasse (40 g) Leinsamen
- ¼ Tasse (15 g) Hefeflocken
- ¼ Tasse (40 g) rohe Kürbiskerne
- ¼ Tasse (7 g) Wakame, getrocknet (nach Belieben)
- 30 g getrocknete Champignons, in große Stücke geteilt
- 1 TL schwarzer Pfeffer
- ½ TL Knoblauchpulver
- ½ TL Kurkuma, gemahlen
- ¼ TL Salz, nach Belieben

Kapitel 9

SÜSSE VERSUCHUNG: GESUNDE DESSERTS UND NACHSPEISEN

Wer sagt, dass Läufer und Sportler auf süße Leckereien verzichten müssen? Natürlich dürfen sich auch Athleten hin und wieder süße Belohnungen gönnen. Süßspeisen wie das Ananas-Softeis, das zuckerfreie Erdnussbutter-Fudge oder der Bananen-Chia-Schichtpudding stecken voller Zutaten, die zu einem gesunden Lebensstil passen.

In diesem Kapitel sind auch Desserts zu finden, die etwas dekadenter sind, wie die Schoko-Kekstorte „Kalter Hund", der Mokka-Käsekuchen oder das süße Ingwer-Brot mit schwarzen Sesamsamen. Bei einer gesunden pflanzlichen Ernährung gilt die Faustregel: Maximal zehn Prozent des gesamten Kalorienbedarfs pro Tag dürfen aus zuckerhaltigen Lebensmitteln, raffinierten Kohlenhydraten und Ölen kommen. Dem Körper schadet das nicht. Aber achte ein bisschen darauf, dass es nicht mehr als zehn Prozent werden.

Vegane Desserts haben noch einen weiteren Vorteil. Sie eignen sich super, um Familie und Freunde an die pflanzenbasierte Ernährung heranzuführen. Ohne Eier und Butter können nämlich auch pflanzliche Süßspeisen bei Nicht-Veganern punkten. Wir beeindrucken vor allen Dingen mit unseren Desserts und erhalten viele Komplimente. Und wer weiß: Wenn ein überzeugter Fleischesser erst einmal Fan von veganen Desserts ist, probiert er vielleicht irgendwann herzhafte, pflanzenbasierte Gerichte. Er wird sicherlich nicht von heute auf morgen komplett auf tierische Produkte verzichten, aber ein Anfang ist gemacht. In Ernährungsfragen möchten wir niemanden bevormunden. Daher lassen wir köstliche Speisen, die bei allen sehr gut ankommen, einfach für sich sprechen.

ÖF XS GF FF

VANILLE-CHIA-PUDDING

PORTIONEN: 2 bis 4 // **ZEIT:** 20 Minuten

Dieser nahrhafte Chia-Pudding ist herrlich süß und cremig: Der dunkle Zucker verleiht dem Dessert eine reichhaltige Süße. Seine Cremigkeit verdankt der Pudding der Mandel- und Kokosmilch. Wer es morgens süß mag, startet mit dem Vanille-Chia-Pudding gut in den Tag. Lass die Kokosmilch weg und verwende nur Mandelmilch, wenn der Pudding weniger üppig und gehaltvoll sein soll.

- 1 Tasse (240 ml) Mandelmilch
- ½ Tasse (120 ml) Kokosmilch, vollfett
- ⅓ Tasse (65 g) Chia-Samen
- 1 EL dunkler Zucker (Rohrohrzucker, Kokosblütenzucker), plus mehr zum Abschmecken
- 1 TL gemahlenes Vanillepulver (siehe Hinweis)
- Eine Prise Salz

In einer Schüssel alle Zutaten miteinander verrühren. Etwa 15 Minuten eindicken lassen. Dabei alle paar Minuten kräftig umrühren. Der Chia-Pudding hält sich zwei Tage im Kühlschrank. Vor dem Servieren eventuell etwas Wasser unterrühren.

HINWEIS: *Bei Gerichten, die nicht gekocht werden, sollte am besten gemahlenes Vanillepulver oder Vanillepaste verwendet werden. Speisen, die mit Vanilleextrakt aromatisiert, aber nicht erhitzt werden, nehmen einen starken, alkoholischen Geschmack an.*

ÖF XS

BANANEN-SCHICHTPUDDING MIT CHIA

ERGIBT: 2 Schichtpuddinge // **ZEIT:** 20 Minuten, ohne Zubereitungszeit des Vanille-Chia-Puddings

Unser Schichtpudding ist eine pflanzliche Hommage an den englischen Banoffee Pie, der aus Bananen und Karamell besteht. Datteln sind in diesem Rezept die gesündere Alternative zu Karamell. Der Schichtpudding ist eine süße Versuchung mit wertvollen Nährstoffen.

- ½ Portion Vanille-Chia-Pudding (Seite 255)
- 1 Banane, in Scheiben
- 4 Datteln, entsteint und fein gehackt
- 4 vegane Ingwer- oder Vanillekekse

Alle Zutaten laut der Zutatenliste der Reihe nach gleichmäßig auf zwei hohe Gläser verteilen. Sofort genießen oder über Nacht kalt stellen (damit die Plätzchen weich werden).

ÖF XS GF KH

MANGO-MILCHREIS

PORTIONEN: 4 bis 6 // **ZEIT:** 45 Minuten

Wenn der Kohlenhydratspeicher wieder aufgefüllt werden muss, ist dieser Mango-Milchreis das richtige Dessert dafür. Der braune Rundkornreis wird mit Kokosmilch und braunem Zucker gesüßt. Limettensaft und Mango geben dem Milchreis seine fruchtige Note. Besonders lecker wird der Milchreis, wenn die Mango schön reif und süß ist. Statt frischer Mango kann der Milchreis auch mit Obst der Saison (wie Pfirsiche, Beeren oder reife Birnen) zubereitet werden.

2 ½ Tassen (600 ml) Wasser

1 Tasse (180 g) brauner Rundkornreis

½ Tasse (120 ml) Kokosmilch, vollfett oder fettarm

2 EL brauner Zucker oder Kokosblütenzucker

1 bis 2 EL frischer Limettensaft zum Abschmecken

2 Mangos, geschält und gewürfelt

Kokosraspeln, ungesüßt (nach Belieben)

1. In einem Topf Wasser zum Kochen bringen. Die Hitze reduzieren und den Reis einrühren. Unter regelmäßigem Rühren etwa 30 Minuten kochen, bis die Flüssigkeit aufgenommen und der Reis gar ist.

2. Vom Herd nehmen und Kokosmilch und Zucker unterrühren. Mit Limettensaft abschmecken. Den Milchreis in Dessertschüsseln füllen. Mit Mango und Kokosraspeln garniert servieren. (Der Milchreis schmeckt auch kalt prima. Die Kokosraspeln immer erst kurz vor dem Servieren drüberstreuen).

ÖF XS GF

SÜSSE BOHNEN

PORTIONEN: 4 bis 6 // **ZEIT:** 30 bis 45 Minuten, ohne Einweichzeit der Bohnen

Kleine rote Bohnen sind in Japan, China und Korea in gesüßter Form ein typisches Dessert. Du kannst uns vertrauen: Werden sie mit Vanille und Ahornsirup gekocht, erhalten die Bohnen eine wunderbare Konsistenz und einen gehaltvollen, schokoladenähnlichen Geschmack. Sie sind warm und als proteinreiches Topping zu Eiscreme oder Haferbrei und als Aufstrich für Pfannkuchen, Waffeln oder Zimt-Rosinen-Toast ein Traum. Der geeiste Matcha-Latte (Seite 205) bekommt mit einem Klecks süßer Bohnen beispielsweise ein besonders exotisch-asiatisches Flair. Wir verarbeiten gern Adzukibohnen, die wegen ihres hohen Gehalts an Antioxidantien, Ballaststoffen und anderen Nährstoffen geschätzt werden.

- 1 Tasse (205 g) Adzukibohnen, über Nacht eingeweicht, gewaschen und abgetropft
- ¼ TL gemahlenes Vanillepulver oder ½ TL Vanilleextrakt
- 2 Tassen (360 ml) Wasser
- 3 EL Rohrohrzucker oder Ahornsirup, plus mehr zum Abschmecken
- ⅛ TL Salz

1. Bohnen und Vanille in einen Kochtopf geben. Wasser hineingießen und zum Kochen bringen. Abgedeckt etwa 30 Minuten gar kochen. (Wenn die Bohnen noch nicht gar sind, mehr Wasser zugeben. Immer nur ganz wenig Wasser dazugeben, sonst werden die Bohnen matschig).

2. Vom Herd nehmen. Zucker und Salz unterrühren. Abkühlen lassen und dann genießen.

ÖF XS GF FF

ANANAS-SOFTEIS

PORTIONEN: 2 Eis // **ZEIT:** 5 Minuten

Das schaumige Ananas-Softeis muss den Vergleich mit dem Original, das man in Disney-Parks bekommt, nicht scheuen. Wir brauchen nur zwei Zutaten. Den Zucker lassen wir weg. (Wenn es doch wie das Original schmecken soll, kannst du 1 Esslöffel Rohrohrzucker zugeben). Jede beliebige Obstsorte kann hier verarbeitet werden. Wichtig ist, dass du einen Mixer hast, der das Obst pürieren kann.

- 1 Packung (285 g) tiefgefrorene Ananas
- 2 EL bis ¼ Tasse (60 ml) Vanille-Mandelmilch

Ananas in einem Hochleistungsmixer bei hoher Stufe pürieren. In maximal 30 Sekunden die Masse nach unten schaben. Mandelmilch hinzugeben und glatt pürieren. Dann wieder in maximal 30 Sekunden die Masse nach unten schaben. Sofort servieren.

Variationen:

Blaubeer-Limette-Kokos: 1 Packung (340 g) tiefgefrorene Blaubeeren, Schale und Saft von 1 Limette und bis zu ½ Tasse (120 ml) Kokosmilch (fettarm oder vollfett).

Erdbeer-Banane: 1 Packung (340 g) tiefgefrorene Erdbeeren plus 1 gefrorene Banane sowie ½ Tasse (120 ml) Vanille-Mandelmilch.

Mango: 1 Packung (340 g) tiefgefrorene Mangostücke, Schale und Saft von 1 Limette und bis zu ½ Tasse (120 ml) Kokosmilch (fettarm oder vollfett).

Himbeer-Orange: 1 Packung (340 g) tiefgefrorene Himbeeren, Schale und Saft von 1 Orange und bis zu ¼ Tasse (60 ml) Kokosmilch (fettarm oder vollfett).

ZUCKERFREIES ERDNUSSBUTTER-FUDGE

PORTIONEN: 6 bis 8 // **ZEIT:** 5 Minuten

Für die traditionelle Herstellung von Karamell-Konfekt oder Fudge braucht man Thermometer und kochend-heißen Zucker. Darauf hatten wir aber keine Lust. Unsere Version ist komplett zuckerfrei und trotzdem genauso cremig-lecker! Das Fudge kann auch prima eingefroren werden. Statt Erdnussbutter schmeckt jedes andere Nussmus genauso gut.

1 Tasse (160 g) Schokostückchen

½ Tasse (130 g) Bio-Erdnussbutter

Meersalz

1. Schokostückchen und Erdnussbutter in einen kleinen Topf geben und bei mittlerer Hitze erwärmen. Unter Rühren die Schokolade 5 Minuten schmelzen lassen. Die Masse sollte gut durchgemischt werden. Die Masse mit einem Schaber oder Pfannenwender in eine Kuchenform oder Auflaufform geben, die mit Backpapier ausgelegt ist. Mit Meersalz bestreuen.

2. Mindestens eine Stunde oder über Nacht kalt stellen, bis die Masse fest geworden ist. In Würfel schneiden und servieren. Das Fudge ist bis zu einer Woche im Kühlschrank haltbar.

DATTELN MIT SCHOKO-NUSS-FÜLLUNG

ERGIBT: 12 Datteln // **ZEIT:** 5 Minuten

Die gefüllten Datteln sind ideal für den kleinen Naschbedarf zwischendurch: Sie sind ruckzuck gefüllt und erhitzt. In nur zwei Minuten ist die genial einfache Süßigkeit fertig. Mit ihrem süßen Geschmack sind sie ein raffiniertes und gesundes Comfort-Food.

12 Datteln, entsteint

12 Pekannüsse, geröstet

¼ Tasse (40 g) Schokostückchen

1 Jede Dattel der Länge nach aufschneiden. Nur einschneiden, nicht halbieren. Die Schnittstelle vorsichtig öffnen. Jede Dattel mit je 1 Pekannuss und Schokostückchen füllen.

2 Sofort servieren oder nach Belieben erwärmen: Die gefüllten Datteln auf einen Teller geben und in der Mikrowelle 30 Sekunden erwärmen, bis die Schokostücken weich sind. Sie können bei geringer Hitze auch 5 Minuten im Ofen erwärmt werden. Vor dem Genuss etwas abkühlen lassen. (Die gefüllten Datteln halten sich in einem luftdicht verschlossenen Behälter bis zu zwei Tage).

HINWEIS: *Die Datteln lassen sich mit Schokoladenflocken leichter füllen. Sie sind eine gute Alternative zu ganzen Schokostückchen.*

ÖFO XS SF

MOKKA-KÄSEKUCHEN (OHNE BACKEN)

ERGIBT: einen Kuchen (mit 23 cm Durchmesser) // **ZEIT:** 50 Minuten

Vegane No-Bake-Kuchen enthalten häufig Unmengen von Kokosöl. Die Kuchen liegen dann oft schwer im Magen oder hinterlassen ein fettiges Gefühl im Mund. Wir hingegen verwenden Agar-Agar. So wird der Kuchen auch ohne Kokosöl schön fest. Das Ergebnis ist ein leichter Mokka-Käsekuchen, der eine cremige Konsistenz hat. Zu besonderen Anlässen macht dieser Kuchen richtig etwas her.

KRUSTE

12 Schoko-Sandwich-Kekse, z. B. vegane Doppelkekse (ÖF: 4 mittlere Bananen, in Scheiben)

FÜLLUNG

400 ml Kokosmilch, vollfett

1 EL Agar-Agar-Flocken

1 EL plus 1 TL Instantkaffee

¼ Tasse (80 g) Ahornsirup

¼ Tasse (60 ml) Wasser

½ TL Vanilleextrakt

1 Tasse (120 g) rohe Cashewnüsse, mindestens 10 Minuten in heißem Wasser eingeweicht und abgetropft

2 EL Kakaopulver, ungesüßt

1. Für die Kruste die Kekse in eine Küchenmaschine geben. Grob zu Bröseln zerkleinern. Brösel in eine Kuchenform (23 cm Durchmesser) geben und festdrücken. In die Tiefkühltruhe stellen und dann die Füllung vorbereiten. (ÖF: Kuchenform mit den Bananenscheiben auslegen. Gefrieren ist nicht notwendig).

2. Für die Füllung die feste Masse der Kokosmilch in einen Hochleistungsmixer geben. Das Wasser der Kokosmilch in einen kleinen Topf gießen. (Wenn das Wasser etwas feste Masse enthält: keine Sorge, sie schmelzen).

3. Agar-Agar, Kaffee, Ahornsirup, Wasser und Vanille in den Topf mit dem Kokoswasser geben und mit einem Schneebesen verquirlen. Bei mittlerer Hitze erwärmen und die Mischung zum Köcheln bringen. 3 Minuten kochen. Dabei mit dem Schneebesen ständig rühren, damit sich das Agar-Agar auflöst.

4. Cashewnüsse und Kakaopulver zur Kokosmasse im Mixer geben. Glatt mixen. Dabei regelmäßig die Masse nach unten schaben.

5. Den Inhalt des Topfs nach und nach zugeben, während der Mixer bei der geringsten Stufe rührt. Die Füllung sollte glatt und klumpenfrei sein. Die Füllung auf die vorbereitete Kruste in der Kuchenform geben und mindestens 30 Minuten kalt stellen, bis der Kuchen fest ist. Gekühlt genießen. (Im Kühlschrank ist der Käsekuchen maximal fünf Tage bzw. ölfrei bis zu zwei Tage haltbar. Einzelne Kuchenstücke können bis zu sechs Wochen eingefroren werden).

SCHOKO-LAVA-KUCHEN AUS DER TASSE

ERGIBT: 1 Tassenkuchen // **ZEIT:** 2 Minuten, ohne Kochzeit der Bohnen

Tassenkuchen sind zu Recht sehr beliebt, da sie blitzschnell in der Mikrowelle zubereitet sind. Eine Mikrowelle gehört nicht zu den unverzichtbaren Küchengeräten, die wir in Kapitel 2 auflisten. Aber wenn du eine besitzt, ist der Lava-Kuchen in weniger als zwei Minuten fertig. Das Rezept ergibt nur eine Portion, das heißt, du hast deinen Tassenkuchen ganz allein für dich!

¼ Tasse (60 ml) Mandelmilch

1 EL Adzuki- oder schwarze Bohnen, gekocht und ungesüßt, gut zerdrückt

1 EL Zucker

½ TL Vanilleextrakt

2 EL Kakaopulver, ungesüßt

¼ Tasse (30 g) Weizenvollkornmehl, halbgriffig

⅛ TL Salz

¼ TL Backpulver

2 EL Schokostückchen

1. Mandelmilch, Zucker, Vanille mit den Bohnen in einer Tasse verrühren. Kakaopulver, Mehl, Salz und Backpulver einrühren und die Masse glattrühren. Schokostückchen in die Mitte legen.

2. In der Mikrowelle etwa 90 Sekunden backen, bis die Ränder fest und die Kuchenmitte weich ist. Vor dem Genießen 5 Minuten abkühlen lassen

HINWEIS: *Mit warmer Erdnuss- oder Mandelbutter beträufeln.*

SCHOKO-KEKSTORTE „KALTER HUND“

ERGIBT: eine Kekstorte (23 × 13 cm // **ZEIT:** 20 Minuten Vorbereitung, 1 Stunde zum Abkühlen

Kekstorten aus dem Gefrierfach, die nicht gebacken werden, sind im Süden der USA sehr beliebt, wie wir nach unserem Umzug festgestellt haben. Allerdings ist das Original alles andere als vegan. Daher haben wir das Originalrezept in ein pflanzenbasiertes Sommerdessert verwandelt. Die Zubereitung macht viel Spaß und ist ganz simpel. Als Kontrast zu den süßen Keksen passt eine Füllung aus Zartbitterschokolade ohne Ahornsirup. Bei den Schokokeksen kannst du gern deine Lieblingskekse verarbeiten. Das Rezept lässt sich unkompliziert abwandeln, wenn die Torte weniger gehaltvoll sein soll.

1. Kokosmilch mit Kakaopulver und Ahornsirup glatt mixen.
2. Eine Schicht Kekse in eine Kastenform (23 × 13 cm) geben. Ein Viertel der Füllung darauf verstreichen. Dann eine weitere Schicht Kekse und Füllung draufgeben. Abdecken und im Kühlschrank mindestens 1 Stunde kalt stellen.
3. Mit einem Messer den Kuchen vom Rand lösen und auf einen Teller stürzen. (Oder löffelweise auf Dessertschüsseln verteilen). Mit Schokoladenflocken bestreut servieren.

Variation: Kakaopulver weglassen und statt der Schokokekse Ingwerkekse verwenden.

1 Dose (400 ml) Kokosmilch, fettarm oder vollfett

¼ Tasse (20 g) Kakaopulver, ungesüßt

2 EL Ahornsirup (nach Belieben)

1 Packung (370 g) Schoko-Sandwich-Kekse, z. B. vegane Doppelkekse (ÖF: 4 mittlere Bananen, in Scheiben, und 1 Tasse/125 Himbeeren)

2 EL Schokoflocken (nach Belieben)

ÖFO XS SF

SÜSSES INGWER-BROT MIT SCHWARZEN SESAMSAMEN

ERGIBT: 1 Laib oder 12 Muffins // **ZEIT:** 20 Minuten Vorbereitung, 50 Minuten Kochzeit

Das süße Ingwer-Brot ist die vegane Variante eines wunderbaren Kuchens, der bei Dobrá Tea in Asheville serviert wird. Das Rezept sieht kompliziert aus, aber das herzhafte Brot ist kinderleicht zu backen. Es lässt sich scheibenweise und in Brotpapier eingewickelt überall mitnehmen.

- ⅔ Tasse (95 g) schwarze Chia-Samen
- 1 Tasse (65 g) Ingwer, kandiert
- 1 ½ Tassen (180 g) plus 2 EL Weizenvollkornmehl, halbgriffig
- 1 Tasse (110 g) Mandelmehl
- 2 ½ TL Backpulver
- ½ TL Salz
- ¾ Tasse (180 ml) Mandelmilch, bei Raumtemperatur
- ¾ Tasse (150 g) Rohrohrzucker
- ½ Tasse (120 ml) Kokosfett, geschmolzen (ÖF: ½ Tasse / 120 g Apfelmus)
- 2 EL Chia-Samen
- 1 EL frischer Zitronensaft
- 1 EL Ingwersaft (oder 1 TL Ingwerpüree plus 2 TL Wasser)

1. Den Ofenrost in die mittlere Position geben und den Ofen auf 180 °C vorheizen. Eine Kastenform (23 × 13 cm) mit Backpapier auslegen. (Oder zwei Muffin-Bleche mit Förmchen auslegen).
2. Sesamsamen in einer Küchenmaschine mahlen. In eine mittelgroße Schüssel umfüllen und zur Seite stellen.
3. In die Küchenmaschine Ingwer und 2 EL Mehl geben und den Ingwer grob hacken. (Das Mehl sorgt beim Backen für schöne Ingwer-Poren im Brot).
4. Restliches Mehl, Mandelmehl, Backpulver mit Salz zur Schüssel mit den gemahlenen Sesamsamen geben. Verrühren und Ingwerstückchen dazugeben. In die Mitte eine Mulde drücken.
5. Mandelmilch mit Zucker, Kokosfett, Chia-Samen, Zitronen- und Ingwersaft in die Küchenmaschine geben und gut mixen. Dann in die Schüssel zum Mehl gießen. Die trockenen und feuchten Zutaten zu einem glatten Teig verkneten. (Der Teig wird sehr dick).
6. Den Teig in die Kastenform geben. Die Oberfläche mit einem angefeuchteten Schaber glatt streichen. 45 bis 50 Minuten backen. (Muffins 30 Minuten backen). Mit einem Zahnstocher in den Teig stechen. Wenn beim Herausziehen des Zahnstochers keine Teigreste kleben bleiben, ist das Brot fertig.
7. In der Kastenform 10 Minuten abkühlen lassen, bevor das Brot zum Abkühlen aus der Form auf einen Backrost gestürzt wird.

Kapitel 10

KREATIV KOMBINIERT: MENÜPLANUNG FÜR DIE WOCHE

Ein umfangreiches Repertoire an vollwertigen und köstlichen Mahlzeiten ist bereits die halbe Miete. Jetzt fehlt nur noch eine Strategie, wie diese Mahlzeiten Tag für Tag umgesetzt und miteinander kombiniert werden können. In diesem Kapitel werden Ernährungsphilosophie und Rezepte zu praxistauglichen Essensplänen zusammengestellt, die zudem an die eigenen Bedürfnisse angepasst oder individuell aufgestellt werden können. Je nach Trainingsumfang haben wir mehrere Listen mit Rezepten erstellt: Kohlenhydratreiche Gerichte zum Auffüllen der Energiedepots, Frühstücksideen für die Wettkampfvorbereitung oder Mahlzeiten für die Erholungsphase. Wir zeigen dir, wie das Zubereiten der Rezepte in intensiven Trainingsphasen bei einem engen Zeitplan gelingt

KREATIVE KOMBINATIONEN FÜR DEN WOCHENPLAN

Nährstoffreiche Gerichte kommen nach einem anstrengenden Workout, nach einem langen Arbeitstag oder während Kinderbetreuungszeiten eher auf den Tisch, wenn der Speiseplan für die ganze Woche im Voraus geplant wird. Keine Angst, das heißt nicht, dass du für eine komplette Woche vorkochen musst. Das ist zwar auch eine Möglichkeit, aber nicht die einzige. Es ist ziemlich aufwendig, jeden Abend in der Küche zu stehen und jede Mahlzeit frisch zuzubereiten (selbst bei Rezepten, die ruckzuck auf dem Tisch stehen). Wir stellen dir deshalb eine Zwischenlösung vor, die sich zwischen Vorkochen und frischer Zubereitung bewegt.

Mit einer Menüplanung lässt sich viel Zeit einsparen. Es gibt zwei Ansätze, die wir Anfängern empfehlen. Du kannst beispielsweise nach dem Prinzip „Einmal kochen, zweimal essen" immer die doppelte Menge zubereiten und erhältst dadurch schon zwei Portionen.

Den anderen Ansatz nennen wir „kreative Kombination". Damit umgehst du trotz Stress und wenig Zeit die Fastfood-Falle und stellst sicher, dass du selbstgekochte Mahlzeiten isst. Es ist ganz einfach: Such dir einen Wochentag aus, an dem zwei Hauptgerichte zubereitet werden. (Wenn du für mehrere Personen kochst, musst du möglicherweise entsprechend mehr vorbereiten). Bei diesen beiden Mahlzeiten kannst du in der Küche kreativ werden. Während der Zubereitung bereitest du zusätzlich jeweils zwei Saucen, Dressings oder Gewürzmischungen sowie zwei verschiedene Vollkorngetreide vor. Jetzt kannst du die beiden Hauptgerichte nach Belieben mit verschiedenen Getreidesorten und Saucen variieren. Es gibt unzählige Kombinationsmöglichkeiten! Langeweile im Speiseplan kann erst gar nicht aufkommen. Schließlich musst du nicht eine ganze Woche lang nur Curry oder Linsensuppe essen. Zur Essenszeit muss dann nur noch das Gemüse gekocht werden. Aber auch das kannst du vorher vorbereiten.

Zusammengefasst brauchst du nur:

- 2 Hauptgerichte
- 2 Vollkorngetreide
- 2 Saucen, Dressings oder Gewürzmischungen

Die Vorbereitung dauert nur wenige Stunden und kann an einem bestimmten Tag oder an deinem Ruhetag gemacht werden. Und so gehst du vor: Sieh nach, welche Zutaten du brauchst. Schreib eine Einkaufsliste, geh einkaufen und bereite alles zu. Dann kannst du deine Mahlzeiten im Handumdrehen kochen und einpacken. Neben frischem Gemüse für die Woche solltest du alle Zutaten für deine Hauptgerichte (und eventuell auch für dein Mittagessen) einkaufen.

WENN ES SCHNELL GEHEN MUSS: Saucen und Gewürze kannst du auch verzehrfertig kaufen.

WIE SIEHT ES MIT GEMÜSE AUS?

Waschen und Schneiden von Gemüse ist die einzige Tätigkeit, die täglich anfällt. Wir empfehlen, mindestens zwei Gemüsesorten zu verarbeiten. (Natürlich dürfen auch mehr in deinen Mahlzeiten landen). Such dir für jedes Gericht am besten zwei verschiedene Farben aus. Ein Gemüse sollte idealerweise ein dunkelgrünes Blattgemüse sein.

ROH: Karotten/Rote Bete/Rotkohl geraspelt, Sellerie/Brokkoli/Blumenkohl gehackt, Salatgurke/rote Zwiebel/Frühlingszwiebel in Scheiben oder Ringen, Paprikaschote gewürfelt (maximal zwei Tage im Voraus vorbereiten), Sprossen, eingelegtes Gemüse usw.

GEKOCHT: Wurzelgemüse geröstet, Brokkoli/Blumenkohl sautiert, Reste von gebratenem Gemüse usw.

GRÜNES BLATTGEMÜSE: Grünkohl, Blattkohl, Mangold, Rucola oder gemischter Salat. Du kannst das Blattgemüse je nach Belieben entweder frisch oder verzehrfertig kaufen. Das ist ganz dir überlassen. Grünes Blattgemüse ist leider nicht so lange haltbar, wie robustere Sorten, wie Grünkohl und Rucola. Daher sollte das bei der Planung berücksichtigt werden

So könnte ein Essensplan aussehen: Die nächsten Schritte sind das Zubereiten der Zutaten und Abfüllen in Behälter. Die Behälter werden beschriftet und in den Kühlschrank gestellt. Mit einem Griff in den Kühlschrank stehen dann alle Bestandteile für das Mittag- oder Abendessen parat. Die Zutaten werden entweder für Familienportionen in einer Schüssel vermischt oder

HAUPTGERICHT	GETREIDE	SAUCE
Mexikanisches Bohnenpüree (Seite 180)	Quinoa	Zitronen-Tahin-Dressing (Seite 152)
Erdnussbutter-Tempeh (Seite 110)	Gerstengraupen	Feurige Kürbiskern-Salsa (Seite 249)

jeder stellt sich seine eigene Mahlzeit zusammen. Die Speisen schmecken kalt direkt aus dem Kühlschrank und können für eine warme Mahlzeit kurz erhitzt werden. Mit frischen Kräutern bestreut, als Füllung in einem Burrito oder im Ofen überbacken, kannst du jeden Tag superschnell ein neues Gericht kreieren. Wenn dich die Kreativität packt und du abends ein aufwendiges Gericht kochen möchtest, verkürzt du auf diese Weise einige Vorbereitungsschritte und hast mehr Zeit, dein Essen zu genießen.

Selbstverständlich kannst du auch alle Mahlzeiten für die ganze Woche vorab zubereiten. Das spart enorm viel Zeit!

So könnte ein Menüplan für eine Woche aussehen:

REZEPTELISTE

Athleten und Sportler benötigen Mahlzeiten, die zu ihren Trainingsplänen passen. Mit den folgenden Listen möchten wir dich durch das ganze Jahr begleiten.

	MONTAG	DIENSTAG	MITTWOCH	DONNERSTAG	FREITAG
MITTAG-ESSEN	Mexikanisches Bohnenpüree (Seite 180) + Quinoa + Zitronen-Tahin-Dressing (Seite 152) + Grünkohl + eingelegtes Gemüse	Mexikanisches Bohnenpüree + Gerste + Feurige Kürbiskern-Salsa (Seite 249) + Avocado + Spinat	Gebackene Tempeh-Nuggets (Seite 176) + Gerste + Feurige Kürbiskern-Salsa + Spinat + geraspelte Karotten	Gebackene Tempeh-Nuggets + Quinoa + Zitronen-Tahin-Dressing + Grünkohl + geraspelte Karotten	Mexikanisches Bohnenpüree + Gerste + Feurige Kürbiskern-Salsa + Mais + Grünkohl
ABEND-ESSEN	Gebackene Tempeh-Nuggets + Gerste + Feurige Kürbiskern-Salsa + Paprikaschote, gehackt + Spinat	Gebackene Tempeh-Nuggets + Quinoa + Zitronen-Tahin-Dressing + Grünkohl + Rote Bete, geröstet	Mexikanisches Bohnenpüree + Quinoa + Zitronen-Tahin-Dressing + Rucola + Brokkoli	Gebackene Tempeh-Nuggets + Gerste + Feurige Kürbiskern-Salsa + Spinat (als Füllung in einer Vollkorn-Tortilla)	Mexikanisches Bohnenpüree + Quinoa + Zitronen-Tahin-Dressing + gehackte Tomaten + Spinat + Zitronen-Tahin-Dressing + gehackte Tomaten + Spinat (als Füllung in einer Vollkorn-Tortilla)

Kohlenhydratreiche Gerichte

Diese Mahlzeiten sind reich an Kohlenhydraten und daher ideale Energiespender für längere Workouts. Vor kräftezehrenden Trainingseinheiten oder Wettkämpfen essen wir am liebsten diese Mahlzeiten.

POWER-FRÜHSTÜCK

- Herzhaftes Porridge (Seite 50)
- Reis-Porridge aus dem Schongarer (Seite 52)
- Kokos-Reis mit Matcha aus dem Schongarer (Seite 53)
- Fruchtige Frühstücks-Cookies mit Nussmus (Seite 58)
- Herzhafte Rosmarin-Scones mit schwarzem Pfeffer (Seite 59)

SÄTTIGENDE HAUPTGERICHTE

- Herzhafte Veggie-Baguette-Sandwiches (Seite 80)
- One-Pot-Pasta (Seite 86)
- Farro-Taboulé (Seite 188)
- Samosa-Burger (Seite 111)
- Überbackene Makkaroni mit gerösteter Paprika (Seite 123)
- Geräucherter Kartoffelsalat mit Blattgemüse (Seite 149)
- Colcannon (Seite 170)
- Wurzelgemüse-Püree (Seite 181)
- Provenzalisches Kartoffel-Gratin (Seite 190)
- Orzo-Risotto (Seite 182)
- Reis-Risotto mit Sonnenblumenkernen (Seite 183)

FRÜHSTÜCK FÜR LAUFTAGE

Die Aufregung vor dem großen Tag kann auf den Magen schlagen. Folgende Rezepte sind daher sehr bekömmlich und belasten die Verdauung nicht.

- Reis-Porridge aus dem Schongarer (Seite 52)
- Fruchtige Frühstücks-Cookies mit Nussmus (Seite 58)
- Knuspriges Nussmus auf Toast (Seite 63)
- Pendler-Sandwiches ohne eingelegte Zwiebeln und Chilisauce (Seite 67)
- Erbsen-Dalsuppe (Seite 127)

Verwöhn-Rezepte nach dem Sport

Wer kennt das nicht? Beim Laufen träumt man bereits davon, welche Mahlzeit nach der Anstrengung auf einen wartet. Uns geht es genauso. Diese Verwöhn-Rezepte füllen den Energiespeicher wieder auf und machen einfach nur satt und glücklich. Sie eignen sich übrigens auch für Partys und andere feierliche Anlässe für Familie und Freunde.

PASTA PARTY

- Linsen-Champignon-Pasta (Seite 90)
- Zitroniger Grünkohl mit Oliven (Seite 167)
- Schoko-Lava-Kuchen aus der Tasse (Seite 266)

ITALIENISCHES „DOLCE VITA“

- Genial einfache Spinat-Pilz-Lasagne (Seite 93)
- Aromatisches Knoblauch-Dressing (Seite 154) mit grünem Salat
- Mokka-Käsekuchen (Seite 264)

BELOHNUNGEN NACH DEM ZIELEINLAUF

- Grüner Enchilada-Auflauf mit Pintobohnen (Seite 103)
- Cremiges Avocado-Limetten-Dressing (Seite 157) mit Yambohnen, Grapefruit und Rucola-Salat
- Ananas-Süßkartoffel-Bowl mit gebackenem Gemüse (Seite 102)

COMFORT-FOOD

- Erdnussbutter-Tempeh (Seite 110) mit Miso-Sauce (Seite 237)
- Geräucherter Kartoffelsalat mit Blattgemüse (Seite 149)
- Überbackene Makkaroni mit gerösteter Paprika (Seite 123)
- Schoko-Kekstorte „Kalter Hund“ (Seite 267)

ASIA-GERICHTE

- Grüne Tahin-Bohnen (Seite 164)
- Entzündungshemmende Miso-Suppe (Seite 118)
- Süßes Ingwer-Brot mit schwarzen Sesamsamen (Seite 268)

KULINARISCHE TOUR DE FRANCE

- Französischer Zwiebeleintopf mit Pilzen (Seite 132)
- Provenzalisches Kartoffel-Gratin (Seite 190)
- Klassische französische Vinaigrette (Seite 159) mit gemischtem Blattsalat

MITTELMEER-KÜCHE

- Kichererbsen-Waffeln mit Oliven (Seite 184)
- Gesunder griechischer Salat (Seite 145)
- Oliven und gefüllte Weinblätter (ggf. aus dem Supermarkt)

Danksagung

UNSER DANK GEHT GANZ BESONDERS AN:

Matthew, Jeanne, Joan und das ganze Team von *The Experiment* für diese tolle Chance.

Cindy Uh für ihre Unterstützung.

Rich Roll für sein von Herzen kommendes Vorwort in diesem Buch und seine unermüdliche und wichtige Arbeit, die pflanzliche Ernährung bekannter zu machen und eine nachhaltige Welt zu schaffen.

Bren Dendy für die wunderschönen Fotos.

Fotograf Ken Charlson, Art Director Sarah Smith und Foodstylist Sue Hoss, die die Rezepte zum Leben erweckten.

Unseren leidenschaftlichen Rezepttestern: der außergewöhnlichen Marathonläuferin Amie Dworecki, Dichterin Meghan Sterling, Journalistin und frischgebackenen Mama Laura Arenschield (und Wes!), der fleißigen Tofu-Unternehmerin Corrie Callaghan, der immer geduldigen und großherzigen Sarah Carter, Foodstylistin Lynne Morris, Lauf-Coach Kristin Gordon-Hock, Lisa McDonald (und Freunde!), Miteigentümerin der Sanctuary Brewing Company und vegane Aktivistin, Dr. Shannon Ardaiolo, den passionierten veganen Köchen Kurt und Amanda Strecker (auch bekannt als The Vegan Mama, deren Sohn erst wenige Wochen alt war!), BSM-Radfahrerin Katie Lundbeck, Radfahrerin und Wanderin Tiffany Royal, Gina Harney, die Fitness-Göttin, Stepfs beste Freundin Misha Metcalf und Coach Tony Viton, Ernährungsberater.

Sarah und Chad von *Smiling Hara Tempeh* für das wunderbare Tempeh, mit dem wir unsere Rezepte getestet haben, und für ihr Engagement für nachhaltiges, einzigartiges Tempeh.

Miso Master (insbesondere Marnie und Leila), dass sie ihr Wissen über die umamireiche Zutat mit uns geteilt haben sowie für die Care-Pakete mit Miso und Meerespflanzen.

MATT BEDANKT SICH BEI:

Stepfanie Romine, dass du uns an deinem unerschöpflichen kulinarischen Wissen hast teilhaben lassen, um unsere gemeinsame Vision von diesem Buch zu verwirklichen – gesund, praktikabel und köstlich.

Erin Frazier, für deine große Hilfe beim Testen der Rezepte, und dafür, dass du mich immer wieder aufs Neue inspirierst. Holden Frazier, dass du das einzige Kind in *Little League* bist, das seinen Traubensaft-Switchel in seiner Wasserflasche liebt. Ellarie Frazier, die mir gezeigt hat, was Vollwertkost wirklich bedeutet.

Ray Cronise für die spannenden und intensiven Gespräche über Ernährung und wie wir unsere Botschaft am besten weitergeben und die Leser für ein gesünderes Leben gewinnen können.

Michael Greger und Joel Fuhrman für euren glaubwürdigen Einsatz bei der Verbreitung der pflanzenbasierten, vollwertigen Ernährungsphilosophie.

Dem *No Meat Athlete*-Team: Erin Frazier, Susan Lacke, Doug Hay und Esther Brown. Ohne eure leidenschaftliche Hingabe, ohne eure einzigartige Begabung hätte *No Meat Athlete* nur einen Bruchteil dessen geschafft, was wir erreicht haben. Mom, Dad und Christine Hein für eure endlose Unterstützung und Ermutigung, dass dieser (mir nicht vorgegebene) Weg der richtige für mich ist.

Den Mitgliedern der *No Meat Athlete*-Laufgruppen weltweit, und insbesondere den Gruppenleitern, die unermüdlich Gruppen aufbauen, die Freundschaften entstehen lassen, neue pflanzenbasierte Athleten unterstützen und einfach unglaublich viel Spaß bieten.

Allen Lesern und Podcast-Hörern von *No Meat Athlete*: Jeder von euch kann die Welt ein kleines bisschen besser machen, indem ihr Sport treibt, laufen geht, euch gesund und pflanzenbasiert ernährt, und ein stolzer *No Meat Athlete* seid.

STEPFANIE BEDANKT SICH BEI:

Ich bedanke mich bei meinem Co-Autor Matt Frazier für die Chance, mit dir und der *No Meat Athlete*-Community zusammenzuarbeiten. Ich habe die größte Hochachtung für dich und deine Arbeit mit den Sportlerkollegen, denen du mitreißend ebenso vertrauenswürdige wie spannende Informationen bietest.

Mein Dank geht auch an Sam Klontz, dem besten Katzen-Papa und Ehemann der Welt. Danke für deine Unterstützung in der Zeit, in der ich dieses Buch geschrieben habe. Ich liebe dich und hätte das ohne dich nie geschafft. Vielen Dank dafür, dass du mir jederzeit beim Testessen (sowie beim Einkaufen und Abwaschen des schmutzigen Geschirrs) geholfen hast.

Ich bedanke mich bei meinen Schwestern und meinen besten Freundinnen Rachael DiFransico und Kaitlynn Fisher, deren Texte die beste Realitätsprüfung sind.

Ein weiteres Dankeschön geht an die „My Gaia Herbs“-Familie für ihre Unterstützung, insbesondere an Beth, Ariel, Alison, Jenna, Tracey, Nichole und Kristen.

Dr. Mary Bove, ND, danke ich für die Ausbildung auf dem Gebiet der ganzheitlichen Pflanzenheilkunde und für die vielen Anregungen, die ich von ihr bekommen habe. Sie sind auf fruchtbaren Boden gefallen.

Ich bedanke mich bei Jennifer Partlow, meiner Laufpartnerin, die immer an meiner Seite war.

Dank an Danny Korman und „Park+ Vine“ nicht nur für ihre Freundschaft und ihre Unterstützung, sondern auch für ihren unermesslichen Einfluss auf den Veganismus. Dankeschön an alle BSM- und sonstige Radfahr-, Lauf- und Yogagruppen, deren Appetit buchstäblich eine Quelle der Inspiration für dieses Buch war!

Und zum Schluss danke ich allen No Meat Athleten, dass sie tun, was getan werden muss. Es ist so notwendig! Ich bleibe an eurer Seite.

Index

A

Agar-Agar 42
Mokka-Käsekuchen (ohne Backen) 264
Ahornsirup
Apfel-Pfannkuchen aus der Pfanne 54
Feuriger Augenbohnen-Eintopf mit Blattkohl 126
Geräucherter Kartoffelsalat mit Blattgemüse 149
Kokos-Reis mit Matcha 53
Miso-Elektrolytgetränk mit Ahornsirup 200
Mokka-Käsekuchen (ohne Backen) 264
Schoko-Kekstorte „Kalter Hund“ 267
Senf-Dressing mit Ahornsirup 160
Shiitakepilze aus dem Ofen 68
Süße Bohnen 259
Switchel 194–200
Tempeh-Scheiben oder Tempeh-Würstchen 69
Umami-Sauce und -Marinade „Vitamin B“ 238
Zitronen-Tahin-Dressing 152
Algen
Avocado-Tomaten-Pitas mit frittierten Algen 83
Ananas
Ananas-Salsa 250
Ananas-Softeis 260
Ananas-Süßkartoffel-Bowl mit gebackenem Gemüse 102
Konfetti-Quinoa-Salat 141
Mandelmus „Piña Colada“ 219
Regenerierender Tropicana-Smoothie 212
Verdauungsfördernder Löwenzahn-Ananas-Smoothie 214
Anti-Winterblues-Salat 142
Äpfel
Apfel-Pfannkuchen aus der Pfanne 54
Aromatisches Knoblauch-Dressing 154
Artischockenherzen
Gefüllter Spaghettikürbis 84
Herzhafte Veggie-Baguette-Sandwiches 80
Quinoa „Primavera“ 187
Avocado
Anti-Winterblues-Salat 142
Avocado-Toast 64
Avocado-Tomaten-Pitas mit frittierten Algen 83
Blitzschnelle Quinoa-Gemüse-Bowl 94
Buddha-Bowl 95
Cremiges Avocado-Limetten-Dressing 157
Erdbeer-Pistazien-Salat 137
Grüner Enchilada-Auflauf mit Pintobohnen 103
Herzhaftes Porridge 50
Pendler-Sandwiches 67
Simple Guacamole 248
Vietnamesischer Reisnudelsalat 146

B

Baguette
Herzhafte Veggie-Baguette-Sandwiches 80
Pendler-Sandwiches 67

Bananen
Ananas-Süßkartoffel-Bowl mit gebackenem Gemüse 102
Bananen-Pfannkuchen oder Bananen-Waffeln mit Mandelmus 55
Bananen-Schichtpudding mit Chia 256
Beeren-Bananen-Smoothie für Kinder 209
Fruchtige Frühstücks-Cookies mit Nussmus 58
Geeister Matcha-Latte 205
Grüner Schlankmacher-Smoothie 208
Kraftprotz-Cookies 225
Mokka-Käsekuchen (ohne Backen) 264
Power-Protein-Smoothie 207
Basilikum
Basilikum-Pesto 239
One-Pot-Pasta 86
Pasta Marinara mit italienischen Bohnenfrikadellen 89
V9 215
Basisrezepte
Blitzschnelle Quinoa-Gemüse-Bowl 94
Cremiges Süßkartoffel-Curry 98
Getreide-Gemüse-Bohnen-Bowl 104
Hausgemachtes Salatdressing 150
Klassischer Grünkohl-Salat 138
Ofen-Gemüse mit Tofu 101
Pakora 171
Beerenfrüchte
Beeren-Bananen-Smoothie für Kinder 209
Fruchtige Frühstücks-Cookies mit Nussmus 58
Power-Protein-Smoothie 207
Switchel 196
Beilagen 163
Blattgemüse, grünes 105, 134
Avocado-Tomaten-Pitas mit frittierten Algen 83
Beeren-Bananen-Smoothie für Kinder 209
Buddha-Bowl 95
Erdbeer-Pistazien-Salat 137
Geräucherter Kartoffelsalat mit Blattgemüse 149
Grüner Schlankmacher-Smoothie 208
Kichererbsen-Quiche 76
Pendler-Sandwiches 67
Power-Protein-Smoothie 207
Blattkohl 105
Feuriger Augenbohnen-Eintopf mit Blattkohl 125
Karibische Süßkartoffeln in Kokos mit Blattkohl 128
Blaubeeren
Blaubeer-Scones 60
Blaubeer-Walnuss-Vinaigrette 161
Blitzschnelle Quinoa-Gemüse-Bowl 94
Blumenkohl
Cremiges Süßkartoffel-Curry 98
Ofen-Gemüse mit Tofu 101
Bohnen 105
Ananas-Süßkartoffel-Bowl mit gebackenem Gemüse 102
Einfache Bohnen-Burritos 73
Erdbeer-Pistazien-Salat 137
Feuriger Augenbohnen-Eintopf mit Blattkohl 125
Französischer Zwiebel-Eintopf mit Pilzen 132
Genial einfache Spinat-Pilz-Lasagne 93
Getreide-Gemüse-Bohnen-Bowl 104
Grüner Enchilada-Auflauf mit Pintobohnen 103
Herbstliche Kürbissuppe mit weißen Bohnen 119
Instantramen 122
Jamaikanische Kidneybohnen 96
Karibische Süßkartoffeln in Kokos mit Blattkohl 128
Mexikanisches Bohnen-Püree 180
One-Pot-Pasta 86

Bohnen ...
Pasta Marinara mit italienischen Bohnenfrikadellen 87
Power-Protein-Smoothie 207
Rosmarin-Kartoffelsuppe mit Knoblauch 120
Scharfer Bohnen-Bete-Burger 114
Schoko-Lava-Kuchen aus der Tasse 266
Süße Bohnen 259
Thanksgiving-Burger 112
Bowls 133
Ananas-Süßkartoffel-Bowl mit gebackenem Gemüse 102
Blitzschnelle Quinoa-Gemüse-Bowl 94
Buddha-Bowl 95
Getreide-Gemüse-Bohnen-Bowl 104
Brennessel 106
Brokkoli
Instantramen 122
Ofen-Gemüse mit Tofu 101
Buddha-Bowl 95
Burger
Samosa-Burger 111
Scharfer Bohnen-Bete-Burger 114
Thanksgiving-Burger 112
Burritos
Einfache Bohnen-Burritos 73
Tofu-Burritos 75

C

Cashew-Frischkäse 242
Cashew-Käse mit gerösteter Paprikaschote
Überbackene Makkaroni mit gerösteter Paprika 123
Cashewnüsse 37
Cashew-Frischkäse 242
Cashew-Milch 242
Cashew-Sahne 242
Cashew-Sauerrahm 242
Cashew-Tsatsiki 245
Cremiges Kräuter-Hanf-Dressing 162
Grüne Energieriegel 221
Herzhafter Malzbier-Dip 251
Leichte Cashew-Sahne 242
Mokka-Käsekuchen (ohne Backen) 264
Nussiges Cashew-Ranch-Dressing 158
Paprika-Cashew-Creme 243
Cashew-Sahne 242
Cashew-Tsatsiki 245
Colcannon (Kartoffelpüree mit Kohl) 170
Cremig-zartes Grünkohlgemüse 169
Französischer Zwiebel-Eintopf mit Pilzen 132
Gefüllter Spaghettikürbis 84
Rosmarin-Kartoffelsuppe mit Knoblauch 120
Cashew-Sauerrahm 242
Cashew-Tsatsiki 245
Gesunder griechischer Salat 145
Champignons. Siehe Pilze
Chia-Samen
Bananen-Pfannkuchen oder Bananen-Waffeln mit Mandelmus 55
Bananen-Schichtpudding mit Chia 256
Beeren-Bananen-Smoothie für Kinder 209
Fruchtiges Erdbeer-Shortcake-Sushi 222
Kraftprotz-Cookies 225
Süßes Ingwer-Brot mit schwarzen Sesamsamen 268
Vanille-Chia-Pudding 255
Chimichurri 240
Colcannon (Kartoffelpüree mit Kohl) 170
Gefüllte Champignons 175

Cookies
Fruchtige Frühstücks-Cookies mit Nussmus 58
Kraftprotz-Cookies 225
Cranberries
Cranberry-Elektrolytgetränk „Cosmopolitan" 199
Thanksgiving-Burger 112
Cremiges Avocado-Limetten-Dressing 157
Ananas-Süßkartoffel-Bowl mit gebackenem Gemüse 102
Konfetti-Quinoa-Salat 141
Cremiges Kräuter-Hanf-Dressing 162
Cremiges Süßkartoffel-Curry 98
Cremig-zartes Grünkohlgemüse 169
Curry
Cremiges Süßkartoffel-Curry 98
Curry-Ketchup 179

D

Datteln
Bananen-Schichtpudding mit Chia 256
Datteln mit Schoko-Nuss-Füllung 263
Grüne Energieriegel 221
Kokos-Riegel mit Pekannüssen 226
Vitalisierender Margarita 206
Desserts 254
Dicker Kichererbsenbrei 97
Dressings 135
Aromatisches Knoblauch-Dressing 154
Blaubeer-Walnuss-Vinaigrette 161
Cremiges Avocado-Limetten-Dressing 157
Cremiges Kräuter-Hanf-Dressing 162
Grünes Dressing 151
Hausgemachtes Salatdressing 150
Klassische französische Vinaigrette 159
Limetten-Kreuzkümmel-Dressing 156
Mango-Orangen-Dressing 153
Nussiges Cashew-Ranch-Dressing 158
Senf-Dressing mit Ahornsirup 160
Zitronen-Tahin-Dressing 152
Zitrone-Thymian 155

E

Einfache Bohnen-Burritos 73
Eingelegte Zitrus-Schalotten 187
Eingelegte Zwiebeln 246
Pendler-Sandwiches 67
Salat „Rise & Shine" 66
Scharfer Bohnen-Bete-Burger 115
Thanksgiving-Burger 112
Einkaufsliste 33
Einweichen 108
Entzündungshemmende Miso-Suppe 118
Erbsen
Erbsen-Dalsuppe 127
Samosa-Burger 111
Erdbeeren
Erdbeer-Pistazien-Salat 137
Fruchtiges Erdbeer-Shortcake-Sushi 222
Erdnussbutter
Erdnussbutter-Tempeh 110
Knuspriges Nussmus auf Toast 63
Zuckerfreies Erdnussbutter-Fudge 261
Erdnüsse
Vietnamesischer Reisnudelsalat 146

F

Farro-Taboulé 188
Feldsalat 106
Fenchelknollen
Anti-Winterblues-Salat 142
Ofen-Gemüse mit Tofu 101

Fenchelsamen
Italienische Gewürzmischung 230
Pasta Marinara mit italienischen Bohnenfrikadellen 87
Feurige Kürbiskern-Salsa 249
Feuriger Augenbohnen-Eintopf mit Blattkohl 125
Französischer Zwiebel-Eintopf mit Pilzen 132
Früchte, getrocknete
Klassischer Grünkohl-Salat 138
Fruchtige Frühstücks-Cookies mit Nussmus 58
Fruchtiges Erdbeer-Shortcake-Sushi 222
Fruchtzubereitung
Fruchtige Frühstücks-Cookies mit Nussmus 58
Frühlingsgewürz 234
Frühlingszwiebel
V9 215
Frühlingszwiebeln
Avocado-Tomaten-Pitas mit frittierten Algen 83
Cremiges Kräuter-Hanf-Dressing 162
Entzündungshemmende Miso-Suppe 118
Farro-Taboulé 188
Geräucherter Kartoffelsalat mit Blattgemüse 149
Grünes Dressing 151
Klassischer Grünkohl-Salat 138
Konfetti-Quinoa-Salat 141
Quinoa „Primavera“ 187
Reis-Porridge 52
Simple Guacamole 248
Frühstück 48
Frühstücks-Burritos 72
Frühstückstoast mit Hummus 62
Frühstücks-Tofu
Tofu-Burritos 75

G

Garam Masala 229
Cremiges Süßkartoffel-Curry 98
Ofen-Gemüse mit Tofu 101
Pakora 171
Samosa-Burger 111
Gebackener Harissa-Tofu 77
Gebackene Tempeh-Nuggets 176
Gebackene Zitrus-Karotten 172
Geeister Matcha-Latte 205
Gefüllte Champignons 175
Gefüllter Spaghettikürbis 84
Gemüse 105, 270–271
Ananas-Süßkartoffel-Bowl mit gebackenem Gemüse 102
Blitzschnelle Quinoa-Gemüse-Bowl 94
Getreide-Gemüse-Bohnen-Bowl 104
Ofen-Gemüse mit Tofu 101
Pakora 171
Gemüsebrühe
Reis-Porridge 52
Genial einfache Spinat-Pilz-Lasagne 93
Geräucherter Kartoffelsalat mit Blattgemüse 149
Gerste
Erdbeer-Pistazien-Salat 137
Gerstengraupen
Feuriger Augenbohnen-Eintopf mit Blattkohl 125
Gesunder griechischer Salat 145
Getränke 191
Getreide 105
Getreide-Gemüse-Bohnen-Bowl 104
Gewürzmischungen 105, 227
Frühlingsgewürz 234
Garam Masala 229
Harissa 232, 233
Herbst/Winter-Würzmischung 235

Italienische Gewürzmischung 230
Jerk-Gewürzmischung 231

Grapefruits
Anti-Winterblues-Salat 142

Grüne Energieriegel 221

Grüner Enchilada-Auflauf mit Pintobohnen 103

Grüner Schlankmacher-Smoothie 208

Grünes Dressing 151

Grüne Tahin-Bohnen 164

Grünkohl 38
Cremig-zartes Grünkohlgemüse 169
Einfache Bohnen-Burritos 73
Geeister Matcha-Latte 205
Getreide-Gemüse-Bohnen-Bowl 104
Grüner Enchilada-Auflauf mit Pintobohnen 103
Herzhaftes Porridge 50
Klassischer Grünkohl-Salat 138
One-Pot-Pasta 86
Salat „Rise & Shine“ 66
Tofu-Burritos 75
V9 215
Zitroniger Grünkohl mit Oliven 167

H

Haferflocken
Blaubeer-Scones 60
Herzhafte Rosmarin-Scones mit schwarzem Pfeffer 59
Herzhaftes Porridge 50
Kokos-Riegel mit Pekannüssen 226
Kraftprotz-Cookies 225
Power-Protein-Smoothie 207

Hanfsamen
Cremiges Kräuter-Hanf-Dressing 162
Hanfsamen-Rand 211
Spanischer Paprika-Aufstrich (Romesco) 253

Harissa 233
Dicker Kichererbsenbrei 97
Gebackener Harissa-Tofu 77
Scharfer Bohnen-Bete-Burger 114

Hauptgerichte 78

Hausgemachtes Salatdressing 150

Herbstliche Kürbissuppe mit weißen Bohnen 119

Herbst/Winter-Würzmischung 235
Gebackene Tempeh-Nuggets 176
Ofen-Gemüse mit Tofu 101
Thanksgiving-Burger 112

Herzhafter Malzbier-Dip 251

Herzhafte Rosmarin-Scones mit schwarzem Pfeffer 59

Herzhaftes Porridge 50

Herzhafte Veggie-Baguette-Sandwiches 80

Hummus 109
Blitzschnelle Quinoa-Gemüse-Bowl 94
Einfache Bohnen-Burritos 73
Frühstückstoast mit Hummus 62
Kichererbsen-Waffeln mit Oliven 184
Pendler-Sandwiches 67
Salat „Rise & Shine“ 66
Tofu-Burritos 75

I

Ingwer 109
Erbsen-Dalsuppe 127
Grüner Schlankmacher-Smoothie 208
Instantramen 122
Koreanische Tahin-Barbecuesauce 236
Koriander-Kokos-Pesto 241
Miso-Elektrolytgetränk mit Ahornsirup 200
Samosa-Burger 111

Ingwer ...
Süßes Ingwer-Brot mit schwarzen Sesamsamen 268
Switchel 194
Verdauungsfördernder Löwenzahn-Ananas-Smoothie 214
Vietnamesischer Reisnudelsalat 146
Instantramen 122
Italienische Gewürzmischung 230
One-Pot-Pasta 86

J

Jalapeños
Ananas-Salsa 250
Erbsen-Dalsuppe 127
Feurige Kürbiskern-Salsa 249
Koriander-Kokos-Pesto 241
Paprika-Cashew-Creme 243
Samosa-Burger 111
Scharfe Karotten 247
Jamaikanische Kidneybohnen 96
Japanischer Senfkohl 106
Jerk-Gewürzmischung 231
Jamaikanische Kidneybohnen 96

K

Kakaonibs
Grüne Energieriegel 221
Kokos-Riegel mit Pekannüssen 226
Kakaopulver
Grüner Schlankmacher-Smoothie 208
Mokka-Käsekuchen (ohne Backen) 264
Power-Protein-Smoothie 207
Schoko-Kekstorte „Kalter Hund“ 267
Schoko-Lava-Kuchen aus der Tasse 266
Kaloriendichte 18–20
Kapern
Cremiges Kräuter-Hanf-Dressing 162
Karibische Süßkartoffeln in Kokos mit Blattkohl 128
Karotten
Blitzschnelle Quinoa-Gemüse-Bowl 94
Buddha-Bowl 95
Entzündungshemmende Miso-Suppe 118
Feuriger Augenbohnen-Eintopf mit Blattkohl 125
Gebackene Zitrus-Karotten 172
Herbstliche Kürbissuppe mit weißen Bohnen 119
Herzhaftes Porridge 50
Instantramen 122
Klassischer Grünkohl-Salat 138
Kräftigende Brühe 216
Pendler-Sandwiches 67
Quinoa „Primavera“ 187
Reis-Porridge 52
Rote-Bete-Bourguignon 131
Scharfe Karotten 247
Scharfer Bohnen-Bete-Burger 114
V9 215
Vietnamesischer Reisnudelsalat 146
Kartoffeln
Colcannon (Kartoffelpüree mit Kohl) 170
Cremiges Süßkartoffel-Curry 98
Geräucherter Kartoffelsalat mit Blattgemüse 149
Ofen-Gemüse mit Tofu 101
Provenzalisches Kartoffelgratin 190
Rosmarin-Kartoffelsuppe mit Knoblauch 120
Rote-Bete-Bourguignon 131
Samosa-Burger 111
Sesam-Kurkuma-Wedges 179

Kerne. Siehe auch Sonnenblumenkerne, Kürbiskerne
Klassischer Grünkohl-Salat 138
Knuspriges Nussmus auf Toast 63
Kichererbsen
Avocado-Toast 64
Dicker Kichererbsenbrei 97
Frühstückstoast mit Hummus 62
Gesunder griechischer Salat 145
Karibische Süßkartoffeln in Kokos mit Blattkohl 128
Kichererbsen-Quiche 76
Kichererbsen-Waffeln mit Oliven 184
Kimchi
Instantramen 122
Klassische französische Vinaigrette 159
Klassischer Grünkohl-Salat 138
Knoblauch
Aromatisches Knoblauch-Dressing 154
Rosmarin-Kartoffelsuppe mit Knoblauch 120
Knuspriges Nussmus auf Toast 63
Knusprig panierte Zucchini-Scheiben 168
Kochtechniken 30
Kohl
Colcannon (Kartoffelpüree mit Kohl) 170
Kokosblütenzucker 202
Apfel-Pfannkuchen aus der Pfanne 54
Kraftprotz-Cookies 225
Mango-Milchreis 258
Vanille-Chai-Pudding 255
Kokosmilch 37, 109
Apfel-Pfannkuchen aus der Pfanne 54
Cremiges Süßkartoffel-Curry 98
Karibische Süßkartoffeln in Kokos mit Blattkohl 128
Kokos-Reis mit Matcha 53
Koriander-Kokos-Pesto 241
Mandelmus „Piña Colada“ 219
Mango-Milchreis 258
Mokka-Käsekuchen (ohne Backen) 264
Regenerierender Tropicana-Smoothie 212
Schoko-Kekstorte „Kalter Hund“ 267
Vanille-Chia-Pudding 255
Vegane Superwaffeln 57
Kokosraspeln
Grüne Energieriegel 221
Kokos-Reis mit Matcha 53
Kokos-Riegel mit Pekannüssen 226
Kraftprotz-Cookies 225
Mandelmus „Piña Colada“ 219
Regenerierender Tropicana-Smoothie 212
Kokos-Reis mit Matcha 53
Kokos-Riegel mit Pekannüssen 226
Konfetti-Quinoa-Salat 141
Koreanische Tahin-Barbecuesauce 236
Buddha-Bowl 95
Koriander
Ananas-Salsa 250
Anti-Winterblues-Salat 142
Avocado-Tomaten-Pitas mit frittierten Algen 83
Cremiges Avocado-Limetten-Dressing 157
Erdbeer-Pistazien-Salat 137
Konfetti-Quinoa-Salat 141
Koriander-Kokos-Pesto 241
Mango-Orangen-Dressing 153
Vietnamesischer Reisnudelsalat 146
Koriander-Kokos-Pesto 241
Kräftigende Brühe 216
Kraftprotz-Cookies 225

Kräuter
Cremiges Kräuter-Hanf-Dressing 162
Kreativität in der Küche 40–41
Kreuzkümmel
Limetten-Kreuzkümmel-Dressing 156
Kuchen
Mokka-Käsekuchen (ohne Backen) 264
Schoko-Kekstorte „Kalter Hund“ 267
Schoko-Lava-Kuchen aus der Tasse 266
Küchen-ABC 26
Kürbis
Gefüllter Spaghettikürbis 84
Herbstliche Kürbissuppe mit weißen Bohnen 119
Ofen-Gemüse mit Tofu 101
Thanksgiving-Burger 112
Überbackene Makkaroni mit gerösteter Paprika 123
Kürbiskerne
Ananas-Süßkartoffel-Bowl mit gebackenem Gemüse 102
Feurige Kürbiskern-Salsa 249
Herbstliche Kürbissuppe mit weißen Bohnen 119
Herzhaftes Porridge 50
Knuspriges Nussmus auf Toast 63
Konfetti-Quinoa-Salat 141
Salat „Rise & Shine“ 66
Universal-Körnermischung 253
Kurkuma
Sesam-Kurkuma-Wedges 179

L

Leichte Cashew-Sahne 242
Leinsamen
Beeren-Bananen-Smoothie für Kinder 209
Knuspriges Nussmus auf Toast 63
Kraftprotz-Cookies 225
Universal-Körnermischung 253
Limetten
Ananas-Süßkartoffel-Bowl mit gebackenem Gemüse 102
Cremiges Avocado-Limetten-Dressing 157
Eingelegte Zwiebeln 246
Limette-Gurke-Elektrolytgetränk 198
Limetten-Kreuzkümmel-Dressing 156
Limetten-Sushi 223
Vitalisierender Margarita 206
Linsen
Cremiges Süßkartoffel-Curry 98
Erbsen-Dalsuppe 127
Linsen-Champignon-Pasta 90
Linseneintopf mit Roter Bete 131
Rote-Bete-Bourguignon 131
Liquid Smoke
Avocado-Tomaten-Pitas mit frittierten Algen 83
Feuriger Augenbohnen-Eintopf mit Blattkohl 126
Geräucherter Kartoffelsalat mit Blattgemüse 149
Löwenzahn 106
Verdauungsfördernder Löwenzahn-Ananas-Smoothie 214

M

Mais
Konfetti-Quinoa-Salat 141
Ofen-Gemüse mit Tofu 101
Maistortillas
Grüner Enchilada-Auflauf mit Pintobohnen 103
Malzbier
Herzhafter Malzbier-Dip 251
Mandelmilch 37
Ananas-Softeis 260
Bananen-Pfannkuchen oder Bananen-Waffeln mit Mandelmus 55
Blaubeer-Scones 60
Gebackene Tempeh-Nuggets 176
Geeister Matcha-Latte 205

Grüner Schlankmacher-Smoothie 208
Herzhafte Rosmarin-Scones mit schwarzem Pfeffer 59
Knusprig panierte Zucchini-Scheiben 168
Power-Protein-Smoothie 207
Schoko-Lava-Kuchen aus der Tasse 266
Süßes Ingwer-Brot mit schwarzen Sesamsamen 268
Vanille-Chia-Pudding 255
Vegane Superwaffeln 57
Mandelmus
Bananen-Pfannkuchen oder Bananen-Waffeln mit Mandelmus 55
Mandelmus „Piña Colada“ 219
Power-Protein-Smoothie 207
Mandelmus „Piña Colada“ 219
Mandeln
Basilikum-Pesto 239
Geräucherter Kartoffelsalat mit Blattgemüse 149
Spanischer Paprika-Aufstrich (Romesco) 252
Mango
Konfetti-Quinoa-Salat 141
Mango-Milchreis 258
Mango-Orangen-Dressing 153
Marinara-Sauce 89
Gefüllter Spaghettikürbis 84
Genial einfache Spinat-Pilz-Lasagne 93
Herzhaftes Porridge 50
Jamaikanische Kidneybohnen 96
Kichererbsen-Waffeln mit Oliven 184
Marinierte Tofu-Würfel 244
Gesunder griechischer Salat 145
Matcha
Geeister Matcha-Latte 205
Matcha-Pulver
Kokos-Reis mit Matcha 53
Menüplanung 269
Mexikanisches Bohnenpüree 180
Einfache Bohnen-Burritos 73
Minze
Ananas-Salsa 250
Farro-Taboulé 188
Miso 39
Avocado-Toast 64
Cremiges Süßkartoffel-Curry 98
Entzündungshemmende Miso-Suppe 118
Herbstliche Kürbissuppe mit weißen Bohnen 119
Herzhafter Malzbier-Dip 251
Instantramen 122
Koreanische Tahin-Barbecuesauce 236
Koriander-Kokos-Pesto 241
Miso-Elektrolytgetränk mit Ahornsirup 200
Miso-Sauce 237
Reis-Porridge 52
Rote-Bete-Bourguignon 131
Tempeh-Scheiben oder Tempeh-Würstchen 69
Miso-Elektrolytgetränk mit Ahornsirup 200
Miso-Sauce 237
Mokka-Käsekuchen (ohne Backen) 264
Mungosprossen
Buddha-Bowl 95
Vietnamesischer Reisnudelsalat 146

N

Nori-Blätter 43
Instantramen 122
Reis-Porridge 52
Nüsse 36, 109
Klassischer Grünkohl-Salat 138
Knuspriges Nussmus auf Toast 63
Nussiges Cashew-Ranch-Dressing 158
Scharfer Bohnen-Bete-Burger 115

Nussmus. Siehe auch Mandelmus, Erdnussbutter
Fruchtige Frühstücks-Cookies mit Nussmus 58
Knuspriges Nussmus auf Toast 63
Mandelmus „Piña Colada“ 219
Zuckerfreies Erdnussbutter-Fudge 261

O

Ofen-Gemüse mit Tofu 101
Ölfreies Kochen 34–35
Oliven
Gefüllter Spaghettikürbis 84
Gesunder griechischer Salat 145
Herzhafte Veggie-Baguette-Sandwiches 80
Kichererbsen-Waffeln mit Oliven 184
One-Pot-Pasta 86
Provenzalisches Kartoffelgratin 190
Zitroniger Grünkohl mit Oliven 167
One-Pot-Pasta 86
Orangen
Mango-Orangen-Dressing 153
Switchel 196
Verdauungsfördernder Löwenzahn-Ananas-Smoothie 214
Orangensaft
Cranberry-Elektrolytgetränk „Cosmopolitan” 199
Erdbeer-Pistazien-Salat 137
Gebackene Zitrus-Karotten 172
Mango-Orangen-Dressing 153
Quinoa „Primavera“ 187
Regenerierender Tropicana-Smoothie 212
Switchel-Saftschorle 196
Vitalisierender Margarita 206
Orzo “Risotto” 182

P

Pak Choi
Entzündungshemmende Miso-Suppe 118
Pakora 171
Pan con Tomate 63
Paprika
Ananas-Süßkartoffel-Bowl mit gebackenem Gemüse 102
Anti-Winterblues-Salat 142
Blitzschnelle Quinoa-Gemüse-Bowl 94
Cremiges Süßkartoffel-Curry 98
Einfache Bohnen-Burritos 73
Entzündungshemmende Miso-Suppe 118
Farro-Taboulé 188
Feuriger Augenbohnen-Eintopf mit Blattkohl 125
Gebackener Harissa-Tofu 77
Gefüllter Spaghettikürbis 84
Gesunder griechischer Salat 145
Herzhafter Malzbier-Dip 251
Herzhafte Veggie-Baguette-Sandwiches 80
Klassischer Grünkohl-Salat 138
Konfetti-Quinoa-Salat 141
Ofen-Gemüse mit Tofu 101
One-Pot-Pasta 86
Paprika-Cashew-Creme 243
Spanischer Paprika-Aufstrich (Romesco) 252
Tofu-Burritos 75
V9 215
Paprika-Cashew-Creme 243
Einfache Bohnen-Burritos 73
Grüner Enchilada-Auflauf mit Pintobohnen 103
Tofu-Burritos 75
Paranüsse
Basilikum-Pesto 239
Pasta
Genial einfache Spinat-Pilz-Lasagne 93
Linsen-Champignon-Pasta 90

One-Pot-Pasta 86
Pasta Marinara mit italienischen Bohnenfrikadellen 87
Überbackene Makkaroni mit gerösteter Paprika 123
Pastinaken
Wurzelgemüse-Püree 181
Pekannüsse
Apfel-Pfannkuchen aus der Pfanne 54
Datteln mit Schoko-Nuss-Füllung 263
Kokos-Riegel mit Pekannüssen 226
Thanksgiving-Burger 112
Pendler-Sandwiches 67
Pesto 109
Basilikum-Pesto 239
Chimichurri 240
Herzhafte Veggie-Baguette-Sandwiches 80
Koriander-Kokos-Pesto 241
Petersilie
Chimichurri 240
Cremiges Kräuter-Hanf-Dressing 162
Farro-Taboulé 188
Grünes Dressing 151
Spanischer Paprika-Aufstrich (Romesco) 252
V9 215
Zitroniger Grünkohl mit Oliven 167
Pfannkuchen
Apfel-Pfannkuchen aus der Pfanne 54
Bananen-Pfannkuchen oder Bananen-Waffeln mit Mandelmus 55
Pilze
Einfache Bohnen-Burritos 73
Entzündungshemmende Miso-Suppe 118
Französischer Zwiebel-Eintopf mit Pilzen 132
Gefüllte Champignons 175
Genial einfache Spinat-Pilz-Lasagne 93
Kräftigende Brühe 216
Linsen-Champignon-Pasta 90
Ofen-Gemüse mit Tofu 101
Rote-Bete-Bourguignon 131
Shiitakepilze aus dem Ofen 68
Tofu-Burritos 75
Universal-Körnermischung 253
Pinienkerne
Basilikum-Pesto 239
Pistazien
Erdbeer-Pistazien-Salat 137
Kokos-Reis mit Matcha 53
Tofu mit Nusskruste 117
Porridge
Herzhaftes Porridge 50
Kokos-Reis mit Matcha 53
Reis-Porridge 52
Power-Protein-Smoothie 207
Protein 16–18
Proteinpulver 202–203
Provenzalisches Kartoffelgratin 190
Puddings
Bananen-Schichtpudding mit Chia 256
Vanille-Chia-Pudding 255

Q

Quiche
Kichererbsen-Quiche 76
Quinoa 108
Blitzschnelle Quinoa-Gemüse-Bowl 94
Buddha-Bowl 95
Entzündungshemmende Miso-Suppe 118
Getreide-Gemüse-Bohnen-Bowl 104
Konfetti-Quinoa-Salat 141
Quinoa „Primavera“ 187

R

Ramen
Instantramen 122
Regenerierender Tropicana-Smoothie 212
Reis, brauner 104
Erbsen-Dalsuppe 127
Jamaikanische Kidneybohnen 96
Scharfer Bohnen-Bete-Burger 114
Reisnudeln
Vietnamesischer Reisnudelsalat 146
Reis-Porridge 52
Reis-Risotto mit Sonnenblumenkernen 183
Reis, Sushi
Fruchtiges Erdbeer-Shortcake-Sushi 222
To-Go-Reisbällchen mit Sesam und Tamari 220
Resteverwertung 133
Rettich, weißer
Vietnamesischer Reisnudelsalat 146
Riegel
Grüne Energieriegel 221
Kokos-Riegel mit Pekannüssen 226
Risotto
Orzo "Risotto" 182
Reis-Risotto mit Sonnenblumenkernen 183
Romesco 252
Rosenkohl
Thanksgiving-Burger 112
Rosmarin
Französischer Zwiebel-Eintopf mit Pilzen 132
Herbstliche Kürbissuppe mit weißen Bohnen 119
Herzhafte Rosmarin-Scones mit schwarzem Pfeffer 59
Rosmarin-Kartoffelsuppe mit Knoblauch 120
Rote-Bete-Bourguignon 131
Rote Bete
Buddha-Bowl 95
Herzhaftes Porridge 50
Rote-Bete-Bourguignon 131
Scharfer Bohnen-Bete-Burger 114
V9 215
Rotkohl
Anti-Winterblues-Salat 142
Entzündungshemmende Miso-Suppe 118
Instantramen 122
Ofen-Gemüse mit Tofu 101
Rotwein
Aromatisches Knoblauch-Dressing 154
Französischer Zwiebel-Eintopf mit Pilzen 132
Rübstiel 107
Rucola 105
Rundkornreis, brauner
Kokos-Reis mit Matcha 53
Reis-Porridge 52
Reis-Risotto mit Sonnenblumenkernen 183

S

Saftschorle 196
Salat
Anti-Winterblues-Salat 142
Erdbeer-Pistazien-Salat 137
Geräucherter Kartoffelsalat mit Blattgemüse 149
Gesunder griechischer Salat 145
Klassischer Grünkohl-Salat 138
Konfetti-Quinoa-Salat 141
Salat „Rise & Shine" 66
Vietnamesischer Reisnudelsalat 146
Salatgurke
Blitzschnelle Quinoa-Gemüse-Bowl 94
Cashew-Tsatsiki 245
Farro-Taboulé 188
Gesunder griechischer Salat 145
Herzhafte Veggie-Baguette-Sandwiches 80

Limette-Gurke-Elektrolytgetränk 198
Vietnamesischer Reisnudelsalat 146

Salat „Rise & Shine“ 66

Salbei
Herbstliche Kürbissuppe mit weißen Bohnen 119

Salsa
Ananas-Salsa 250
Ananas-Süßkartoffel-Bowl mit gebackenem Gemüse 102
Blitzschnelle Quinoa-Gemüse-Bowl 94
Einfache Bohnen-Burritos 73
Feurige Kürbiskern-Salsa 249
Grüner Enchilada-Auflauf mit Pintobohnen 103
Herzhaftes Porridge 50

Samosa-Burger 111

Sandwiches
Avocado-Tomaten-Pitas mit frittierten Algen 83
Herzhafte Veggie-Baguette-Sandwiches 80
Pendler-Sandwiches 67

Sauerkraut
Blitzschnelle Quinoa-Gemüse-Bowl 94
Buddha-Bowl 95

Scharfe Karotten 247

Scharfer Bohnen-Bete-Burger 114

Schoko-Kekstorte „Kalter Hund“ 267

Schoko-Lava-Kuchen aus der Tasse 266

Schokostückchen
Datteln mit Schoko-Nuss-Füllung 263
Kraftprotz-Cookies 225
Schoko-Kekstorte „Kalter Hund“ 267
Schoko-Knusperspaß 210
Schoko-Lava-Kuchen aus der Tasse 266
Zuckerfreies Erdnussbutter-Fudge 261

Scones
Blaubeer-Scones 60
Herzhafte Rosmarin-Scones mit schwarzem Pfeffer 59

Sellerie
Feuriger Augenbohnen-Eintopf mit Blattkohl 125
Herbstliche Kürbissuppe mit weißen Bohnen 119
Klassicher Grünkohl-Salat 138
Kräftigende Brühe 216
Rosmarin-Kartoffelsuppe mit Knoblauch 120
Rote-Bete-Bourguignon 131
V9 215
Wurzelgemüse-Püree 181
Zitroniger Grünkohl mit Oliven 167

Senf-Dressing mit Ahornsirup 160
Salat „Rise & Shine“ 66

Sesam 109
Sesam-Kurkuma-Wedges 179
Süßes Ingwer-Brot mit schwarzen Sesamsamen 268
To-Go-Reisbällchen mit Sesam und Tamari 220

Sesam-Kurkuma-Wedges 179

Shiitakepilze
Kräftigende Brühe 216
Shiitakepilze aus dem Ofen 68

Simple Guacamole 248

Smoothies 191, 210–211
Beeren-Bananen-Smoothie für Kinder 209
Grüner Schlankmacher-Smoothie 208
Power-Protein-Smoothie 207
Regenerierender Tropicana-Smoothie 212
Smoothie-Bowls 211
V9 215

Smoothies ...
Verdauungsfördernder Löwenzahn-Ananas-Smoothie 214
Sonnenblumenkerne
Grüne Energieriegel 221
Kraftprotz-Cookies 225
Quinoa „Primavera“ 187
Reis-Risotto mit Sonnenblumenkernen 183
Universal-Körnermischung 253
Spanischer Paprika-Aufstrich (Romesco) 252
Spinat
Basilikum-Pesto 239
Geeister Matcha-Latte 205
Gefüllter Spaghettikürbis 84
Genial einfache Spinat-Pilz-Lasagne 93
Herzhaftes Porridge 50
V9 215
Spirulina-Pulver
Grüne Energieriegel 221
Spritziges Zitronen-Elektrolytgetränk 195
Sriracha-Sauce
Feuriger Augenbohnen-Eintopf mit Blattkohl 126
Vietnamesischer Reisnudelsalat 146
Steckrüben
Wurzelgemüse-Püree 181
Stielmangold 107
Suppe
Entzündungshemmende Miso-Suppe 118
Erbsen-Dalsuppe 127
Herbstliche Kürbissuppe mit weißen Bohnen 119
Instantramen 122
Rosmarin-Kartoffelsuppe mit Knoblauch 120
Süße Bohnen 259
Süßes Ingwer-Brot mit schwarzen Sesamsamen 268
Süßkartoffeln
Ananas-Süßkartoffel-Bowl mit gebackenem Gemüse 102
Cremiges Süßkartoffel-Curry 98
Einfache Bohnen-Burritos 73
Karibische Süßkartoffeln in Kokos mit Blattkohl 128
Ofen-Gemüse mit Tofu 101
Salat „Rise & Shine“ 66
Tofu-Burritos 75
Switchel 194
Cranberry-Elektrolytgetränk „Cosmopolitan” 199
Limette-Gurke-Elektrolytgetränk 198
Miso-Elektrolytgetränk mit Ahornsirup 200
Saftschorle 196
Spritziges Zitronen-Elektrolytgetränk 195
Umeboshi-Elektrolytgetränk 201

T

Taboulé 109
Farro-Taboulé 188
Taco-Gewürz 232
Grüner Enchilada-Auflauf mit Pintobohnen 103
Scharfer Bohnen-Bete-Burger 114
Tahin
Frühstückstoast mit Hummus 62
Grünes Dressing 151
Grüne Tahin-Bohnen 164
Koreanische Tahin-Barbecuesauce 236
Miso-Sauce 237
Scharfes 126
Zitronen-Tahin-Dressing 152
Tamari 109
Erdnussbutter-Tempeh 110
Feuriger Augenbohnen-Eintopf mit Blattkohl 125
Frühstückstoast mit Hummus 62
Grünes Dressing 151
Reis-Porridge 52
Shiitakepilze aus dem Ofen 68
Tofu-Frühstücksstreifen 71

To-Go-Reisbällchen mit Sesam und Tamari 220
Umami-Sauce und -Marinade „Vitamin B“ 238

Tempeh
Buddha-Bowl 95
Erdnussbutter-Tempeh 110
Gebackene Tempeh-Nuggets 176
Ofen-Gemüse mit Tofu 101
Tempeh-Scheiben oder Tempeh-Würstchen 69
Thanksgiving-Burger 112

Thanksgiving-Burger 112

Thymian
Französischer Zwiebel-Eintopf mit Pilzen 132
Frühstückstoast mit Hummus 62
Herbstliche Kürbissuppe mit weißen Bohnen 119
Provenzalisches Kartoffelgratin 190
Zitrone-Thymian-Dressing 155

Toast
Avocado-Toast 64
Frühstückstoast mit Hummus 62
Knuspriges Nussmus auf Toast 63
Pan con Tomate 63

Tofu
Avocado-Toast 64
Buddha-Bowl 95
Gebackener Harissa-Tofu 77
Instantramen 122
Marinierte Tofu-Würfel 244
Ofen-Gemüse mit Tofu 101
Tofu-Burritos 75
Tofu-Frühstücksstreifen 71
Tofu mit Nusskruste 117
Vietnamesischer Reisnudelsalat 146

To-Go-Reisbällchen mit Sesam und Tamari 220

Tomaten
Avocado-Toast 64
Avocado-Tomaten-Pitas mit frittierten Algen 83
Dicker Kichererbsenbrei 97
Feurige Kürbiskern-Salsa 249
Feuriger Augenbohnen-Eintopf mit Blattkohl 125
Gebackener Harissa-Tofu 77
Gesunder griechischer Salat 145
Herzhafte Veggie-Baguette-Sandwiches 80
Jamaikanische Kidneybohnen 96
Karibische Süßkartoffeln in Kokos mit Blattkohl 128
Konfetti-Quinoa-Salat 141
Linsen-Champignon-Pasta 90
One-Pot-Pasta 86
Pan con Tomate 63
Pasta Marinara mit italienischen Bohnenfrikadellen 89
Provenzalisches Kartoffelgratin 190
Scharfer Bohnen-Bete-Burger 115
V9 215

Tomaten, getrocknete
Gefüllter Spaghettikürbis 84
Kichererbsen-Waffeln mit Oliven 184

Trauben
Switchel 196

U

Überbackene Makkaroni mit gerösteter Paprika 123

Umami-Sauce und -Marinade „Vitamin B“ 238
Buddha-Bowl 95

Umeboshi-Elektrolytgetränk 201

Umeboshi-Paste
Grünes Dressing 151
Umeboshi-Elektrolytgetränk 201

Universal-Körnermischung 253

V

V9 215

Vanille-Chia-Pudding 255
Bananen-Schichtpudding mit Chia 256

Vanilleextrakt
Apfel-Pfannkuchen aus der Pfanne 54
Bananen-Pfannkuchen oder Bananen-Waffeln mit Mandelmus 55
Fruchtiges Erdbeer-Shortcake-Sushi 222
Kokos-Reis mit Matcha 53
Mokka-Käsekuchen (ohne Backen) 264
Schoko-Lava-Kuchen aus der Tasse 266
Süße Bohnen 259
Vegane Superwaffeln 57
Vegane Spaghetti Bolognese 90
Vegane Superwaffeln 57
Verdauungsfördernder Löwenzahn-Ananas-Smoothie 214
Vietnamesischer Reisnudelsalat 146
Vinaigrettes. Siehe Dressings
Vitalisierender Margarita 206
Vollkorn-Hamburgerbrötchen
Scharfer Bohnen-Bete-Burger 114
Thanksgiving-Burger 112
Vollkorn-Pitabrot
Gesunder griechischer Salat 145
Vollkorn-Pitabrote
Avocado-Tomaten-Pitas mit frittierten Algen 83
Vollkorn-Tortillas
Einfache Bohnen-Burritos 73
Tofu-Burritos 75

W

Waffeln
Bananen-Pfannkuchen oder Bananen-Waffeln mit Mandelmus 55
Kichererbsen-Waffeln mit Oliven 184
Vegane Superwaffeln 57
Wakame 43
Walnüsse
Anti-Winterblues-Salat 142
Apfel-Pfannkuchen aus der Pfanne 54
Beeren-Bananen-Smoothie für Kinder 209
Blaubeer-Walnuss-Vinaigrette 161
Herzhafter Malzbier-Dip 251
Kraftprotz-Cookies 225
Spanischer Paprika-Aufstrich (Romesco) 252
Wirsing
Colcannon (Kartoffelpüree mit Kohl) 170
Wraps 133
Wurzelgemüse-Püree 181
Würzmischungen 109

Z

Zitronen
Chimichurri 240
Eingelegte Zwiebeln 246
Farro-Taboulé 188
Spritziges Zitronen-Elektrolytgetränk 195
Zitronen-Tahin-Dressing 152
Zitronen-Thymian-Dressing 155
Zitroniger Grünkohl mit Oliven 167
Zucchini
Knusprig panierte Zucchini-Scheiben 168
Zuckerfreies Erdnussbutter-Fudge 261
Zwiebeln
Eingelegte Zwiebeln 246
Französischer Zwiebel-Eintopf mit Pilzen 132

Bezugsquellen

Die meisten der im Buch erwähnten Produkte wie Chia-Samen, Quinoa, Hefeflocken oder verschiedene Gewürze sind in gängigen Naturkostläden erhältlich.

Sie können sie auch direkt über unseren Online-Shop www.unimedica.de in der Kategorie „Gesunde Ernährung“ erhalten. Dort finden Sie ein großes Sortiment an Naturkostprodukten, u. a. auch seltene Produkte wie Sacha Inchi (Plukenatia volubilis). Auch die für die Rezepte notwendigen Küchengeräte sowie veganes Bio-Proteinpulver und viele Superfoods sind dort erhältlich.

Über die Autoren

MATT FRAZIER ist Autor, Unternehmer, veganer Ultramarathonläufer und vor allem der Gründer der *No Meat Athlete*-Bewegung.
Matts Wirken wird in den folgenden Werken besonders herausgestellt: *Finding Ultra* (Rich Roll), *Vegan in Topform* (Brendan Brazier), *What to Do When It's Your Turn* (Seth Godin) und *YumUniverse* (Heather Crosby). In Magazinen wie *Runner's World, Trail Runner und Canadian Running* sowie in Online-Veröffentlichungen wie *Huffington Post, Forbes, Business Insider, WebMD, Shape* und *Competitor* wurde bereits über Matt Frazier berichtet. Sein erstes Buch *No Meat Athlete: mit veganer Ernährung zur persönlichen Bestform* hat sich über 25.000 Mal verkauft. Im Jahr 2015 wurde Matt Frazier zu den 100 einflussreichsten Personen im Bereich „Gesundheit und Fitness" gewählt.

Matt widmet sich in Vollzeit dem *No Meat Athlete*-Unternehmen und lebt mit seiner Frau und seinen zwei Kindern in Asheville, North Carolina, USA.

STEPFANIE ROMINE ist Autorin, Yoga-Lehrerin und Gesundheitscoach. Sie hat an der Ohio University Französisch und Journalismus studiert und war zunächst als Copyeditor, Business-Reporterin sowie Kolumnistin zum Thema Work-Life-Balance bei verschiedenen Zeitungen tätig und dann mehrere Jahre Chefredakteurin für eine große Community für gesunde Lebensführung.Nach einem Jahr in Südkorea als Lehrerin für Englisch entschied sie, sich verstärkt dem Ashtanga-Yoga zu widmen und machte ihre Leidenschaft für Gesundheit und Wellness zum Beruf.

Stepfanie unterrichtet seit 2009 Yoga und ist Gesundheitscoach mit Zertifizierung der „American Council on Exercise" und Schwerpunkt Ayurveda, pflanzliche Nahrungsergänzungsmittel sowie holistische, integrative Ernährung.

Stepfanie veröffentlicht regelmäßig alltagstaugliche pflanzenbasierte Rezepte auf der Website theflexiblekitchen.com und im Internet. Sie ist die Co-Autorin von The SparkPeople Cookbook und The Spark Solution, die seit 2014 vom „U.S. News & World Report: Best Diets" in der Rangliste der besten Diäten geführt werden.

Stepfanie und ihr Ehemann Sam leben seit 2012 mit ihren drei geretteten übermütigen Katzen Dizzy, Charlie und Wendy in den Bergen von North Carolina. Stepfanie ist auch begeisterte Trail-Läuferin. Sie und Sam wandern sehr gern und stecken ihr ganzes Herzblut in einen gesunden, aktiven Lebensstil.

Weitere Titel im Unimedica Verlag

Rip Esselstyn

STÄRKER ALS FLEISCH

Wie ein Feuerwehrmann aus Texas den Fleischhunger mit einer pflanzenbasierten Ernährung löschte

402 Seiten, geb., € 29,80

Rip Esselstyn ist erfolgreicher Triathlet, ehemaliger Feuerwehrmann und Sohn des bekannten Herzforschers Dr. Caldwell B. Esselstyn. In seinem neuen Buch Stärker als Fleisch entzaubert er Ernährungsmythen und macht überzeugend deutlich, warum eine pflanzenbasierte Ernährung in jeder Hinsicht die beste Wahl für den Menschen ist. Auch für Sportler. Um ein ganzer Kerl oder eine starke Frau mit belastbaren Knochen zu sein, braucht es weder Fleisch noch Milchprodukte, so Esselstyn. Der Bestsellerautor erklärt auf unterhaltsame, direkte Art, warum Fleisch, Milch und andere Tierprodukte für den menschlichen Körper ungesund sind, und deckt auf, welche Lebensmittel seit Generationen für gesund gehalten werden, obwohl sie es überhaupt nicht sind – wie die Wissenschaft mittlerweile nachgewiesen hat. Esselstyn gelingt es mit Leichtigkeit, selbst den größten Gesundheitsmuffel für Pflanzenpower zu begeistern. Sein Buch listet über 150 kreative Rezepte auf, die sofort Lust auf gesundes Essen machen. Stärker als Fleisch? Auf jeden Fall!

Patrik Baboumian

FUNKTIONELLES KRAFTTRAINING FÜR HELDEN

Der natürlichste und effektivste Weg zu mehr Kraft und Muskelmasse

224 Seiten, geb., € 24,80

„Deutschlands stärkster Pflanzenfresser" zeigt, wie's geht Der international erfolgreiche vegane Strongman präsentiert in seinem neuen Buch das ultimative Programm für effektiven Muskelaufbau und Kraftgewinn. Baboumian räumt mit Fitnessmythen auf und erklärt wissenschaftlich fundiert, wie ein zielgerichtetes Training aussehen muss, damit die Muskeln richtig stimuliert werden. Dabei wendet er sich nicht nur an erfahrene Athleten, sondern auch an interessierte Anfänger. Sein Ratgeber enthält die 50 effektivsten Übungen für verschiedene Leistungsstufen. Mit zahlreichen Fotos werden Outdoor- und Bodyweight-Übungen, Strongman- und Grundübungen anschaulich dargestellt.

Außerdem verrät uns Baboumian seine rein pflanzlichen Lieblingsrezepte für nährstoffreiche Power-Smoothies und Energie-spendende Shakes. Mit der Kraft der veganen Ernährung und den hocheffektiven Übungen steht der eigenen Stärke und Fitness nichts im Weg.

Rich Roll

FINDING ULTRA

Wie ich meine Midlife-Krise überwand und einer der fittesten Männer der Welt wurde

384 Seiten, geb., € 16,80

Finding Ultra ist Rich Rolls unglaublicher Bericht, wie er mit 40 Jahren von einem unsportlichen, übergewichtigen Durchschnittsamerikaner zu einem der weltweit besten Ausdauerathleten wurde. Zuvor bestand Rich Rolls Alltag aus Arbeit, Stress, Junk Food und TV-Abenden auf dem Sofa. Fast 25 Kilo Übergewicht und seine schlechte Kondition führten dazu, dass er kaum Treppen steigen konnte.

An seinem 40. Geburtstag beschloss er, sein Leben komplett zu ändern. Er wechselte zu einer veganen Lebensweise und fing an, ein äußerst intensives Trainingsprogramm zu absolvieren. Wenige Monate später wurde er von Men's Fitness zu einem der 25 fittesten Männer der Welt gewählt.

Durch seine radikale Lebensumstellung konnte er unmöglich scheinende Leistungen erbringen, wie die Teilnahme am Ultraman World Championship, bei dem sich die fittesten Menschen der Welt bei einem 515-Kilometer-Martyrium in den Disziplinen Schwimmen, Radfahren und Laufen miteinander messen. Und im Anschluss an diese Bewährungsprobe meisterte er eine noch größere: den Epic5 – fünf Triathlonwettkämpfe hintereinander. Doch Finding Ultra ist viel mehr als ein packender Blick auf atemberaubende athletische Leistungen. Rich Rolls erstaunliche körperliche und geistige Verwandlung beweist, dass in jedem das Potential steckt, ultra-fit zu werden.

Brendan Brazier

VEGAN IN TOPFORM

Der vegane Ernährungsratgeber für Höchstleistungen in Sport und Alltag – Die Thrive-Diät des berühmten kanadischen Triathleten

352 Seiten, geb., € 26,–

Brendan Brazier, kanadischer Triathlet und Ironman, ist ein führender Pionier für vegane Ernährung. Dieses Werk ist ein Kultbuch der weltweiten Veganbewegung. Bereits im Alter von 15 Jahren entschied er sich, Profisportler zu werden. Im Laufe seiner Karriere erforschte er minutiös, welche Ernährung seine Leistung und vor allem die Regenerationsphase optimierte. Das Ergebnis ist die legendäre Thrive-Diät, die bereits viele Spitzensportler zu einer olympischen Medaille geführt hat. Die Thrive-Diät richtet sich nicht nur an Profisportler, sondern an jeden, der optimale Gesundheit und Leistungsfähigkeit erlangen und Krankheiten vorbeugen möchte.

Brendan Brazier hat die vegane Ernährung revolutioniert und achtet dabei auf eine ausgewogene Kost mit ausreichend Proteinen und anderen Nährstoffen. Die Thrive-Diät führt zum Abbau von Körperfett und Aufbau von Muskelmasse, zu Leistungssteigerung, weniger Stress und Heißhunger auf Junkfood, geistiger Klarheit und besserem Schlaf. Mit 100 veganen, gluten- und sojafreien Rezepten, von schnell zubereiteten Energieriegeln, Gels und Drinks über Suppen und Pizza bis zu leckeren Desserts. Mit einem praktischen 12-Wochen-Plan zum Einstieg in die Thrive-Diät.

Unimedica